호모이코노마쿠스
욕망으로부터의 자유

호모이코노미쿠스

욕망으로부터의 자유

신세철 지음

Overcome Your Desires

이상과 현실을 조화시키면서 욕망을 스스로 조절할 수 있는 '욕망으로부터의 자유'를 가질 때, 인간만이 가지는 상상력을 한층 더 발휘할

수 있다. 상상력에 더하여 냉철한 이성으로 욕망을 불꽃처럼 환하게 타오르게 할 때 삶의 품격을 한층 높이는 가치를 창출할 수 있다. 진정

으로 성공한 사람들은 어떤 대상을 소유하기보다 목표를 성취하는 과정에서 부단한 노력을 기울여 최선을 다했다는 사실에 기쁨을 느낀

다. 욕망으로부터의 자유를 누리는 참 모습이다.

연암사

호모이코노미쿠스
욕망으로부터의 자유

2쇄 인쇄　　2020년 11월 25일
2쇄 발행　　2020년 11월 30일

지은이　　신세철
발행인　　권윤삼
발행처　　(주)연암사

등록번호　　제10-2339호
주소　　서울시 마포구 양화로 156, 1609호
전화　　02-3142-7594
팩스　　02-3142-9784

ISBN 979-11-5558-079-0 03320

연암사의 책은 독자가 만듭니다.
독자 여러분들의 소중한 의견을 기다립니다.
트위터　@yeonamsa
이메일　yeonamsa@gmail.com

이 도서의 국립중앙도서관 출판시도서목록(CIP)은
서지정보유통지원시스템 홈페이지(http://seoji.nl.go.kr)와
국가자료공동목록시스템(http://www.nl.go.kr/kolisnet)에서 이용하실 수 있습니다.
(CIP제어번호: CIP2020032744)

이 도서는 한국출판문화산업진흥원의 '2020년 출판콘텐츠 창작 지원 사업'의 일환으로
국민체육진흥기금을 지원받아 제작되었습니다.

누구나 저마다 의지와 이상을 펼치고 삶의 의미를 높여가고 싶어 한다. 자신의 삶을 긍정적 자세로 깨우치고 넘어서려는 사람에게 "삶은 타오르는 불꽃과 같다"고 하였다. 그 소중한 '불꽃'을 더 오래, 더 빛나게 하려면 다음 네 가지 조건들이 균형을 이뤄야 한다. 첫째, 사유하는 존재인 인간은 마음의 평화를 이뤄 자유로운 영혼이 마음껏 춤출 수 있어야 인간의 존엄성을 한껏 고양할 수 있다. 둘째, 함께 살아가야 하는 사회적 동물로서 공동체 규범과 질서를 소중히 가꾸어야 조화로운 인간관계를 통해 안정된 삶을 누릴 수 있다. 셋째, 경제적 인간으로서 나름대로 의식주 불안에서 벗어나야 이상을 추구하며 사회발전에 기여하면서 자신도 가치 있는 삶을 살아갈 수 있다. 넷째, 신체건강이 뒷받침되어야 정신적 안정, 사회적 연대, 경제적 안정도 더 빛나는 열매를 맺을 수 있다.

저마다 가치관에 따라 소중하게 여기는 무엇들이 각기 다르다 하더라도 어느 한쪽으로 치우치지 않아야 삶의 가치를 높여 갈 수 있다. 예컨대, 경제적 목표에만 몰두하다가는 정신좌표를 잃고 헤매다 인간관계도 흔들리고 급기야 신체건강도 해치기 쉽다. 정신세계가 중요하다고 하지만 사회적, 경제적, 신체적 여건이 뒷받침되어야 뜻을 펼칠 수 있다. 인간으로서 뿌리치기 어려운 여러 가지 욕망에서 벗어나지 못하다가는 자신도 모르는 사이에 욕망의 노예로 추락하여 하나뿐인 인생을 헛되게 할 수 있다. 욕망을 안으로부터 조절할 수 있을 때, 진정한 '소유의 기쁨'을 누릴 수 있다. 그 '햇빛 반짝이는 언덕'으로 오르기가 쉽지 않은 까닭에 성취감은 더욱 커지지 않겠는가?

이 책에서 다음과 같은 주제를 함께 생각해 보고자 한다.

제1장, 사람은 "생각함으로써 존재할 수 있다"고 하지만 '경제적 인간, 사회적 동물'임을 부인할 수 없다. 인생을 어떻게 항해하여야 품격 있는 삶을 누릴 수 있을까? 세상을 바라보는 눈이 바뀌면 인생의 색깔도 바뀌기 마련이다. '욕망으로부터의 자유'를 찾아가는 길은 저마다 생각에 달려 있다. 그 자세는 어떠해야 하는지 함께 고민해 보자.

제2장, 사회적 동물인 사람은 홀로 살지 못하고 함께 살아야 하기 때문에 공동선(共同善)을 키워 가야 개인도 안정된 삶을 추구할 수 있다. 너도나도 자신을 위하여 열심히 일하여 부가가치를 창출할수록 공동체 번영에도 이바지한다. 개인도 잘살고 사회에도 기여하는 동기양립(動機兩立) 프레임을 구축하며 국리민복(國利民福)을 이룩하는 길을 찾아보자.

제3장, 미래를 알 수 없다고 하더라도 미래가 불안하지 않아야 현재도 안정되고 여유롭게 살 수 있다. 수명이 늘어남에 따라 '제2의 인생'이 길게 전개되고 있다. '후기청춘' 시대 현재와 미래 삶의 안정을 위한 선택은 어떠해야 하는지 연구해 보자. 막바지 빈곤은 인생 '최후의 실패'여서 되돌리기 어려우니 청년기부터 준비하는 자세가 필요하다.

제4장, 욕심이 지나쳐 사적이해에 집착하면 이웃과 사회에 해를 끼

치다가 결국에는 제 자신도 망가지는 것이 어김없는 세상 이치다. '돈으로만 고칠 수 있는 마음의 병'에 전염되면 돈을 거머쥘수록 더 고치기 어려워지는 불치병으로 변하기 쉽다. 주변에서 볼 수 있는 천민자본주의 인간군상을 돌아보고 반면교사로 삼아 인간의 존엄성을 잃지 말아야겠다.

제5장, 누구나 마주하고 싶은 행복이란 과연 무엇일까? 어떻게 해야 가까이 다가갈 수 있을까? 마음의 여유와 자부심을 가지고 멋지게 살아가는 삶의 모습들을 그려보고 그 길을 찾아가자. 세상이 '바람 불고 춥고 어둡다' 하여도 '마음의 연금술사'가 되겠다고 다짐하면 일이 순조롭게 풀린다. 행복은 멀리 있지 않고 바로 옆에서 우리를 기다리고 있다.

하나도 제대로 모르면서 열을 아는 척하며 허둥지둥했다는 의문이 들어 부끄러운 마음이다. 문제를 제기하고 해법은 제대로 제시하지 못한 틈새를 독자들이 메워주기 당부드린다.

이 글을 미리 읽고 격려를 아끼지 않은 윤희육 교보투신운용 전 대표, 박주경 대한EMC 사장, 김건섭 김앤장 고문께 마음속 고마움을 전한다. 이 책을 쓰도록 독려해 준 연암사 권윤삼 대표께 감사드린다.

신동민·이윤지 부부와 성재·성준 형제가 건강한 삶을 누리며 사회에 이바지하기를 기원하면서.

차례

PART 2 적자생존과 공생관계

PART 3 돈의 가치 변화와 기회

PART 5 마음의 연금술사

PART 1

욕망으로부터의 자유

사람의 네 가지 수명

'사유하는 존재'이며 '사회적 동물'인 인간에게 신체적, 경제적 삶만이 아니라 정신적, 사회적 수명 또한 중요하다. 사람들의 소망이 무병장수와 부귀공명이라 하더라도 신체적, 경제적 수명에만 집착하다가는 어느 결에 정신적 수명이 가늘어지는 데다 사회적 수명도 단절되기가 쉽다. 함께 살아가야 하는 공동체에서 지나친 욕심을 내다보면 부끄러운 마음이 없어지거나 옳고 그름을 분간하지 못하는 지경에 이르러 인간이 아닌 동물의 삶으로 변하기 쉽다. 돈이나 권력으로 살 수 없는 저마다의 가치를 더 귀하게 여기는 마음 자세를 가지는 순간부터 불안과 번민의 그림자는 차츰 멀어져 간다. 정신건강, 인간관계, 경제능력, 신체건강 네 가지 수명이 조화를 이뤄야 경제적 인간(homo economicus)으로서 삶의 궁극 목표인 행복의 문은 열리기 시작한다.

첫째, 사유하는 존재인 인간에게는 정신적 안정이 무엇보다 우선하는 절대 가치다. 우리들 인간에게 정신은 생존 그 자체이며 신체적, 경제적, 사회적 사항은 생존을 위한 필요조건이라고 해야 할지 모른다. 화려한 차림새로 높은 의자에 앉아 있어도 마음을 정화(catharsis)시키지 못하여 혼란스럽다면 삶의 의미는 퇴색되고 만다. 배만 부르면 그만인 다른 동물과 달리 사람에게 행복과 불행은 인의예지(仁義禮智) 같은 이성과 희노애구애오욕(喜怒哀懼愛惡慾) 같은 감성이 복합적으로 작용하기 마련이다. 사람을 사람답게 만드는 자긍심은 남이 알아주는 무엇이 아니라 자신의 마음속으로 느끼며 스스로 길을 선택하여 갈 수 있는 자아의지에 달려 있다. 무슨 일을 하든 각자가 느끼는 성취감에 따라 행복과 불행의 가르마는 갈라진다.

둘째, 사람은 사회적 동물로서 그 누구라도 고립되어서 홀로 살아가지 못한다. 남달리 고고한 의지와 자세를 가졌어도 구름 위에서 홀로 산다면, '신선놀음'은 될지언정 사단칠정(四端七情)을 가진 인간으로서 '인간다운 삶'이라 하기 어렵다. 사회적 수명은 사회적 지위의 높고 낮음이 아니라 사람과 사람과의 관계가 의로울 때 비로소 가치가 있다. 부와 권력을 거머쥐었다 하더라도 도리와 신의를 저버린 행실이 드러나는 순간 사회적 관계는 그 자리에서 단절되기도 한다. 그래서 논어에서는 "예로부터 사람은 누구나 죽기 마련인데, 사람들 사이에 신의가 없으면 일어설 수 없다(自古皆有死 民無不信立)"고 가르치며 세상살이에서 사람과 사람 관계의 출발점과 결승점은 신뢰(信賴)라고 강조하였다.

셋째, 생로병사 과정을 거쳐야만 하는 인간으로서 경제적 기초가 있어야 인간다운 삶을 누릴 수 있다. 속담에 "광에서 인심난다"고 하였듯이 최소한의 경제적 바탕이 있어야 인간으로서 도리를 지키고 나아가 조금씩이라도 베푸는 기쁨을 누릴 수 있다. "배부른 돼지보다 배고픈 소크라테스가 되고 싶다"고 말하지만 먹지 않고는 위대한 생각이 있더라도 실천으로 옮기지 못한다. "일반 백성들은 항산(恒産, 일정한 재산 또는 생업)이 없으면 항심(恒心, 변함없이 바른 마음자세)을 가지기 어렵다(若民則無恒産 因無恒心, 맹자, 양혜왕 장구상)"고 하였다. 이상향을 이루려면 경제적 안정이 동반되어야 한다는 이야기다. 의(義)를 중시하는 선비일지라도 먹고 살기가 바쁘다면 흐트러짐 없는 올곧은 자세를 이어가기 어렵다. 나름대로 경제적 바탕이 있어야 자신의 몸을 닦고 가정을 지킨 다음 공동체를 위하여 보람찬 일을 해낼 수 있다. "절대빈곤 상태에서는 미래를 꿈꾸어야 할 어린이들이 생활 속 스트레스를 감당하지 못하여 잠재역량을 발휘할 기회를 가지기 힘들다"고 한다.

넷째, 인간을 인간답게 하는 사회적, 정신적, 경제적 수명도 건강이 뒷받침되어야 비로소 빛을 발할 수 있다. 사람이 '살고 싶다고 해서 오래 살고, 죽고 싶다고 해서 빨리 죽을 수 있는 것'이 아니다. 사는 동안 건강하게 살아야 의미 있는 일을 할 수 있다. 건강한 정신으로 자아의지를 찾아 행복을 누리려면 신체가 건강하여야 한다. 정신세계를 이끄는 뇌도 신체의 한 부분이고 우리 몸 어딘가 불편하면 맑은 정신을 유지하기 어렵다. 평균수명이 아주 짧았던 시기에 드문 장수를 누렸던 미켈란젤로(L. S. Michelangelo, 1475~1564)는 노년에 이르러서도 "나는 아직도 배우고 있다"는 불굴의 의지를 보였다. 미켈란젤로가 그리 오래 산 것은 '천지창조' 같은 불후의 명작을 창조하려 정신을 집중하다 보니 몸과 영혼이 건강하게 버텨줬기 때문이라고 짐작할 수 있다. "건강한 신체에 건강한 정신이 깃든다(sound mind in sound body)"는 금언은 '건강한 정신은 건강한 신체를 만들기 위한 필요조건'이라는 뜻도 된다.

물질적 풍요 속에서 벌어지는 정신적 빈곤의 원인은 대부분 탐심이다. 오랫동안 쌓아온 사회적 신뢰도 하찮은 욕심 때문에 한순간에 흐트러지기도 한다. 욕망은 개인이나 사회 발전의 원동력이기도 하지만 욕망이 중첩되다 보면 커다란 탐욕이 되어 급기야 만병의 근원이 된다. 수단방법 가리지 않더라도 나만 잘살면 된다는 천민자본주의가 이어지며 '돈이면 무엇이든 할 수 있다'는 황금만능주의에 치우치는 경향이 뚜렷해졌다. 비뚤어진 교육제도로 말미암아 신분상승 사다리를 타려면 '이상과 의지'보다는 경제력 바탕이 전제되어야 한다고 생각하면서 더욱 심해졌는지 모른다. 인간으로서 보다 중요한 그 무엇들을 제쳐두고 돈과 권력 추구에 온힘을 기울이는 까닭이 아닐까? 나아가서는 공동체의 일원이면서도 '내가 없으면 다 필요 없다'는 자만에 빠지기도 한다. 그러다 보면 조그만 사익을 위하여 사회에 커다란 손실을 끼치는 부끄러운 장면들이 생겨난다.

정신적 건강, 사회적 신뢰는 스스로 자긍심을 갖게 하여 진정한 행복감을 느끼게 해주는데, 경제적 수명에 매몰되다 보면 사람으로서 지켜야 할 정작 소중한 무엇들을 다 헛것으로 만들기 쉽다. 생각해 보면, 절대빈곤 단계를 벗어나서 근검절약하기만 하면 재력은 삶의 질을 높이는 데 차지하는 비중이 그리 크지 않다. 욕심이 앞을 가리다 보면 인

17

간으로서 소중한 자긍심을 잃기가 쉽다. 재력과 권력을 쥐었다고 허망한 자만심에 빠지다가 인생을 송두리째 그르치기도 한다. "만족할 줄 아는 사람은 가난하고 미천해도 즐겁고, 만족할 줄 모르는 사람은 부자가 되고 귀하게 되어도 근심한다(知足者 貧賤亦樂, 不知足者 富貴亦憂, 명심보감)"고 하였다. 사회적 동물이자 사유하는 존재인 사람에게 행불행은 무엇보다 마음먹기 달렸다는 이야기가 아니겠는가? 신체적, 경제적 삶뿐만 아니라 사회적 정신적 수명을 중시해야 인간으로서 긍지를 가질 수 있다. 두터운 인간관계에 더하여 지식과 지혜와 지성은 어떤 누구도 뺏어갈 수 없는 자신만이 지킬 수 있는 소중한 재산이다. 물질과 바꿀 수 없는 저마다의 가치를 마음속에 소중하게 간직할수록 이것저것 다 가지려는 욕망의 노예 상태를 벗어나 욕망을 스스로 조절하는 '욕망으로부터 자유'를 누리는 기쁨을 맞이할 수 있다.

지리한 장마 끝에 서풍에 몰려가는 검은 구름의 터진 틈으로
언뜻언뜻 보이는 푸른 하늘은 누구의 얼굴입니까?
근원은 알지도 못할 곳에서 나서 돌 뿌리를 울리고
가늘게 흐르는 작은 시내는 구비구비 누구의 노래입니까?

- '알 수 없어요' 중에서 / 한용운

인간적이 가장 경제적

사람은 혼자서는 살아갈 수 없는 사회적 동물(social animal)이자 합리적이며 이기적으로 행동하려는 경제적 인간(homo economicus)이다. 누구나 경제적 성과를 내고 싶어 하는 까닭은 궁극적으로 인간다운 모습으로 여유롭게 살고 싶기 때문이다. 일찍이 사마천(史馬遷)은 사기(史記) 화식열전(貨殖列傳)에서 "의식이 족해야 명예와 치욕을 구분하고 물질적 여유가 있어야 예를 안다"고 하였다. "물질적 여유는 결국 정신적 안정을 얻어야 비로소 빛나는 가치가 있다"는 의미를 가진다. 정상 상태라면 도리에 어긋나는 사소한 일탈 행위도 정신을 주름지게 하거나, 마음바다에 풍랑을 일게 하여 자세가 흐트러질 수 있다. 자신의 행동을 스스로 선택하는 자유의지(自由意志)로 자기행동에 대해 책임지는 삶의 자세를 가질 때 비로소 정신적 안정을 누려 인간적이며 참 경제적 삶을 누릴 수 있다.

주관적 효용을 중시하는 오스트리아 학파의 미제스(L. V. Mises)는 "개인의 능력에 따른 자유로운 경제적 선택을 보장하는 '자유주의(自由主義)'는 단지 '외형적 복지'만을 추구한다"고 하였다. 물질세계의 한계를 지적하면서 '사람 사는 세상에서 풍요는 밖에서 주어지는 것이 아니라 우리들 마음속에서 우러나온다'는 의미다. 물질세계와 정신세계가 비례하는 것이 아니며, 정신 가치를 물질로는 대신할 수 없다는 의미가 내포되어 있다. 인간적 모습을 지키며 사는 길이 가장 바람직한 경제적 선택이라는 이야기다. 사람은 자신의 삶을 스스로 선택하는 자유의지를 가져야 비로소 존재감을 느낄 수 있다. 자신의 선택에 따라 자아(自我)를 형성해 가는 '자율적 인간(autonomous man)'으로 성장하고 싶어 하기 때문이다. 사람은 자신의 존재가치를 의식하는 자의식(self-consciousness)을 느끼기 시작하면서 인격적 존재가 된다. 개인에 따라 다르지만 사춘기를 지나면서 인생의 가치를 생각하고 선한 의지, 선한 행동으로 정신적 충만감을 느끼며 살고 싶어 한다.

선하게 행동하려는 실천의지는 사회 분위기에 따라 영향을 받기도 하지만 스스로 지켜내려는 마음가짐에 더 크게 달려 있다. 정직은 '거짓이나 꾸밈없이 바르고 곧은 마음의 상태'로 선한 의지를 실천하게 하는 부수효과까지 있다. '인간적인 너무나 인간적인'에서 니체(F. Nietzsche)는 "선한 행동이 오랜 시간 동안 익숙해지고 습관이 되다 보면 본능에 가까워진다"고 하였다. 세상은 언뜻 보면 비관적으로 보이기도 하지만, 근본적으로는 희망적이라는 의지를 이렇게 표현하여 맹자의 성선설(性善說)을 뒷받침한 셈이다. 심리학자들은 "어릴 때부터 무엇인가 베푸는 습관을 지니면 지능이 발달하고 사회적응능력을 높인다"고 하였다. 세상을 따뜻하게 보려는 마음가짐이 두뇌 활동을 활발하게 이끌기 때문일까? 의지가 선하여야 공동체에 기여하면서 그 자신도 성숙해지기 마련이다. 나의 작은 희생이 상대방에게 큰 혜택이 되면 그만큼 기쁨도 커지기 마련이어서 어려운 사람에게 베푸는 가치는 커진다. 선의지(善意志)를 갖지 못하면 자칫하다 힘들여 가꾼 지식이나 능력을 사리사욕 수단으로 남용하게 되어 제 덫에 스스로 걸려드는 불행을 초래하는 모습을 우리는 자주 본다.

선한 의지를 행동으로 실천하려면 먼저 자신부터 열심히 일하여야 한다. 제 앞가림도 못하면서 어찌 세상의 빛과 소금이 될 수 있겠는가? 근검절약하는 자세에다 베푸는 기쁨이 더해지면 겹겹의 행복이 다가온다. 베풂은 남에게 도움이 되는 일이지만, 베푸는 마음은 자신이 간직하는 기쁨이다. 칸트(I. Kant)도 선한 의지야말로 행복의 필요불가결한 요소라고 하였다. 사회를 위한 길이기도 하지만 스스로 행복해지는 길이라는 뜻이다. 절대빈곤을 벗어나면 생존·그 이상의 정신적 여유를 찾고 싶은 것이 '경제적 동물'의 뿌리치지 못할 심성이다. 자칫하다가 세속적 부가 '생각하는 인간'의 허기진 내면세계를 채우지 못하고 도리어 공허하게 만들기도 한다. 삶의 수단과 목표를 혼동해가며 재물과 권력을 거머쥔 사람들의 뒤안길을 보면 여유로운 삶을 누리기보다는 전전긍긍하며 갈증을 느끼는 모습들도 언뜻언뜻 보인다.

타인과의 관계 아래서만 존재할 수 있는 사회적 동물로서 서로 협력하며 살아가는 인간적 삶이야말로 경제적 인간의 경제적 삶이라 할 수 있다. 신뢰가 두터우면 꾸미지 않은 그대로의 모습을 보여주고 싶어 한다. 자신을 분칠하거나 덧칠할 때 드는 마음의 낭비도 없고, 상대의 의

중을 살피기 위하여 시간과 노력을 빼앗길 필요도 없어진다. 게다가 자연스러운 모습 그대로 살아가는 기쁨까지 더해지니 일석삼조의 경제적 효과가 있다. 미완성일 수밖에 없는 인간이 살아가면서 서로 의견이 엇갈릴 때도 있고, 이런저런 갈등도 일어날 수 있다. 때로는 대수롭지 않은 작은 상처가 깊어지기도 한다. 그러나 서로의 자존심을 지켜주려는 마음가짐을 가지기만 한다면 문제가 꼬이더라도 머지않아 저절로 풀려간다. 상대의 자존심을 지켜주는 인간적 행동이 바로 나의 자존심을 지키는 길로, 스스로의 삶을 건강하게 만드는 경제적 참 경제적 행동이다. 남은 무시하면서 자신만 치켜세우려는 행태는 어리석고 미련한 자의 오만이며 편견으로 스스로 함정에 빠져드는 비경제적 삶이다.

공동체 구성원으로서 사람의 도리를 지키며 살다 보면 자신도 모르는 사이에 주위를 밝게 비추는 등불이 된다. 반대로 지켜야 할 도리를 저버리면 당장에는 폐해를 인식하지 못하더라도 어느 결에 자신은 물론 주변까지 오염시키기 쉽다. 사람의 심성이라는 것이 마음대로 형성되지 않는데다 인간성은 어쩌다 상실하면 회복하기 어렵다. 평소 인간의 도리, 사회에 대한 책임의식을 가져야 공동체에 이바지하면서 자신의 정신세계까지 풍요롭게 하는 경제적 삶을 지속할 수 있다. 세상인심이 아침저녁으로 변해 간다 하더라도 어느 누구든 결국에는 선한 사람을 따르고 본받고 싶어 하는 본능을 감추지 못한다. 아무리 '세상이 바람 불고 춥고 어둡다 하여도' 세상을 따뜻하게 바라보는 긍정적 시각을 가지면 하는 일이 저절로 풀리는 까닭이기도 하다. 어느 누구나 결국에는 인간의 도리를 다하는 선한 사람에게 다가가고 싶어 하는 것이 어김없는 세상 이치다. 인간을 인간답게 만드는 자유의지에는 책임이 따르는데 능력이 커지면 그만큼 이웃에 봉사할 기회도 늘어나는 기쁨을 누릴 수 있다. 다시 말해, 선한 의지를 가지려는 자세가 능률도 오르고 효용도 높이는 경제적 자세로 누구에게나 행복의 문으로 다가서는 지름길이다.

어떤 때는 두 손바닥에 담은 물위에 비친 달그림자를 쫓아가고 싶은 상념에 젖어들기도 하지만….

인자한 자는 자기의 영혼을 이롭게 하고, 몰인정한 자는 자기의 몸을 해롭게 한다. 악인의 삯은 허무하되, 선한 자의 상은 확실하다. 베풀기를 좋아해야 더 부유해지고, 인색할수록 더 궁색해진다. 은덕을 베풀어야 저도 풍족해지고, 남을 대접해야 저도 대접을 받는다.

– 잠언 11장 17~18절, 24~25절

품격 있는 부자가 오래 간다

품격 있는 부자들은 세상을
낙관적으로 멀리 보고 사람과의 관계를 중시하는 모습이 보인다.
선한 의지를 이웃에 펼치려고 노력하기 때문에 지식축적, 인간관계
같은 무형자산을 늘릴 기회가 자신도 모르는 사이에 점점 늘어난
다. 무형자산이 쌓이다 보면 은연중에 유형자산의 가치를 높이는
부수효과로 더 큰 부를 축적하는 바탕이 이루어진다. 반대로, 황금
을 쫓아 남아메리카를 유린한 코르테스처럼 '돈으로만 고칠 수 있
는 마음의 병'에 걸려 찌들다 보면 무엇인가 거머쥐고도 감사할 줄
모르고 점점 더 목말라 한다. 결국 불안과 번민에 빠져 자신의 인생
을 스스로 구렁텅이에 빠뜨린다. 탐욕을 주체하지 못하는 불완전한
인간의 한계일까? 어느덧 재물도 권력도 잃어버리고 사람들도 흩
어져 '단절의 벽'에 부딪친다.

사람이란 다른 동물과 달리 배부르게 먹는다고 해서 행복감을 느끼는 것이 아니고 나름대로 정신적 만족을 주는 지적재산이 절대 필요하다. 배운 것이 많아도 사회와 단절되거나 겸손한 자세를 가지지 못하면 새로운 지식 습득과 응용에 한계가 있을 수밖에 없다. 다시 말해, 지적자산은 인적자산과 결합되어야 새로워지고 확장되어 나간다. 변화의 속도가 점점 빨라질 (미래)사회에서 물적재산은 중장기에 있어서 그 가치가 변해 가고 있음을 인식하여야 한다. 산업사회와 달리 지식사회, 정보화 사회에서 자본이 부가가치를 창출하는 비중은 점점 줄어들고 있다. 오늘날에는 지식과 창의력만으로 상상할 수 없는 규모의 큰 부가가치를 창출해 낼 수 있음을 생각해 보자. 현실세계에서는 글줄이나 읽었다는 먹물들이 자신에게만 무한히 관대한 논리를 펴다 보니 지식이 사회발전에 도움이 되지 못하고 오히려 사회악으로 작용하는 사례까지도 발생하고 있다.

　오랫동안 부자들의 재산관리 상담을 해온 휴즈(J. Hughes)는 저서 '가문의 부(Family Wealth)'에서 재산을 인적자본(human capital), 지적자본(intellectual capital), 재무적 자본(financial capital) 3가지로 나누었다. 연구 끝에 인적자산과 지적자산을 중시하는 가문이 물적재산을 오래 지켜내는 경향이 있음을 발견해 냈다. 개인이나 기업의 인적자산이나 지적자산이 든든해야 변화무쌍한 세상에서 위험과 불확실성을 극복하고 나아가 물적자산을 확충시킬 가능성이 커진다. 이들 3가지 자산이 조화를 이루어야 진정한 의미에서 여유롭게 부를 향유할 수 있음은 새삼 말할 필요도 없다.

　물질에 몰두하다 보면 어느덧 인적자본, 지적자본이 황폐해져 외톨

이로 전락하고 사회와 '단절되는 비극'을 맞을 수 있다. 돈이란 요물 같은 것으로 지나치게 가까이 다가가면 탈이 나고 변고의 원인이 되는 것은 동서고금을 막론하고 변함없는 경험칙이다. '돈으로만 고칠 수 있는 마음의 병'이 들면 대부분 돈으로도 고치지 못하는 불치병으로 변하기 쉽다. 공동체 구성원으로서 서로 신뢰하고 함께 호흡하지 못하면 그 많은 돈이 무슨 의미가 있겠는가? 개인이 축적한 부는 노력의 산물이기도 하지만 사회가 발전하는 과정에서 혜택을 받았기에 가능하였음을 알아야 한다. 만약 빌 게이츠 같은 거부들이 경제발전이 진행되지 않은 오지에서 태어났다면 그처럼 큰 능력을 발휘할 수 있었을까? 그들은 그 진실을 깨닫기에 대부분의 재산으로 사회에 공헌하는 프로그램을 진행하고 있는지 모른다.

우리뿐만이 아니겠지만 수단방법 가리지 않는 천민자본주의가 상당기간 이어지면서 돈이면 무엇이든 다 된다는 황금만능주의가 팽배해졌다. 공동체 구성원으로서 '내가 없으면 다 필요 없다'는 착각에 빠지게 되면 조그만 사익을 위하여 사회에 커다란 손실을 끼치다가 제 자신도 결국에는 불안과 번민의 사슬에 스스로 묶이기 마련이다. 경제적 동물이기도 하지만 사회적 동물이며 생각하는 존재인 인간에게 행불행은 마음먹기 달렸다. 욕심에 눈이 어두우면 자신도 모르는 사이에 인간으로서의 긍지를 잃어버린다. 재물이나 출세로 말미암아 허망한 자만심에 빠져 소중한 인생을 송두리째 망가트리는 경우는 주변에서도 가끔 보인다. 돈도 권력도 오래 남지 못하고 그저 스쳐지나간다는 사실은 옛날이나 지금이나 변함없다.

사회적 건강, 정신적 건강은 스스로 자긍심을 갖게 하여 진정한 만족감을 느끼게 해주는데, 경제적 성과에 매몰되다 보면 인간으로서 소중한 무엇을 잃기가 쉽다. 착각하지 말아야 할 것은 절대빈곤 단계를 벗어나서 근검절약하면 재력은 우리 인생에서 그리 절대적이지 않다는 사실이다. 욕심을 뿌리치지 못하는 인간이 상대적 빈곤을 극복하지 못하여 맹목적으로 돈을 좇게 하고 급기야 남의 것까지 삼키게 만드는 것은 아닐까? '동물의 세계'를 보면 맹수들도 제 배가 부르기만 하면 먹잇감을 더 이상 괴롭히지 않는다. 생각하는 인간이 때로는 생각하지 못하는 짐승으로부터 배워야 하는 장면이다.

부자가 되어 선한 의지까지 가진다면 인적재산을 소중히 여기게 되고 지적재산도 자연스럽게 늘어나기 마련이다. 지적재산을 소중히 보호하고 융합하다 보면 물적재산의 가치증대는 부수적으로 이루어지고 위험과 불확실성을 극복하는 완충능력도 늘어나기 마련이다. 이래저래 품격 있는 부자가 오래, 그리고 가치 있게 부를 향유하기 마련이다. 인간 세상에서 무엇보다 중요한 선의지를 크게 가져야 성숙한 인간으로서 행복을 오래 누릴 수 있다는 뜻이다. 사람이 돈의 주인이 아니라 돈의 노예가 되는 비극을 막으려면 '품격 있는 인간'이 되는 교육을 받아야 한다. 사마천도 "돈을 벌기 전에 먼저 인간의 그릇부터 키워야 한다"고 강조하였다.

칸트(I. Kant)는 선하게 행동하려는 의지 그 자체가 인간을 행복하게 만드는 보석처럼 빛나는 가치를 갖는다고 하였다. 설사 목표에 다다르지 못할지라도 선의지(善意志, Guter Wille)를 가지는 자체만으로도 커다란 가치가 있다고 하였다. 동양에서도 가난한 사람이 불전에 바치는 정성어린 빈자일등(貧者一燈)이 부자의 등 만 개보다 더 밝게, 더 오래 빛날 수 있다고 하였다. 물질도 중요하지만 마음가짐이 더욱 소중하다는 교훈을 준다. 선의지와 '빈자일등'은 인간에 대한 애정인 공동선(共同善)의 바탕이 된다. 그러한 마음가짐이 널리 퍼질수록 인적자산, 지적자산을 쌓아가는 지름길이다. 돈으로 살 수 없는 저마다의 절대가치를 가지면 가질수록 스스로 더욱 소중해짐을 느낄 수 있다. 소중한 가치들을 돈보다 더 귀하게 여기는 그 순간부터 근심과 걱정의 그림자는 점점 멀어져 간다. 무서운 탐욕의 함정에서 벗어나 '욕망으로부터의 자유'를 느낄 수 있다.

어제 샘을 치워 깨끗하게 했는데도(昨日修泉也潔淸)

오늘 아침에 흐린 물이 다시 보이네(今朝一半見泥生)

맑음은 노력에 달렸음을 이제 알겠네(始知澈淨由人力)

공들이기를 단 하루도 그치지 말아라(莫遣治功一日停)

– 수천(修泉) / 퇴계 이황

변하는 가격, 변하지 않는 가치

물질문명 변천에 따라 세
상이 온통 바뀌어도 인간의 감정과 행동을 제어하는 내면세계가 본
질적으로 바뀌지는 않는다. 사람 사는 세상에서 물질적 가격과 정
신적 가치의 관계가 비례하지 않는다는 의미다. 인생의 좌표는 저
마다 가치기준에 따라 조금씩 다를지 모르지만 으뜸가는 선택은 자
신의 의식세계를 평화롭고 풍요롭게 하는 길이다. 물질세계의 변하
는 가격(price)과 정신세계의 변치 않는 가치(value)를 구분하는 일은
동물적 삶에서 탈출하여 인간다운 삶을 위한 필요조건임이 분명하
다. 진정한 행복과 불행은 쉬지 않고 변해가는 물질보다 변치 않을
정신에 달려 있다고 생각하면서도 욕심 많은 인간이 욕심을 뿌리치
기 어렵다. 세상 이치란 어려울수록 힘을 다하여 극복하면 할수록
보람과 기쁨은 더욱 빛나기 마련이다.

자본주의 사회는 글자 그대로 돈에 의하여 돌아가듯, 돈은 누구에게나 필요한 것이다. 탈무드(Talmud)에도 "부유함은 견고한 요새이고 빈곤은 폐허와 같다"며 근검절약을 중시하고 있다. 그러나 지나치게 돈만 탐하다가 풍요와 여유가 아니라 오히려 정신적 황폐와 각박함이 어른거리기 쉽다. 돈 가뭄은 사람들을 쪼들리게 하고 움츠러들게 하지만, 돈 홍수는 어리석은 인간을 저 자신도 모르게 타락시켜 구렁텅이로 몰아간다. 돈은 없으면 삶을 고달프게 만드는 장애물이지만 분에 넘치게 많으면 어느 결에 인생을 망치게 하는 괴물로 둔갑하기도 한다. 조금만 생각해 보면 이 세상 하고많은 비극은 지나친 빈곤 아니면 분에 넘치는 부유로부터 비롯되는 경우가 대부분이다. 토스토예프스키가 그린 '카라마조프가 형제' 들의 탐욕과 치정에 얽힌 참극은 그들 인간 됨됨이에 비하여 너무나 많은 재물을 가진 것이 탈이었다. 쓸데없이 많은 재물이 그들 속에 숨어 있었던 악마를 밖으로 뛰쳐나오게 만드는 비극을 초래하여 부모도 형제도 연인도 모두 적으로 색칠하고 말았다.

큰 뜻을 품고 있어도 자기 몸을 주체하지 못하거나, 부모와 처자식이 헐벗고 굶주리고 있으면 다른 뜻을 세상에 펼칠 도리가 없다. 예컨대, 안중근 의사나 윤봉길 의사 같은 거인들의 가계형편이 부모를 봉양하고 자식을 부양하지 못할 정도로 쪼들렸다면, 그와 같은 큰일을 해낼 엄두를 냈을까? 반대로 어리석은 인간에게 돈이 남아돌면 엉뚱한 생각을 하고 지저분한 행각을 저지르기 쉽다. 땀 흘리지 않고 사람 됨됨이에 맞지 않게 돈을 번 사람들이 비인간적 행태를 벌이다가 어느 결에 나락으로 추락하는 광경은 여기저기에서도 종종 볼 수 있다. '이

스터린 역설(Easterlin's paradox)'은 최소한의 의식주를 해결할 수 있는 "절대빈곤 상태를 벗어나면 소득과 행복이 비례하지 않는다"고 한다. 이스터브룩(G. Easterbrook)은 '진보의 역설(progress paradox)'에서 "우리는 왜 더 잘 살게 되었는데도 행복하지 않는가"라는 의문을 제기하였다. 경제발전이 없었던 옛날에 비하여 물질적 풍요를 누리는 현대인들이 오히려 불만은 더 많고 행복감은 더 낮다고 지적하며 무엇보다 삶에 대한 긍정적 자세를 가지라고 제언하고 있다. 어리석은 인간이 가지면 가질수록 남보다 더 많이 가지고 싶어 하기 때문일까? 주관적 정신 가치와 객관적 물질 가격의 관계를 생각하게 한다.

문명 발달에 따라 생활양식은 변해가더라도 인간의 정신세계까지 바꾸기는 어렵다. 의식의 바탕인 주관적 가치가 물질적 가격에 따라 이리저리 휘둘리지 않고 중심을 가져야 한다는 이야기다. 정호승 시인의 '밥그릇을 먹지 말고 밥을 먹어라'는 시 구절이 있다. 돈은 목적이 아니고 수단이라는 뜻으로도 해석된다. 돈만 있으면 무엇이든 얻을 수 있다고 여기는 것은 수단과 목적을 혼동하는 일이다. 인간세계에는 아무리 큰돈을 가지고도 절대로 구할 수 없는 그 무엇이 있다. 돈독(貪財)이 들다 보면 돈이라면 무엇이든 다 할 수 있다고 생각하기 쉽다. 인색하게 굴면서 인정사정없이 모은 돈일수록 결국에는 자식이든 누군가가 낭비하여 허망하게 없애기 마련이다. 낭비를 일삼다가 그 자식들은 결국 쪼들리는 삶을 사는 게 거의 정해지다시피 한 공식이다. 그래서 "3대 가는 부자 없다"는 격언이 나왔는지 모른다. 세상을 조금만 멀리 보는 시각을 가지기 시작한다면 소중한 인생을 몽땅 돈에 거는 일이야말로 최악의 투자라고 하지 않을 수 없다. 그러나 현실세계에서 "돈보다 더 중한 것이 뭣이냐?"며 무모한 도박에 빠지는 경우가 흔하다.

사람 됨됨이에 맞지 않는 권력이나 재력을 얻은 인사들 중에는 공연히 변덕을 부리고 까닭 없이 주변 사람들을 피곤하게 하는 경우가 종종 있다. 이 세상 모든 가치를 물질로 대신하여 가격으로 따질 수 있다고 오판하기 때문인가? 겉치레에 연연하다 보니, 정말 소중한 내면의 가치관이 부서져 매몰된 까닭이다. 물질세계의 변하는 가격과 정신세계의 변하지 않는 가치를 구분하지 못하게 되면, 돈을 가지고도 돈의 주인이 되지 못하고 반대로 돈의 노예로 전락하는 일이 흔하게 벌어진다. 인간으로서 최소한의 도리나 은혜도 몰라보는 인간에게 돈이란 스크루지 영감의 영혼을 얽어맨 쇠사슬과 다를 바 없이 자유로운 사고와 행동을 제약한다. 경제적 인간에게 물질적 가격과 정신적 가치가 나름대로 연관성을 가지기도 하지만 정작 맞바꿀 수 없다는 간단한 이치를 외면하려는 까닭이 아닐까?

프레보(A. Prevost)는 "시간은 어떻게 쓰느냐에 따라 금도 되고 납도 된다"고 하였다. 사유하는 인간에게 때에 따라서는 어느 한순간이 전 일생만큼 중요한 가치를 지닐 수도 있다. 어느 순간도 함부로 써버리거나 막되게 행동할 수 없다는 의미도 된다. 물질세계의 변하는 가격에 얽매이지 말고, 정신세계의 변하지 않는 가치를 소중하게 여기라는 뜻이기도 하다. 최선의 투자는 내면세계를 한 발짝씩 풍요롭게 하는 일이라면, 최악의 투자는 인간의 도리를 외면하면서까지 물질에 매달리는 일이다. 우리들 인생이 번개처럼 지나간다는 사실을 깨닫기만 한다면 내면세계를 살찌우는 일보다 더 가치 있는 투자는 없다. 물론, 정신세계를 풍요롭게 하는 길은 저마다의 가치관에 따라 각인각색으로 다를 수밖에 없다.

법구경에서도 "만족을 아는 것이 가장 큰 보배"이며 "마음의 평화처럼 큰 즐거움은 없다"고 하였다. 남녀노소, 먹물과 까막눈, 부자와 빈자, 지위고하를 막론하고 어느 누구에게나 한결같이 들어맞는 금언이다. 인간은 때로는 '나비와 나'를 구분할 필요 없는 호접몽(胡蝶夢)을 마음에 그려내며 유연하게 살아가고 싶어 하기도 한다. 또 어떤 때는 대붕(大鵬)이 되어 구만리 상공을 나는 무위자연(無爲自然)의 자세를 읽고 울림을 받기도 하는 까닭은 무엇인가? 세상의 겉모습은 탈바꿈하더라도 사람의 심성은 근본적으로는 변할 수도 없고 꾸밀 수도 없다는 뜻이 아닌가?

병이 없어야 가장 커다란 이익이요(無病最利)
만족을 아는 것이 가장 큰 재물이며(知足最富)
두터운 덕성은 가장 가까운 친구요(厚爲最友)
마음의 평화가 최상의 즐거움이다(泥洹最樂)

– 법구경 제15 안락품, 204

행복지수와 한계효용체감

이기적이지만 합리적
으로 행동한다는 경제적 인간(homo economicus)이 재물을 많이 가진
만큼 행복해지지 않는 까닭은 무엇일까? 국민소득이 높아졌는데
사람들의 행복지수는 높아지기는커녕 오히려 더 낮아지기도 하는
까닭은 무엇일까? 많은 사람들이 의문을 가지는 이 어려운 문제의
답은 한계효용체감(限界效用遞減) 법칙에서 상당부분 찾을 수 있다. 모
든 재화의 효용가치는 쓰면 쓸수록 줄어들다가 한계효용이 제로가
되는 변곡점에 이르면, 더 이상 재화의 효용가치는 없어진다. 그러
나 '만물의 영장'이라는 인간이 야생동물보다 더 비경제적, 비이성
적 행실을 하는 경우도 흔하다. 경제적 인간이 재화의 한계효용이
제로가 되는 선을 넘어서 자꾸만 더 가지려 애쓰다 보면, 남의 몫까
지 차지하려 욕심을 내다가 스스로 덫에 걸려들기도 한다.

구슬땀을 흘리고 산에 올라서 마시는 시원한 물 한 모금의 청량감은 더할 수 없이 크다. 물을 마셔갈수록 상쾌함은 점점 줄어들다가 더 이상 마시고 싶지 않은 지경이 되면 물의 한계효용은 제로에 이른다. 한계효용이 제로가 되는 변곡점을 지나 마이너스가 되는 영역에 이르렀는데도 억지로 더 마시다가는 오히려 고통스럽고, 자칫하다 탈이 날 수도 있다. 어리석은 나의 경험을 되돌려보자. 춥고 배고프던 졸병시절 상관을 모시고 의정부에 있던 미 1군단사령부에 갔다가 영내 뷔페식당에서 산더미처럼 쌓인 음식을 보고 눈이 휘둥그레졌다. 허겁지겁 먹고 또 먹다 배탈이 나서 밤새도록 시달렸다. 그 맛있는 음식을 음미하지 못한데다 복통에 시달렸으니 이중으로 바보같은 행동이었다. 너무 많이 먹다가 죽는 경우는 사람 아닌 다른 동물의 세계에서는 절대로 없다고 한다. 짐승의 세계에서는 자칼도 하이에나도 배만 부르면 새끼 사슴이 지나가도 무관심하다. 사람의 경우에는 한계효용이 마이너스로 가는지도 모르고 계속하여 더 움켜쥐다 '짐승보다 못한 인간'이라는 소리를 듣는다.

한계효용이 제로가 되는 순간부터 모든 재화는 사용가치가 없어진다. 돈을 많이 가져도 어느 한계가 지나면 쌓아두기는 해도 쓸모가 사실상 없어지니 돈과 행복의 함수가 비례할 수 없다. 돈이 많을수록 더 큰 만족감을 주기는커녕 오히려 독이 될 수도 있음을 깨닫지 못하다가 상당수 사람들이 곤란을 맞이하기도 한다. 무릇 재물이란 모자란 듯 알맞은 범위 내에서 있어야 만족감을 더 크게 느끼지, 분수에 넘치게 많다 보면 오히려 사람을 망치는 경우가 흔하다. 숱한 사람들이 말로는 돈과 권력이 삶의 전부가 아니라고 하면서도 탐욕이 남을 해치기도

하지만 결국에는 자신을 진창에 빠뜨린다는 사실을 망각한다. 재물이 넉넉하여 한계효용이 제로를 지나 마이너스가 되는 그 순간부터 조금씩이라도 나누기 시작한다면 아무 손실 없이 총효용을 높여 세상살이를 보다 풍요롭게 하는 효과를 낼 수 있다. 나의 조그만 배려가 다른 누구엔가는 커다란 혜택으로 돌아가니 기쁘지 않을 수 없다. 베풂은 남에게 도움이지만, 베푸는 마음은 자신이 가슴속에 간직하는 기쁨이다. 나누면서 빛과 소금이 되려면 먼저 열심히 일하고 저축하여야 하는데 근검절약하는 자세도 값지지만 더 많이 베풀 수 있는 기쁨까지 더해지면 겹겹의 행복이 아닐까?

문제는 재화의 한계효용이 제로가 되는 변곡점을 추정하기 어렵고 계속 변해간다는 점이다. '초고령 시대'를 맞이하여 자신의 생존기간을 예측하기 어려워 인간다운 생활을 하는데 들어갈 비용이 얼마나 될지 짐작하기 어렵다. 더구나 경제적 위험과 불확실성이 점증하는 환경과 노인 빈곤율이 OECD국가 중에서는 가장 높다는 나라에서 누구라도 미래를 기약하기가 어렵다. 어느 정도의 경제력이 있어야 생존하는 동안 인간의 존엄성을 지키며 살 수 있을지 짐작하기 어려운 것이 사실이다. 장자는 "뱁새가 큰 숲을 차지하였다 하더라도 정작 필요한 것은 오직 가느다란 나뭇가지 하나뿐"이라고 하였다. 욕심을 억제하라는 이 말을 뒤집어 보면 "뱁새도 쉬어야 할 나뭇가지 하나 정도의 보금자리는 필요하다"는 역설이 곧장 성립한다. 어떠한 성인군자라도 두 발 뻗고 쉴 공간은 있어야 한다는 이야기다. 경제적 인간으로서 부동산에 매달리기 쉬운 까닭이기도 하다. 사회보장제도를 구축하여 공동체 구성원 누구나 인간의 존엄성을 유지하도록 해야 한다는 의미를 내포하고 있다. 사회안전망은 미래 불안을 어느 정도 해소시켜 사람들을 조금이라도 욕심에서 벗어나게 만들고, 나아가 천민자본주의로 타락하지 않도록 하는 효과를 기대할 수 있다. 조금이라도 나누는 만큼 사회의 총효용이 확대되어 더 많은 사람들이 보다 여유를 가지도록 작용할 것이다. 사회안전망 기능을 하는 주택연금은 '숲속의 가느다란 나뭇가지' 처럼 조그맣더라도 집이 있으면 노후빈곤에 따른 위험을 줄이는 안전장치로 작용할 수 있다.[1]

미래에 생활안정을 나름대로 예상할 수 있어야 마음의 여유도 생기고 쓸데없는 불안과 헛된 탐욕에서 조금이라도 멀어질 수 있다. 미래를 불안하게 여기면 상당한 재물이 있더라도 욕심을 그치기 어렵다. 무엇인가 삶의 여유를 가져야 할 시점에서도 사람들은 재물이나 권력을 더 늘리려고 조바심을 내며 무리수를 두다가 인생을 망치기도 한다. 주변에서 보면 큰돈을 가진 부자보다도 쪼들리지 않을 정도의 연금을 받는 사람들이 오히려 여유로운 삶을 누리는 모습을 볼 수 있다.

---

1) 역모기지 주택연금

주택을 담보로, 주택가격과 연령에 따라, 매월 일정금액을 평생 받아쓰는 주택연금은 노후생활안정을 돕는 사회보장장치로 작용한다. 노후 요양기관에 가게 될 경우, 거주주택의 월세를 받아 병원비에 충당하는 장점도 있다. 가입자가 사망하거나 탈퇴할 경우 기간 중 연금지급액과 금리를 복리로 계산하여 집값과 상계하고 남으면 정산하여 유족에게 지급한다.

주택연금 가입 시 주택가격의 1.5%를 선행하여 지불한다. 금리는 cofix 금리에 0.85%와 보증료 0.75%를 가산하여 복리로 계산하기 때문에 2020. 5 현재 2.85%에 달하여 주택담보대출 평균금리보다도 오히려 높다. 살아 있는 동안 계속 돈을 지급한다는 보험기능 때문인 듯한데, 중장기로 주택가격은 경제성장률과 물가상승률만큼 상승한다는 점을 감안하면 주택금융공사나 정부의 부담은 사실상 없는 셈이다. 다시 말해, 주택연금이 금융상품 기능은 있지만, 본래 목적인 사회안전망 기능에 충실한지는 의문이다.

큰 부자들이 더 욕심을 내다보면 가진 돈이 줄어들까봐 노심초사하다 오히려 밑지는 인생을 사는 경우가 흔하다. 너나없이 끝없는 욕심에서 벗어나야 비로소 마음의 평화가 기다리고, 나아가 행복의 문으로 다가갈 수 있다. '욕망으로부터 자유'를 찾으려는 마음 자세와 미래 불안을 해소하려는 의지가 조화를 이뤄야 하는데 그리 쉽지 않다. 사람에 따라 만족도가 다르고 행복의 기준도 다르기 때문이다. 스스로 다짐하며 마음의 부자부터 되려고 노력해야 한다. 어려울수록 햇빛 반짝이는 언덕에 올라서면 행복감은 더욱 커지지 않을까?

진주 하나 찾기 위해 하루 해를 다 넘기고
먹구름 걸쳐 있어 갈길 찾지 못하여도
절(節)마다 녹여진 사연 다시 나를 유혹한다.

- '늪에 빠지다' 중에서 / 윤희육

구슬땀 식은땀 진땀

이 세상 어김없는 이치는 정당한 노력 없이 얻은 재화와 권력과 명성이 머지않아 진땀이나 식은땀을 흘리게 하는 원인으로 작용한다는 점이다. 구슬땀을 흘리면서 힘껏 노력하여 이뤄낸 성과는 조그맣더라도 그 보람과 가치와 기쁨을 가슴속에 뿌듯하게 간직할 수 있다. 노력하는 이상으로 더 많은 것을 거두려 욕심을 내다가는 언젠가는 탈이 나고 더 많이 잃기 마련이다. 무엇이나 '하면 된다' 며 욕심을 내다가는 자칫 자신을 망치게 되고 남들에게도 피해를 준다. 우리사회를 어지럽히는 치사스러운 사건들을 보면 대부분 구슬땀을 흘리지 않고 거저 등용문을 통과하거나 저 혼자 축재를 하려다가 생기는 장면들이다. 앞날이 창창한 인재들일수록 욕망의 노예가 되어 흔들리다 보면 자신의 미래를 망치고 조직과 사회에 상처를 남긴다는 사실을 절대 잊지 말아야 한다.

초여름 새벽 북한산 대남문을 거쳐 보현봉에 올랐다가 형제봉 자락까지 내려와 다리쉼을 할 때였다. 그때서야 산에 오르는 상당수 등산객에게서 이런저런 냄새가 났다. 비전문가인 친구의 엉터리 설명에 따르면, "오장육부 깊이 쌓인 노폐물이 땀으로, 호흡으로 빠져나가는 때문"이라고 한다. 올라갈 때는 느끼지 못했는데, 땀을 흘릴 대로 흘려 내 몸의 노폐물이 다 빠져나갔기에 다른 등산객에게서 나는 냄새를 쉽게 맡을 수 있기 때문인가? 산에 오르며 흘리는 땀은 처음에는 끈적거리다가 나중에는 맑아지고 기분도 상쾌해진다. 육신과 마음의 찌꺼기가 날아가 버려서 그런지도 모른다. 만약 헬리콥터를 타고 산 정상에 내린다면, 한걸음씩 오르는 과정에서 구슬땀을 흘리는 그 희열을 짐작하지 못할 것이다. 단테(A. Dante)의 신곡을 읽으면 9단계로 내려가는 지옥의 계단은 내려가면 갈수록 어둡고 무거운 마음이 가슴을 짓누른다. 반대로 7단계로 올라가며 죄를 씻어내고 희망을 찾아가는 연옥의 산은 오르면 오를수록 마음이 가뿐해지다 어느덧 샛별이 반짝이며 빛나는 느낌이 가슴에 안겨든다. 저쪽에서는 '구원의 여인상' 베아트리체가 기다리는 모습이 어른거린다.

공짜로 이익을 챙기려다 보면 결국에는 진땀과 식은땀을 흘려야 한다. 정당한 노력 없이 얻은 부와 권력과 명성을 가진 가짜 주인을 결국 아슬아슬한 지경으로 몰아가는 것은 동서양을 막론하고 변함없는 이치다. 재물, 권력을 거머쥐고 명성도 높다는 지도층 인사들 중에 불안 초조해하며 어둠의 그림자가 주변에 어른거리는 모습을 가끔 볼 수 있다. 아마도 목적 달성을 위해 수단 방법 가리지 않고 살아온 탓일 터이다. 사람이 살아가며 '해서는 안 되는 일'이 많은데 남에게 피해를 주든 말든 무엇이든 '하면 된다!'며 달리다 보니 자기 자신을 먼저 속이기 때문인가? 자신을 속이는 일은 한마디로 자신을 사랑하지 않는 길이니 그 결과야 뻔하다. 억지로 정당성을 부여하고 얼토당토아니한 논리로 거짓을 참인 것처럼 꾸미거나, 말 바꾸기를 예사로 하는 인사들은 자만심은 넘치지만 진정한 자부심은 찾아보기 어려운 까닭이다.

이 세상 하고많은 시행착오와 그에 따른 무질서로 말미암은 불신풍토는 대부분 '모로 가도 서울만 가면 된다'며 중간 과정을 무시한 데서 비롯되었다. 과정은 외면하고 결과만을 좇아가다 보니, 잘잘못을 가리며 바르게 사는 길이 오히려 비능률이라며 불평불만으로 매도하는 풍조까지 번졌다. 그러면서 나의 잘못은 덮어두고 무조건 '네 탓이다'라며 남의 잘못만 들추려다 보면, 인두겁을 썼다 하더라도 그 마음속은 바람 잘 날 없어진다. '옛것을 익히고 새것을 깨우치는' 그 과정에서 얻는 기쁨은 자신이 누리고 그 결과는 사회에 공헌하여도 정말 수지맞는 일이다. 이 어려운 세상에서 공부만 할 수 있다는 것 자체가 축복받는 일이다. 탐욕에 넘쳐 남의 것을 내 것인 양 베끼고 데이터를 조작하면 내면의 성취감은 사라지고, 목구멍에 걸려 있을 법한 가시에다 그 사실이 알려질까 두려워 마른땀을 흘려야 한다. 돌이킬 수도 없고 하나 밖에 없는 인생에서 크게 밑지는 장사를 하는 셈이다. 인간적 너무나 인간적이면서도 경제적 참 경제적 삶을 살고 싶다면 절대 피해가야 할 일이다.

예술의 전당 특별연주실에서 신예 손열음 피아니스트가 혼을 다하여 연주하는 모습을 바로 옆자리에 앉아 볼 기회가 있었다. 그의 손은 마치 신선세계에서 학이 뛰어 노는 듯했고 얼굴 표정은 '이 세상 근심 걱정이 다 무엇이냐?' 며 다 녹여 버리는 듯했다. 그 열정의 연속이 약관의 나이에 정상으로 다가가는 원동력이 된 것일까? 그는 명성과 보상 같은 결과보다는 순간순간에 쏟아내는 열정 그 자체에 기쁨과 보람을 느끼는 모습이었다. 최선을 다하고 있다는 자부심이 그 어떤 보상보다 정신을 풍요롭게 하기 때문이 아닐까? 세상에서 벌어지는 무질서와 시행착오는 대부분 동기와 과정을 무시하는 데서 비롯된다. 동기가 나쁘든 과정이야 어떻든 결과만을 중시하다 보면 나중에는 진땀, 식은땀, 마른땀을 흘리기 마련이다. 자랑스러운 미래를 그려 가려면 매 순간 당당하고 충실하여야 한다. 어느 한순간의 바르지 못한 판단이 가슴속에서 지워지지 않고 평생을 후회할 위기로 변할 수 있음을 경계하여야 한다.

삶은 순간과 순간이 이어지는 것이다. 어느 순간도 다른 순간에 비하여 더 중요하거나 덜 중요하다고 할 수 없다. 지금 이 순간도 그리고 미래의 어떤 순간도 모두 순간의 연속선상에 있다. 사람과 사람이 살아가는 세상에서 일어나는 모든 행동의 동기(動機)와 과정(過程)과 결과(結果)가 조화를 이루어야 보람찬 열매를 맺을 수 있다. 따로 떼어 생각하다가는 불상사가 생기기 쉽다. 동기가 순수해야 과정도 후회 없게 진행되어 선한 결과를 낳을 수 있다. 정말로 인간적 너무나 인간적 삶의 길이다.

어렵더라도 구슬땀을 흘리며 살겠다는 당당한 자세를 갖춘다면 후회할 일이 없어진다. 살다가 보면 때로는 힘에 겨운 일이 닥치게 되어 비지땀을 흘려야 하는 경우도 생긴다. 삶의 자세를 매 순간마다 바르게 하겠다고 다짐하면 진땀, 식은땀, 마른땀을 흘려야 할 위기의 순간이 닥칠 까닭이 없다. 일하는 과정에서 얻는 크나큰 성취감을 향유하는 그 자세가 경제적 참 경제적 삶이 아니겠는가?

어머님, 나는 별 하나에 아름다운 말 한마디씩 불러봅니다.
소학교 때 책상을 같이 했던 아이들의 이름과 패, 경, 옥, 이런 이국
소녀들의 이름과 가난한 이웃 사람들의 이름과, 비둘기, 강아지, 토
끼, 노새, 노루, '프랑시스 잠', '라이너 마리아 릴케'
이네들은 너무나 멀리 있습니다. 별이 아스라이 멀듯이,
어머님, 그리고 당신은 멀리 북간도에 계십니다.

－'별 헤는 밤' 중에서 / 윤동주

스스로 돕는 자를 돕는다

사람 사는 도리가 희미해지
면서 세상살이가 불안해지면 기복신앙이 세력을 뻗고 무속이 판을
치게 된다. 역으로 종교가 타락하게 되면 가짜 선지자, 요설가들이
세상을 혼란스럽게 만들려 악다구니를 한다. 그 같은 혼돈의 시대에
사람들은 열심히 일하기보다 여기저기 기웃거리며 요행을 바란다.
잘못될 경우, 운세가 나쁘다고 한탄하며 비인간적 행실로 세상을 어
지럽히다 제 스스로 수렁에 빠진다. 국내 역술인은 무려 50만 명 이
상으로, 점을 쳐 사람들의 운을 예측해 주고 돈을 버는 '운세산업'
시장규모는 '영화산업' 규모를 넘는 것으로 추정된다고 한다. "하늘
은 스스로 돕는 자를 돕는다"고 하였는데, 운명 또는 운세란 사람들
에게 무엇인지 생각해 보자.

조선 숙종(肅宗) 때 큰 가뭄이 거듭되어 백성들의 삶이 글자 그대로 도탄지경에 빠졌다. 게다가 임금의 심성이 팥죽 끓듯 조석으로 변하고, 서인, 남인에다가 노론, 소론 간의 사생결단 혈투가 그치지 않았다. 그런 환경에서 벼슬아치 어느 누구라도 하루아침에 '대역죄인'으로 전락할 위험이 도사리고 있었다. '경신대출척, 기사환국, 갑술옥사, 무고의 옥' 같은 정변으로 한 치 앞을 내다볼 수 없는 불확실성이 넘치는 세상에서 풍수지리는 물론 갖가지 무속(巫俗)이 창궐하였다. 자신의 길흉화복이 조상의 묘자리에 달려 있다고 믿는 어리석은 인간들끼리 조상의 무덤을 샀다 팔았다 하는 일이 허다하였다. 미련하고 욕심 많은 자식을 둔 부모들은, 해골이 되어서도 편히 쉬지 못하고 피난살이하듯 이 산 저 산으로 떠다녀야 하는 끔찍한 고통을 당해야 했다. 생각해 보자. 그 피곤한 영령들이 못난 자식들에게 어찌 복을 내리는 초능력을 발휘하겠는가? 당시 숙종의 세 번째 장인 경은부원군 김주신은 "이사하듯 묘지를 하도 옮겨서 웬만한 산들은 온전한 데가 없다"고 하였다. 그러면서 "하늘이 선과 악의 구분 없이 화와 복을 내렸다 하더라도 한 줌 흙이 어떻게 후손들의 운세를 바꿀 수 있겠는가?"라며 개탄하였다(葬說, 명당설의 허실, 박소동 지음).

　백범(白凡)은 소싯적 과거 시험장에서 벌어지는 갖가지 악폐와 시험 부정을 보고 방황하다가 과거급제를 통한 입신양명을 포기하고 관상 공부를 하였다. 어느 날 자신의 관상을 보니 온통 천격(賤格), 빈격(貧格), 흉격(凶格)이어서 심한 비관에 빠지기도 하였다. 그러다가 "상 좋은 것이 몸 좋은 것만 못하고, 몸 좋은 것이 마음 좋은 것만 못하다(相好不如身好, 身好不如心好)"는 서경(書經)의 글을 보고 "심성을 닦아 내적 수양을 다지는 쪽으로 마음을 굳혔다"고 백범일지에 적고 있다. 백범이 그처럼 큰 인물이 된 동기는 '관상'이 나빴기 때문이라는 역설 아닌 역설이 성립한다. 많이 배우고, 높이 올라간 인사들의 갖가지 궁상스러운 삽화가 사람들을 웃다가 울게 만들며 나라를 어지럽히는 모습을 볼 때마다 어쩔 수 없이 생각나는 장면이다.

'소몰이꾼과 헤라클레스'라는 이솝 이야기에 나오는 소몰이꾼은 도랑에 빠진 짐수레를 제 힘으로 건져낼 노력은 하지 않고, 신들 가운데 그가 특별히 존경하는 헤라클레스에게 수레를 꺼내 달라고 기도하고 기도하였다. 드디어 헤라클레스가 소몰이꾼 앞에 나타나서 이렇게 말했다. "먼저 네 손으로 수레바퀴를 힘껏 밀고 소에 채찍질을 하라. 네 스스로 힘쓰지 않을 것이라면, 아예 신에게 기도도 하지 마라. 네 스스로 노력하지 않으면서 아무리 신을 찾아도 헛일이 될 테니까 말이다." 자본주의 사회에서 성장과 발전의 원동력으로 작용하는 "하늘은 스스로 돕는 자를 돕는다"라는 유명한 경구는 아마도 이 우화에서 유래되기 시작하였는지 모르겠다.

논어에서 "군자는 점을 치지 않는다"고 하였는데, 나는 군자가 아니어서 감히 운이나 사주를 논할 입장이 안 되지만 '사주팔자' 중에서 사람들이 으뜸으로 삼는 수명과 재물에 대하여 잠시 생각해 보자. 한국인의 평균수명이 1920년대 후반에 이르러 33.7세였다고 한다(수학사회학지; 구자홍). 2020년 현재 80세를 넘어가고 있어 채 100년도 안 되는 사이에 한국인의 평균수명이 약 두 배 반 정도 늘어난 셈이다. 지금도 평균수명은 계속 늘어나 불원간에 100세를 넘어설 것으로 예상하고 있다. 이러니저러니 하며 세상이 피곤하고 우울하다 하더라도 오늘날에는 보통사람들도 조선시대 임금 못지않은 물질 혜택을 누리고 있다. 사주팔자를 믿는다고 가정하면 시간이 흐르면서 지구상 모든 사람들의 수명 운과 물질 운이 크게 좋아지고 있다는 이야기가 된다. 문명 발달에 따라 사람들의 수명이 늘어나고 물질도 점점 풍부해지는 현상을 두고 어찌 사주팔자, 관상, 풍수로 풀이할 수 있다는 말인가? 사람이 "살다 보면 넘어지지 않을 데에서 넘어질 때도 있다." 또 저절로 신바람이 나서 마음껏 달리고 싶을 때도 있기 마련이다. 바른 말을 하며 떳떳하게 살다 보면 엉뚱한 질시와 구설수에 오를 수도 있다. 하찮은 일에 일희일비한다면 스스로의 운을 가로 막는 셈이 된다. 운명을 개척하는 확실한 방법은 세상의 이치를 바로 바라보고, 제 자신이 가는 길을 신뢰하며, 비가 오나 눈이 오나 바른 자세로 길을 가는 것이다. 세상 이치는 다가가기 어려울수록 보람은 크기 마련이다. 나라의 내일을 짊어질 '젊은 사자들'은 돌아가신 조상님께 기대지도 말고, 관상을 맹신하거나 헤라클레스의 도움을 기다리지 말라. 더 멀리 생각하는 습관과 구슬땀 흘리며 바른 자세로 사는 것이 자신의 운세를 비뚤어지거나 흐트러지지 않게 닦는 길이다.

해마다 피는 꽃은 다 같은 꽃인데(年年世世花相似)
해마다 늙는 사람 같은 사람 아니네(世世年年人不同)

— '代悲白頭翁' 중에서 / 劉希夷

명예인가 명성인가?

명예(honor)는 스스로 갈고
닦는 자세를 가지다 보면 마음속에 저절로 새겨져 쌓이는 자부심
같은 것이어서 엿가락처럼 늘리지도 못하고 분칠하여 꾸미지도 못
한다. 명성(reputation)은 자신에 대한 타인의 평가로 설왕설래에 따
라 까닭 없이 요란하게 색칠되다가 시꺼멓게 먹칠되기도 한다. 명
예와 명성은 부분적으로 같은 것 같기도 하지만 근본부터 다른데도
많은 사람들이 명예와 명성을 혼동하고 있다. 명예는 자신의 절제
된 자세와 행동에서 마음 가운데 자연스럽게 스며들었기에 좀처럼
떨어져나가지 못한다. 명성을 얻으려면 사람들의 눈과 귀를 자극하
고 혀를 움직이게 하는 노력을 기우려야 하지만, 어느 순간 묵은 때
처럼 벗겨져 나가기 마련이다. 마음속 명예와 마음 밖 명성을 혼동
하다가는 뒤늦게 돌이킬 수 없는 낭패를 당할 수 있다.

함께 살아가야 하는 공동사회(Gemeinschaft) 일원으로 사회적 동물일 수밖에 없는 인간은 남의 시선이나 평판을 무시하지 못한다. 지나치게 남을 의식하다 보면, 현실과 동떨어진 허위의식에 빠져 쓸데없는 덧칠을 하다가 오히려 체면을 지키지 못한다. 헛된 명성에 취하다 보면 어느 결에 조각나 흩어지는 경우가 흔하다. 수치심이나 죄의식을 상실해 가는 우리 사회의 단면을 보면 명예보다는 명성을 얻으려 하면서 자부심과 자만심을 혼동하는 모습을 자주 볼 수 있다. 스스로 다지는 마음속 명예보다 타인이 어떻게 생각하느냐를 따지는 명성을 중시하는 사회에서는 양심, 윤리, 도덕 같은 인간의 기본 도리는 거추장스러운 장식물로 변하기 쉽다. 리스먼(D. Riesman)이 지적한 바와 같이 현대인들은 양심에 어긋나거나 그릇된 행동을 스스로 제어하고 불의에 저항하게 만드는 수치심이나 죄의식을 상실하기가 쉽다. 그 대신 자신의 실체가 대중에게 들어날까 두려워 불안해 하고 번민에 쌓이는 모습을 보인다.

조금 멀리 볼 때 허상에 지나지 않는 명성을 쫓아가다 보면 자기도 모르게 발을 헛디디기 마련이다. 불가(佛家)에서는 깨닫지 못한 자가 스스로 깨달은 것처럼 으스대며 남을 속이려는 행태를 용서받지 못할 '대망어(大妄語)'라고 경계한다. 명성을 팔아 사람들의 판단을 그르치게 하는 사이비 교주나 혹세무민하는 궤변가들은 이승이 아니면 저승에 가서라도 무서운 벌을 받게 된다는 뜻이라고 한다. 세상이 타락하다 보면, 자신이 해야 할 일을 남에게 대신 시킬 수도 있고 남이 한 일을 자신이 한 것처럼 꾸밀 수도 있다. 하지만 어떠한 경우에도 자신의 내면세계를 움직이는 자아의식(自我意識)까지 대신 새겨 달랄 수는 없지 않은가? 어리석은 인간으로서 남들이 알아주는 명성을 추구하면서도 막상 자신의 내면을 갈고 닦는 명예는 단련시키지 않는 이율배반 행동을 저지르기 쉬운 까닭이다.

명성에 취하는 사람들은 겉으로는 화려한 말장난을 일삼지만 속으로는 정신적 빈곤에 시달리는 모습을 보인다. 이런저런 유명세를 탔던 인사들이 남의 관심에서 벗어나면 어느 사이에 공황상태에 빠지는 까닭은 무엇일까? 고위직에서 갑자기 물러난 인사를 바로 며칠 뒤에 만났는데, 눈동자를 굴리며 주위 사람들의 눈치를 연신 살피는 모습을 보고는 측은지심을 감추기 어려웠다. 아마도 명성에 버금가는 명예가 뒷받침되지 못한 때문 아니겠는가? 명성에 매달리다 보면 자신만이 아니라 주변에도 피해를 주는 경우가 많다. 바지 속에 오물이 묻으면 보통사람들은 훌훌 벗고 씻어내지만, 명성에 전전긍긍하는 인사들은 오물을 억지로 감추려다 보니 바지가 강제로 벗겨질 때까지 고약한 냄새를 풍기고 다니기 쉽다. 화려하게 장식된 '권위주의 쇼맨십'에 젖어 허위의식에 사로잡힌 인사들의 진면목이 아닌가? 순간일 수 있는 덧없는 명성을 위해서 평생 간직할 명예를 거침없이 버리는 행동이야말로 '적자인생'으로 치닫는 비경제적 행동이다.

평소 생계가 어려운 종업원에게는 야박하고 가난한 이웃에게는 인색하게 굴면서 거금을 모아서 유명단체나 학교에 기부하고 세상에 이름을 날리는 일은 명성을 높이는 길인가? 아니면 명예를 쌓는 일인가? 생각건대 "오른손이 하는 일을 왼손이 모르게 하라(마태복음, 6장 3)"는 성경 구절은 여러 갈래로 해석할 수 있다. 남의 혀끝에서 맴도는 헛된 명성을 위하여 가슴속 보석 같은 명예를 손상시키는 어리석은 행동을 하지 말라는 경구라고 해석해도 되지 않을까? 명예는 보다 정신적인 것에 가깝다면 명성은 물질적인 것에 가깝다고 할 수 있다. 명예로운 사람은 이 세상 파도에 휩쓸리지 않지만, 명성을 탐닉하면 파도타기를 즐기다가 어느 순간 균형을 잃고 파도에 묻혀버리기 쉽다.

명예가 맨얼굴의 자부심이라면 명성은 남을 위하여 화장하거나 변장하여 보이기 위한 허영심이라고 할 수 있다. 맨얼굴은 자신의 삶이라고 한다면 가면 쓴 얼굴은 타인을 위한, 타인의 의한 타인의 삶이라고 할 수 있다. 사람은 궁극적으로 마음속 자부심으로 살아가야 하는데 변덕스런 대중이 일시적으로 알아주는 허영심으로 살아가려면 얼마나 피곤하겠는가? 허황되면서도 변화무쌍한 세상인심을 이리저리 따라가려면 자신의 넋을 어디론가 팔아버려야 비로소 가능한 일인지 모른다.

니체(F. W Nietzsche)는 "헛된 명성을 즐기는 자는 자기기만(self-deception)에 도취되어 있기도 하지만 어쩔 수 없이 본 모습이 밝혀질까 근심과 걱정에 사로잡히게 된다"고 하였다. 그러고는 "가짜 유언장으로 상속받은 재산의 소유자와 같다"고 하였다. 진실하지 않은 것을 진실로 여기도록 스스로를 오도하고 그릇된 신념을 덧칠하여 억지로 정당화하려는 행위가 자기기만이다. 어느 순간에 물거품처럼 흩어져 버릴 명성을 높이 쌓으려 아등바등하는 태도야말로 조금만 멀리 보면 비경제적 자세가 아닐 수 없다. 땀 흘리지 않고 거저 재물과 권력을 쌓아 올리려는 행실은 의식세계, 나아가 무의식세계에서 불행의 바이러스를 스스로 배양하는 것과 다르지 않다. 행복이란 이것저것 따지고 계산하며 얻는 것이 아니라 자기도 모르게 마음속에 스며들어 저절로 느끼는 것이다. 부서져 나갈 화려한 명성보다는 사람의 도리를 다하며 자신도 모르는 사이에 마음속에 명예를 쌓아가는 넉넉한 행동이야말로 '경제적 참 경제적' 삶이 분명하다. 여유로운 마음가짐, 긍정적 자세야말로 인생의 최종 목표인 행복으로 들어서는 관문이다.

잠깐 고요히 앉아 마음을 가다듬으면(若人靜坐一須臾)

수많은 칠보탑을 쌓는 것보다 낫다(勝造恒沙七寶塔)

보탑은 언젠가 티끌로 변해 가지만(寶塔畢竟碎微塵)

순간의 청정한 마음은 깨달음을 이룬다(一念淨心成正覺)

― 文殊菩薩(문수보살)

먹물과 까막눈이

사회가 혼란스럽기 때문에 지식과 지성이 엇갈리는 것일까? 아니면 인간애가 뒷받침되지 않은 지식을 쌓아가다가 정작 중요한 지성이 쪼그라들기 때문에 사회가 혼란스럽게 되는가? 인격 없는 지식(knowhow)이 올곧은 행동의 바탕이 되는 지성(intellect)을 압도하면 지식과 지성이 균열되고 분열되어 사회는 타락하기 쉽다. 그런 환경에서는 공동체 구성원들이 원칙을 지키려 들지 않고 방황하기 때문에 경제적 역동성이 떨어진다. 아는 것이 많아도 사람이 지켜야 할 최소한의 도리를 외면하는 까닭은 무엇보다 부실한 가정교육에 문제가 있기 때문이 아니었을까? 고난과 질곡의 역사 속에서 물불 가리지 않고 잘 살려고만 하다 보니 지식을 편법과 변칙의 수단으로 악용하려는 사이비 지식인들이 발호하고 있다. 너나없이 자식들에게 세상을 바로 보는 지혜(wisdom)를 먼저 가르쳐야 했다.

사회발전의 혜택을 누구보다 많이 받고도 나라에 대한 의무는 이래 저래 회피하고 사리사욕에 눈독이 든 인사들이 상당하다. 유능하다는 인사들의 비인간적 행각과는 반대로 오히려 배운 것이 없는 사람들이 '인간의 도리'를 더 굳건히 지키는 경우가 허다하다. 두세 가지 예를 '중국근현대(김명호 저)'에서 발췌 요약하여 보자.

위안스카이(袁世凱)에 이어 중국 총통 자리에 오른 차오쿤(曹錕)은 무명시절 장터에서 허름한 차림으로 앉아 있는 류펑웨이(劉鳳威)를 우연히 만났다. 관상쟁이는 "지금은 하녀 차림을 하고 있지만 앞으로 고관대작 부인들이 고개를 조아릴 귀인의 상이다"고 했다. 우직했다는 차오쿤은 큰돈을 들여 그 여인을 부인으로 맞아들였다. 세월이 흘러 차오쿤이 중화민국의 대총통까지 올랐다가 실각하고 다시 건달이 되자 화북지방을 침략한 일제가 괴뢰정부의 수반으로 옹립하겠다고 꼬드겼다. 그러자 부인 류펑웨이는 "굶어 죽더라도 일본 놈들의 꼭두각시는 되지 말라"며 차오쿤을 격려하였다. 차오쿤이 세상을 떠나자 장개석은 왜구의 위협과 회유에 굴복하지 않았다며 상훈을 추서하고 거액의 위로금을 보냈으나 류펑웨이는 받지 않았다. 빈민층으로 '청루의 하녀'였던 류펑웨이 덕분에 차오쿤은 '쓸개 빠진 개'라는 오명을 후세에 남기지 않게 되었다.

안후이성 장군이었던 스충빈(施從濱)의 딸 스구란(施谷蘭)은 아버지가 군벌 쑨촨팡(孫傳芳)에게 포로로 잡혀 조롱당하다가 살해되자 복수를 결심했다. 혼란시대에 학교교육을 받지 못한 그녀는 '많이 배운 오빠'가 복수해 줄 것을 고대하였지만, 출세한 오빠가 "인간은 용서할 줄도 알아야 한다"는 얼빠진 소리를 하자 곧바로 남매관계를 청산하였다.

"대신 복수해 주겠다"는 말을 믿고 결혼한 남편이 흐지부지하는 태도를 보이자, 두 아들을 데리고 홀연히 집을 나왔다. 스구란은 쑨촨팡을 직접 심판할 계획을 세우고 천신만고 끝에 아버지를 죽인 원수를 톈진의 한 절간에서 찾아냈다. 1935년 스산한 겨울날, 옛날의 연합군사령관 쑨촨팡은 염불을 하다가 스구란이 쏜 3발의 총탄을 맞고 세상을 하직해야 했다. 재판정에서 스구란은 "나의 아버지는 군인이었다. 전사했다면 쑨촨팡을 원수로 여길 까닭이 없다. 포로가 된 아버지를 놀리다가 목을 자르고 시신을 모욕한 죄를 용서할 수 없다. 나는 쑨촨팡과 같은 하늘아래 살 수 없었다"라며 당당하게 외치자 사람들은 '정의의 심판'을 했다며 박수갈채를 보냈다. 1년 후에 스구란은 사면되어 풀려났다.

세계적 대문호 후스(胡適)의 부인 장둥슈(江冬秀)는 안후이의 명문거족 출신이었지만 전족을 하고 뒤뚱거리는 문맹이었다. 장둥슈는 당시 중국인들이 신붓감으로 꺼렸던 호랑이띠여서 시어머니가 반대하였지만 사윗감에 반한 친정어머니가 사주쟁이를 동원하는 등 집념과 노력 끝에 '세기의 결혼'이 성사되었다. 백화운동(白話運動)을 제창하고 신문화 운동을 주도하며 일찍이 전국적 인물로 부상한 후스는 중화민국 4대 미남으로 불릴 정도로 용모가 준수했다. 내외국인 여자들이 따라다니고 연애편지를 수없이 주고받았지만 부인이 까막눈이라 그런지 몰라도 불화는 없었다. 유식한 후스가 단 한번 "이혼하자"고 말을 꺼내자 무식한 장둥슈는 머뭇거리지 않았다. "좋다. 그러나 헤어지기 전에 할 일이 있다"며 주방에 들어가 식칼을 들고 나왔다. "애들도 죽여 버려야 우리 관계가 깨끗이 정리된다"며 두 아들이 자는 방으로 향했다. 중화민국 최고의 지식과 지성을 갖추었다는 먹물 후스는 기겁하여 일자무식 까막눈이 장둥슈에게 그대로 무릎을 꿇고 용서를 빌었다.

아는 것은 없어도 바른 길을 가려는 까막눈과는 반대로 지식을 미끼로 이권이나 챙기려는 많이 배웠다는 먹물들의 행실을 보자. 밥 먹듯 거짓말을 하면서도 "우리 어머니는 정직하게 살라고 가르쳤다"고 거짓말의 거짓말을 하여 웃음거리가 된 거물도 있다. 자신을 투명인간으로 착각하는지 검찰청 앞에서 사람들을 훈계하며 애국을 외치는 유력인사도 종종 나온다. 스스로는 많이 배웠다면서도 인간으로서 한계인 수오지심을 못 느끼는 안타까운 모습들이다. 이들은 실정법 위반은 물론 본인과 자식들이 병역기피, 차명거래, 탈세, 특례입학 같은 의혹에 싸여 있다. 그들이 누리는 특혜는 말할 필요도 없이 누군가의 아픔의 대가인데도 불구하고 그들은 남의 아픔에 미안해하기는커녕 오히려 뻔뻔스러운 능력을 자랑하기도 한다. 똑똑하고 많이 배웠다는 그들 자식들도 용이 되려고 발버둥 칠 때, 그 발길에 차인 힘없는 가재, 붕어, 개구리들이 겪어야 할 아픔을 왜 외면하는 것일까? 보고 들은 것은 없어도 정신 상태는 말짱한 까막눈이와 반대로 배운 것이 많아도 정신이 썩어버린 먹물들을 견주어볼 때, 교육이란 무엇인지 회의를 품게 될 때도 있다. 인성은 어떻게 되든 아랑곳하지 않고 밤이나 낮이나 생존경쟁만을 가르쳤기 때문이 아닐까?

지식수준이 높아지면서 권력욕, 재물욕, 헛된 명성에 대한 욕구도 함께 커지기 때문에 인간이 타락하는 것일까? 어쩌면 탐욕에 눈먼 부모들이 자식들에게 인간의 도리가 아니라 물욕과 출세만을 가르쳤기 때문만은 아닐지도 모른다. 식민지배, 남북분단, 독재정치, 편 가르기 악령 같은 사회병리현상이 오랫동안 잠재되어 무엇이 정말 옳은지 모르게 된 영향도 크다고 생각된다. 이론과 실천이 분열된 거짓 애국자들을 오랫동안 겪다 보니 무엇이 참인지, 거짓인지 혼돈하게 만드는 사회분위기도 무시하지 못한다. 세계 4대 고대문명 중에서도 가장 빛나는 자취를 남겼다는 황하문명은 먹물보다는 까막눈이들의 불굴의 정신이 밑바탕이 되었을지 모른다. 우리사회에도 이처럼 귀감이 되는 사례들이 많이 숨어 있다. 보통 사람들의 자랑스러운 일화를 많이 발굴해서 널리 알려야 한다. 허위와 위선의 세계에서 거짓애국을 부르짖는 인사들을 경계하는 수단이기도 하다. 나라의 앞날은 너나없이 떳떳하게 살겠다는 의지에 달려 있다.

하늘 향해 두 팔 벌린 나무들 같이
무럭무럭 자라나는 나무들 같이
해님 보고 방긋 웃는 꽃송이 같이
아름답게 피어나는 꽃송이 같이

– '어린이 노래' 중에서 / 강소천

아름다운 기억의 주인이 되자

'한 점 부끄럼 없이'

짧은 생을 별처럼 살다간 윤동주 시인은 "별을 노래하는 마음으로 모든 죽어가는 것들을 사랑해야지"라며 고뇌했다. 무심히 빛나는 별은 언제나 그 자리에서 변함없이 반짝일 테지만, 살아 숨 쉬는 모든 생명들은 불가불 어디론가 사라지기 마련이다. 시인의 눈으로 무한한 우주와 유한한 세상이 어쩌면 다르지 않다는 점을 간파했는지 모른다. 알퐁스 도데(A. Daudet)의 동화 '황금 두뇌를 가진 사나이'에서 한 번 써버리면 다시 채워지지 않는 '머릿속 황금'이 상징하는 바는 무엇일까? 처음에는 언뜻 인간의 존엄성 또는 자부심 같은 무엇이라고 짐작했었는데, 어느 날 그 황금이 한 점 자비심도 없이 흘러가는 매정한 시간임을 느끼게 되었다.

간밤의 취기가 그대로 남아 있는 작취미성 상태에서 선잠이 반쯤 깨었다. 마음도 몸도 뒤척이다 보니 수십 년 전 있었던 일과 바로 엊그제 일이 한꺼번에 겹쳐졌다 흩어졌다가 다시 겹쳐지고 흩어진다. 까마득한 옛날과 바로 간밤에 있었던 일화들이 순간에 교차되니 신기하기도 하고 놀랍기도 하였다. 황금보다 소중한 시간이 이토록 빨리 지나가다니 얼떨결에 제행무상이라는 사치스러운 감정에 사로잡히기도 하였다. 세월의 수레바퀴는 그야말로 '화살보다도, 아니 번개보다도 더 빨리 달리고 있다'는 반증이 아닌가? 살기 위하여 황금으로 된 두뇌를 조금씩 떼어 가면 떼어 갈수록 살아남을 시간이 줄어든다. '황금 두뇌를 가진 사나이'에게 남게 되는 것은 오로지 이런저런 기억뿐이 아닐까?

인간이 쌓아 올린 부와 권력 그리고 명성은 시간이 흐르면서 점점 희미해져 가지만 살아가며 쌓아올린 참된 인간상은 오래도록 가슴을 데워주면서 마음의 거리를 좁혀 준다. 사회가 메말라가며 딴 곳을 쳐다볼지라도 가슴속에 간직하여야 할 소중한 그 무엇인가는 사라지지 않기 때문일까? 마찬가지로 부와 권력을 다투는 과정에서 튕겨 나왔던 모진 행실, 각박한 인간 군상(群像) 또한 시간이 지나도 뇌리에서 지워지기는커녕 더 깊이 각인되는 경우도 있다. '사유하는 존재'로서 살아가면서 가슴으로 느끼고 뇌리에 새기는 일보다 더 오래 남을 무엇은 없을 것이다. 세월이 흘러 세상의 모습이 온통 바뀌어도 사단칠정(四端七情)을 가진 인간의 본바탕은 변하지 않는다.

불가에서 "나는 누구인가를 생각하고 나서야 비로소 자유의지를 누릴 수 있다"고 하였다. 바람처럼 자유로운 영혼을 가지고 싶다 하더라도 생각과 행동의 뿌리에는 인간에 대한 애정이 깔려 있고 또 그래야 한다는 뜻일 터이다. 인간다운 의식과 행동 그 자체로 인간을 행복하게 하면서 맡은 일의 능률도 오르게 하니 경제적 참 경제적 모습이 아니겠는가? 저마다의 의지와 가치들은 동틀녘에도 해질녘에도 바뀌지 않고 파릇한 샛별처럼 가슴속에서 반짝일 것이다. 혜성같이 나타났다 유성처럼 사라지는 인생을 덧없다며 미련을 가진들 무슨 소용 있겠는가? "늙는 길 가시로 막고 오는 백발 막대로 치려 드니 백발이 제 먼저 알고 지름길로 오더라"며 애태워 봤자 소용없다. 그런데도 우리는 가슴속에 새겨져 길이 남을 그 무엇들을 하찮게 여기는 잘못을 범하고 있는지 모른다. 시간이 조금만 지나도 어느새 녹슬어 가는 것들에 집착하고 있거나 조그마한 일에 연연하며 힐끔거리다 정작 소중한 무엇들을 놓쳐버리는 것은 아닌지?

"호랑이는 죽어서 가죽을 남기고 사람은 이름을 남긴다"고 하였다. 그러나 살별처럼 나타났다 별똥별처럼 사라져가는 세월 속에서 아무리 비싼 가죽과 큰 이름이라도 저마다 가슴속에서 빛나는 '기억의 보석'과는 아무래도 견줄 수 없다. 아득한 과거로도, 머나먼 미래로도 여행할 수 있는 기억 저수지와 상상의 나래를 푸릇푸릇 향기롭게 채워 가득함을 느끼려면 어떻게 해야 하는가? 사람에 따라 가치관이 모두 다 다르기 때문에 부처님 사촌 동생이라도 대답하기 어려운 질문이다. 저마다 소중하게 여기는 그 무엇이 각기 다른데 자신의 생각과 가치를 남에게 주입하려들거나 강요해서는 안 된다. 인간은 자유로운 영혼이 마음껏 춤출 때 행복을 느끼는데 획일적 가치관의 굴레를 씌우는 일은

'인간적인 정말로 인간적인' 모습이 아니다.

뿌리치기 어려운 미련에서 탈출하는 비상구는 어디에 있을까? 후회스러운 일, 불유쾌한 인상, 기분 나쁜 소동 따위를 기억의 저수지에서 밀어낼 묘책은 없을까? 아무래도 뾰족한 방법이 떠오르지 않는다. 다만, 머릿속을 푸르른 순간들, 최선을 다했던 순간의 성취감, 만나면 그냥 기분 좋아지는 사람들과의 화음(和音)으로 채워가는 수밖에 다른 도리가 없다. 유쾌한 기억들을 하나라도 더 만들어 내려는 의지 그 자체도 소중하지 않을까? 평소 선한 의지와 선한 행동이 이어지면, 기억의 노예에서 벗어나 상큼한 기억의 주인이 되게 만들어 '기억으로부터의 자유'를 느끼게 만드는 '경제적 참 경제적 삶'의 자세라 할 밖에 없다. 마음을 어지럽히는 모진 기억들을 마음 밖으로 밀어내지 못하면 그 기억의 노예가 되지만, 마음 뿌듯한 기억들은 가슴 가득히 자리 잡기에 그 아름답고 빛나는 기억의 주인이 된다.

사귀어 논 풀, 벌레, 나무, 눈앞에 놓인 열매를
어떻게 주워왔는가를 이야기할 것이다.
깨어나서도 꿈인 긴 꿈과 긴 꿈의 이야기를 할 것이다.
내 머리 속은 햇빛과 천사가 질투할 정도로
맑고 맑게 청소해져 텅 빔의 사랑으로 가득 찰 것이다.

                   - '상상의 네가 손님으로 올 때' 중에서 / 손혜경

너 자신을 속이지 말라

선진사회로 진입하려면
공인의 크고 작은 거짓말을 결코 용납하지 않아야 한다. 지위가 높
을수록 거짓말 내용에 앞서 거짓말 자체를 금기로 여겨야 한다. 후
진사회에서는 고관대작이 설사 거짓말을 하거나 약속을 지키지 않
더라도 일하다 보면 그러려니 하면서 흐지부지하다가 그냥 넘어간
다. 큰일 하는데 걸리적거리는 조그만 잘못은 덮어두자는 얼룩진
사고방식에서 벗어나지 못하기 때문이다. '워터게이트 사건'이 시
초에는 미국을 초라하게 만들었지만, 처리 절차와 결과에서는 지도
자의 거짓말을 결코 용납하지 않는다는 선진 사회다운 저력을 보여
줬다. 그 사건이 후진국에서 일어났다면 단순한 '정무적' 사안에
불과하였을 터이다.

오래전 인사동 허름한 주점에서 저녁을 먹다가 친구로부터 성철스님의 휘호를 받고 상념에 젖어들었다. 첫째, 그 휘호가 '너 자신을 속이지 말라(不欺自心)'여서 나 자신을 얼마나 속여 왔는지 생각하는 기회가 되었다. 남을 속이려 들 때는 자기의 행동과 말이 어긋남을 스스로 알 수 있어 자신을 제어하려 든다. 그러나 허위의식, 거짓신념에 차서 자신도 모르는 사이에 자신을 속이는 일을 피하기 쉽지 않다. '불기자심'은 스님의 말씀을 모은 책 '자신을 바로 봅시다'를 한마디로 축약한 것이라는 생각을 해보았다. 둘째, 그렇게 귀한 휘호를 나에게 주다니 친구의 형편으로 보아 그 값진 작품을 팔아서 생활비로 써야 한다는 생각도 들었다. 셋째, 그 휘호가 진품이 아니고 복사본일지 모른다는 생각이 얼핏 지나갔다. '자기 자신을 속이지 말라'는 말씀을 눈앞에 두고서 친구의 후의를 모독하다니 나 자신을 속이려 든 셈이었다. 어쨌든 스님의 참뜻이 이 어리석은 자에게도 뻗혔으니 그 얼마나 감사한 일인가?

많은 백성들의 인명, 재산을 빼앗아 간 어처구니없는 뻔한 거짓말 서너 가지만 되돌아보자.

당파싸움이 기세를 부르기 시작할 즈음, 조선은 임진왜란 2년 전에 일본에 통신사를 파견하였다. 서인인 정사 황윤길은 일본이 많은 병선을 만드는 것으로 보아 조선 침략을 준비하는 것이 틀림없다고 보고하였다. 반대로 동인인 부사 김성일은 서인에 반대하기 위하여 풍신수길이 조선 침략 야욕도, 능력도 없는 인물이라고 보고하였다. 당쟁에서 동인세력이 서인세력보다 우세하다 보니 조정은 진실보다 거짓말을 공론으로 채택하고 전쟁 준비를 포기하였다. 임금을 잘못 둔 죄 밖에 없는 백성들은 왜구에게 처참하게 유린당할 수밖에 없었다. 당파의 이익이 나라 안위보다 중요했던 장면이다. 정쟁은 대부분 국가의 이익이 아니라 파당의 이익만을 위해 벌이는 이전투구임을 증명하는 사례다. 그런데도 임란 이후에 어떤 처벌을 받았다는 흔적이 없다. 왕이 백성을 돌보지 않고 혼자서 먼저 도망친 때문에 전쟁준비를 소홀한 죄를 흐지부지했는가?

국가가 국민의 생명을 보석처럼 여겨야 백성들은 제 생명을 초개같이 여기고 나라를 위해 헌신하려 든다. 6·25 동란 직전, 정부는 국토방위에 문제가 없다며 "북괴는 하루아침 '해장거리다.' 남침하면 단박에 끝내주겠다"고 허황된 말치레를 거듭하였다. 막상 삼팔선이 뚫리자 국민의 생명과 재산을 보호할 책임이 있는 최고지도자는 대전으로 대구로 피난한 다음 "서울은 안전하니 60만 시민은 동요하지 말라"는 방송을 하고 다시 여수로 줄행랑을 쳤다. 대통령 말을 믿은 가정은 피난도 가지 못하고 9·28 수복 때까지 지하실에 숨어 절망과 기아에 시달리다 상당수가 죽어갔다. 그 후 북괴의 남진을 막는다면서, 피난민들이 구름처럼 몰려든 한강다리를 예고 없이 폭파하여 죄 없는 생명들이 부지기수로 폭탄에 죽고 물에 빠져 죽었다. 찌그러진 철탑 위에, 부서진 난간에 새까맣게 매달려 한강을 건너려는 처절한 모습이 라이프(Life)지에 실려 전 세계 사람들 눈시울을 적시고 퓰리처 상을 받았다.

2000년대 초 코스닥시장 거품이 팽창될 대로 팽창되면서 잠시 주춤거렸다. 그러자 경제 관료가 나서서 "코스닥 시장이 저평가되었다"며 주가를 부채질하는 재주를 몇 번 넘자, 주가는 천정을 뚫고 요동쳤다. 거품이 팽창하면 언젠가는 반드시 꺼지고 오히려 내재가치 밑으로 떨어져 역거품이 발생하기 마련이다. 얼마가지 못하고 주가는 바위에 부딪히는 물거품처럼 부서지고 말았다. 나중에는 최고수준의 1/12로 추락하는 참극이 벌어졌다. 그야말로 정부가 나서서 투자자들을 바둑판 사석(捨石)처럼 여기는 어릿광대춤을 췄다. 곰이 재주를 넘고 어떤 세력이 크게 한탕하는 사이에 수많은 투자자들은 빈곤층으로 추락해 갔다. IMF사태 이후, 벤처기업육성이라는 허울로 코스닥 주가를 팽창시키려 했던 그 '악마의 춤' 진원지가 어딘지 아직까지 밝혀지지 않고 있다. 아무도 책임지는 일이 없기에 그런 꼼수들은 지금도 시장의 틈새를 노려보고 있는지 모른다.

도리를 지키지 않을 경우, 그 사회에 미치는 영향력이 지도층일수록 커지므로 엄정하게 책임을 묻고 더 큰 벌을 내리는 것이 법질서가 정립된 선진사회의 모습이다. 후진사회에서는 소시민들의 잘못은 추호의 여지없이 엄하게 다루지만 거물들의 잘못은 으레 그러려니 하며 흐지부지 해버리려고 한다. 큰 인물의 죄는 "큰일을 하다 보면 조그만 잘못이 있을 수 있다"며 흐지부지하는 반인륜적 행태가 벌어진다. "증거보전을 위해 하드 디스크를 빼돌렸다"는 저명인사의 해설에 보내는 박수와 환호를 어떻게 이해해야 할까? "웃어야 할지 울어야 할지 모르겠다"는 탄식은 이와 같은 해괴한 상황을 묘사하는가?

사회에 영향력이 큰 인사들이 논리에 어긋나는 상황을 이런저런 교묘한 말로 둘러댈 경우, 그 추종자들은 판단의 근거 없이 그대로 따르고 믿는 인지부조화(認知不調和, cognitive dissonance)에 빠질 위험이 커진다. 유력인사들의 속임수는 집단본능에 빠져 옳고 그름을 구분하지 못하고 몰려다니는 대중에게 영향력을 미쳐 자칫 사회를 혼란에 빠뜨릴 위험과 불확실성이 도사리고 있다. 경제사회에서 거짓말은 잘못된 신호를 시장에 보내 불특정 다수인에게 큰 폐해를 끼치는 것은 물론 비효율적 자원배분의 원인으로 작용한다. 거짓 시장정보는 사람들의 투자판단을 그르쳐 멋모르는 투자자의 손실을 불러오고 비정상기업, 부실기업으로 자금을 흐르게 하는 부작용 또한 무시 못할 해악이 된다.

자신을 속이면 자신을 믿지 않게 되며 자신을 비천하게 여기고 자신을 사랑하지 않게 되어 허황된 삶을 살아야 한다. 그러다 보면 어느결에 지탄 받을 행동을 깨닫지 못해 스스로 불행해진다. 조그만 이익을 위해 자신을 속이면 불특정다수에게 커다란 피해를 끼칠 뿐만 아니라 결국에는 그 폐해가 자신과 그 자식들에게 돌아오기 마련이다. 자기 자신을 속이는 사람들의 심리를 어떻게 해석하여야 할까? 외면할 수 없는 사실은 가장의 허풍은 가정을 망치고, 조직 책임자의 헛말은 조직을 흔들리게 하고, 지도자의 헛소리는 사회를 멍들게 한다는 사실이다. 세상을 좀 더 멀리 보자!

자기를 바로 봅시다. 자기는 본래 순금입니다.
욕심이 마음의 눈을 가리면 순금을 잡철로 착각합니다.
욕심이 자취를 감추면 마음의 눈이 열려서
순금인 자기를 바로 보게 됩니다.

— '초파일 법어(1982년)' 중에서 / 성철 스님

거룩한 것을 개에게 주지 말라

사회적 동물인 인간은 누
군가를 믿고 의지하는 동시에 누군가로부터 인정받고 싶은 본능을
지니고 있다. 서로 의지하고 싶은 친구를 만난다는 것은 짧고도 긴
인생살이에서 커다란 행운이다. 예로부터 "군자는 남이 나에게 덕
을 베풀면 절대 잊지 않고, 남에게 덕을 베풀 때는 뽐내지 말아야
한다"고 하였다. 무엇인가 줄 때는 생색내지 말고, 받을 때는 당당
해야 한다는 이야기다. 도와주면서 이왕이면 상대의 자존심을 지켜
주어 상처를 주지 말아야 한다. 어차피 받을 것이면 당당하게 받아
야 떳떳하게 갚을 수 있다. 어려울 때 지나치게 굽실거리는 사람은
상황이 바뀌면 고마워하기보다 거들먹거리기 일쑤다. 필요할 때는
그저 굽실거리다가 상황이 바뀌면 금새 거들먹거리는 인간일수록
자칫하면 배신하기 쉬우니 조심하여야 한다.

춘추전국시대 진(秦)나라에 명마를 잘 고르기로 이름난 백락(伯樂)이 길을 가다 우연히 소금수레를 끄는 말을 보고 탄식하였다. 군웅이 할 거하는 시대에 용맹한 장수를 태우고 전쟁터를 종횡무진 누벼도 시원 찮을 준마가 주인을 잘못 만나 기껏 소금가마나 끌고 다니니 아깝다는 뜻이었다. 백락이 그 말을 저잣거리로 끌고 나와 찬찬히 살펴보고 고 개를 끄덕이자 말 값이 크게 뛰었다. 비범한 재주를 가졌어도 알아보 는 스승이나 친구를 만나야만 재능을 펼칠 수 있다는 뜻인 백락일고(伯 樂一顧)의 유래다. 역으로, 부하의 역량을 제대로 알아봐야 유능한 지도 자가 될 수 있다는 뜻도 된다.

중국 동진 때 촉 땅을 평정한 장군 환온(桓溫)의 위세가 높아지자 이 를 경계한 황제 간문제(簡文帝)는 학식과 재능을 겸비한 은호(殷浩)를 중 용하여 견제하려 하였다. 어릴 적 죽마를 타고 같이 놀던 환온과 은호 는 이때부터 사사건건 시기하고 맞서는 앙숙이 되었다. 그러다 중원정 복에 나선 은호가 패배하고 돌아오자, 환온이 앞장서 은호를 사지로 내몬 다음 이렇게 말했다. "내가 타다 버린 죽마를 주어서 타던 그놈은 나에게 고개를 숙여야 했다." 얼마 후 간문제는 환온의 세력 확장을 두 려워하여 역적으로 몰아 처형하였다. 뛰어난 인재들이 서로 으르렁거 리다 나라도 시끄럽게 하고 자신들도 돌아오지 못할 길을 갔다. 죽마 고우(竹馬故友)도 마음을 열지 않으면 철천지원수가 된다는 이야기다.

흔히 "어려울 때 친구가 진정한 친구다"라고 하지만 어려울 때 정 성을 다해 도와준 이에게 처음에는 고마워하다가도 얼마 지나지 않아 뒤에서 욕까지 하는 인간도 있다. 아마도 '자신의 얼룩진 모습'을 많 이 봤다는 사실을 감추고 싶기 때문일까? 이용 가치가 없어졌다는 뜻일까? 이런 인간들은 앞에서 욕하기보다 뒤에서 비난하기 쉽다. 성경에서도 "거룩한 것을 개에게 주지 말고 돼지에게 진주를 던져 주지 말라. 그놈들이 그것을 밟고 돌아서서 너희에게 덤벼들까 두렵다(마태복음, 7장 6)"고 하였다. 거룩한 것을 개에게 주려는 사람에게 잘못이 있는가? 아니면 거룩한 것을 받고도 고마움을 모르는 '개'에게 잘못이 있는 것일까? 생각건대, 마음이 올곧지 못하여 언제 변할지 모르는 무항배(無恒輩)를 사람으로 잘못 판단한 제 자신부터 반성해야 한다. 거지근성에 찌든 자들 중에는 상대가 잘 대해 주면 제가 잘나서 그런지 착각하고 더 거들먹거리고 오히려 깔보기도 한다. 힘센 주인에게는 지나치게 굽실대면서 힘없는 동료들을 업신여기고 학대하는 태도가 노예근성이다. 상황에 따라 빌붙다가 어느 순간에 욕하는 염량세태(炎凉世態)에서 아무에게나 우정을 주다가 상처받는다.

　자신을 신뢰하는 친구를 위해서 무슨 일이든 힘이 되어 주고 싶은 것이 인간의 자연스러운 본능이다. 이를 극적으로 표현하여 "장부는 자신을 알아주는 사람을 위하여 목숨을 바치고, 여인은 자신을 사랑하는 사람을 위하여 단장한다(士爲知己者死, 女爲說己者容, 史記, 자객열전, 豫讓)"고 하였다. 마음이 통하면 어른과 어린이도, 남극 펭귄과 북극곰끼리도 친한 친구가 될 수 있다. 세상에는 자신을 알아줄 친구를 뒤늦게 만나는 불행 아닌 행운도 있다. 나를 알아주는 이를 위해서 목숨을 바친다는 것은 쉬운 일이 아니다. 평소에는 현실세계를 무시하지 못하고 이해타산을 따질 수도 있고, 밑지는 장사를 싫어할 수도 있다. 그러다가도 이 세상 하찮은 명리(名利)를 뿌리치고 순수한 정신세계에 몰입할 수 있는 것은 다른 짐승들과 달리 오직 생각하는 사람만이 가질 수 있는 정신세계다. 살다 보면 손해를 볼 때도 이익을 볼 때도 있음을 평소 마음에 새겨야 한다. 물질에 포위되어 있는 환경에서도 정신가치를 귀하게 여기는 사람들이 많이 있기에 세상은 살만하고 발전해 나간다. 정신세계가 고결하지 않은데 어떻게 손에 잡히지 않는 명예를 위하여 눈앞의 보이는 것들을 버릴 수 있겠는가? 나를 알아주고 이해하는 좋은 친구를 만나는 일은 행운이지만 나쁜 친구와 사귀는 일은 저 자신의 불찰이다. 조그만 대접과 허황된 언어의 유희에 눈이 가려져 참된 우정의 바탕이 되는 정의감을 제 스스로 저버리기 때문이다.

나모도 아닌 거시 플도 아닌 거시
곳기는 뉘 시기며 속은 어이 뷔연난다
뎌러코 四時(사시)에 프르니 그를 됴하하노라

쟉은 거시 노피 떠서 萬物(만물)을 다 비취니
밤듕의 光明(광명)이 너만 한니 또 잇느냐
보고도 말 아니 하니 내 벋인가 하노라.

                                        － '오우가' 중에서 / 윤선도

거북이 높이뛰기

이 세상에 산적한 난제들은 거의 다 문제를 대강대강 해결하려는 조바심이나 관견(管見) 즉, 붓대롱으로 세상을 내다보는 근시안으로 말미암아 파생된 문제들이다. 욕심 많은 인간들이 제 뜻대로만 하려다 스스로 위험과 불확실성을 잉태하고 부풀리는 셈이다. 좁은 시야로 작은 것에 집착하다가 엉뚱한 판단을 하려 들기 때문이다. 조금만 더 먼 시각으로 세상을 넓게 바라보는 습관을 들이면 착각도 줄어들어 꼬였던 일의 실마리도 자연스레 풀린다. 물론, 욕심을 버리려 다짐하다가도 자신도 모르게 다시 욕심에 매달리게 되는 인간으로서 쉽지 않은 일이다. 멀리 보려고 다짐하면 다짐할수록 자신도 모르게 눈이 조금씩 밝아짐을 느끼게 된다.

오래전 대서양 연안 상파울로(Sao Paulo)에서 회의를 마치고 리우(Rio)에 잠시 들렀다가 남태평양 연안 리마(Lima)로 가는 비행기를 탄 적이 있었다. 이륙할 즈음 안개인지 구름인지 모를 찌푸린 날씨로 한 치 앞도 내다볼 수 없었다. 그처럼 시계가 전혀 없는 날씨에 어떻게 비행기를 띄우는지 좁은 소견으로는 이해가 되지 않고 겁까지 났다. 그렇다고 이역만리에서 맘대로 비행기에서 내리겠다고 할 수도 없는 노릇이었다. 지구를 반 바퀴 돌아 멀리 조국(祖國) 땅에 있는 자식들 얼굴이 불현듯 떠올랐다. 막연히 불안해하고 있는데 한순간에 사위가 환해졌다. 발아래로는 부드러운 뭉게구름 융단이 저 멀리 펼쳐져 있었다. 어찌하여 세상이 한순간에 이리도 변할 수 있다는 말인가? 짙은 먹구름 속에 내 마음과 함께 갇혀 있던 비행기가 구름 띠를 헤치고 '보리밭 종달새 모양 솟구쳐 오른' 참이었다.

　그 얼마 전, 바람 부는 날 자카르타에서 타이페이로 가는 '가루다' 항공기에서 있었던 일이다. 그곳 활주로는 바로 바다에 붙어 있어 기체가 뜨기 시작하면서 곧바로 푸른 바다 위를 날게 되어 있었다. 쉴 새 없이 넘실대는 검푸른 파도를 내려다보면서 '저 끓고 넘치는 바다가 쉬고 싶다고 해서 쉰 적이 어디 있겠는가' 하는 의문이 들었다. 무심결에 인간사 고해(苦海)라는 상념이 뇌리를 맴돌았다. 그런데 비행고도가 높아지면서 어느새 물결이 잔잔해 보이기 시작하였다. 급기야 바람 한 점 없는 고요한 호수의 물결처럼 은빛인지 금빛인지 모르게 반짝이며 빛나고 있었다. 어찌하여 저 푸른 바다 물결은 그 자리에서 출렁거리는데 내 망막의 영상은 이토록 달라졌단 말인가? 김남조 시인의 시 구절처럼 '그들은 주인 자리에, 나는 바람 같은 몸'이 되어 이리저리 떠돌고 있다는 사치스러운 외로움이 스쳐 지나갔다.

여객기가 하늘높이 올라가 봤자 얼마나 높이 올라가겠는가? 기껏해야 10km 내외다. 우주가 아니라 지구에 견주더라도 거북이 높이뛰기에도 못 미치는 높이다. 우리가 살면서 조금만 멀리, 넓게 본다면 그 두려운 안개도 헤치고, 가쁘게 출렁이는 물결도 달랠 수 있다는 이야기가 아닌가? 생각의 범위를 조금만 멀리, 깊이 가진다면 우리가 살아가면서 번번이 닥치게 되는 미명(未明)과 번뇌(煩惱)에서 벗어날 수 있다는 뜻이리라. 그래야만 자신도 바로 보고, 사물의 이치도 똑바로 볼 수 있는 길이 아닌가? '레미제라블'을 쓴 빅토르 위고(V. Hugo)는 "바다 보다 넓은 것은 하늘이고, 하늘보다 넓은 것은 인간의 마음"이라고 하였다. 사람은 다른 동물과는 달리 상상할 수 있는 능력이 있기에, 때에 따라서는 하늘보다도 더 넓은 가슴과 상상력을 가졌다고 한 것이 아니겠는가? 상상력이 가장 큰 자원이다. 특히 미래사회에서는 더욱 그렇다.

"일을 속히 하려고 하지 말고, 조그만 이익을 보려 하지 말아야 한다. 속히 하려고 하면 제대로 하지 못하고, 사소한 이익에 매달리다 보면 큰일을 이루지 못한다(無欲速 無見小利, 欲速 則不達, 見小利 則大事不成 논어 제13, 子路 17)"고 하였다. 장거리경주를 100m 달리듯 서두르면 목표지점에 도달하기 전에 지친다. 자다가도 '국민여러분!'을 외치는 모리배들, 제정신이 말짱하다고 착각하는 궤변가들, 자식들한테까지 거짓말하라고 시키는 사이비 지식인들, 모두 작은 이익, 좁은 안목 때문에 스스로 제 인생을 망치는 경우다. 좁디좁은 바늘구멍으로 세상을 바라보면서 눈앞의 사소한 이해관계에 집착하니 시시때때로 돌연변이의 돌연변이로 변해 간다. 인간으로서 최소한의 부끄러움도 없다 보니 인생 전체가 흔들리는 줄 모른다. 사람은 먼저 자기 스스로에게 떳떳해야 세상을 넓게 그리고 멀리 바라보는 안목을 가질 수 있다.

문제는 티끌만한 작은 욕심을 버리지 못하는 인간으로서 그 상상력과 예지를 넓히기가 그리 쉽지 않다는 점이다. 살아가면서 조금씩 멀리 보는 습관을 가져야 시야를 조금씩이라도 더 크게, 더 멀리 넓힐 수 있다. 그래야 모든 인간들을 근심하고 걱정하게 옭아매는 그 욕심의 쳇바퀴에서 한 발짝씩 멀어질 수 있다. 무슨 문제든 금 안에서 바라보지 말고 한 발 물러나서 보면 문제가 풀린다. 사람 사는 이치를 멀리 생각하지 못하고 조바심을 내며 갈팡질팡하다가는 붙잡아야 할 때와 놔야 할 때를 거꾸로 하다가 낭패당하기 쉽다. 무엇이든 멀리 보기 시작하면 문제 해결방안이 보이기 시작한다. 그러면 자연스럽게 걱정거리도 줄어들다 없어지고 막힌 듯했던 문제들의 실마리도 어느 결에 슬슬 풀리기 시작한다.

곤한 봄잠이라 새벽을 몰랐네(春眠不覺曉)

곳곳에서 들리는 새 울음소리(處處聞啼鳥)

간밤에 비바람이 사나웠으니(夜來風雨聲)

꽃잎들은 여기저기 흩어졌으리(花落知多少)

— '春曉(봄날 새벽)' 중에서 / 孟浩然

욕망으로부터의 자유

욕망은 우리들에게 '반짝이는 희망의 시작'이기도 하면서 '절망에 이르는 병'이 되기도 한다. 욕망은 양날의 칼처럼 선과 악, 기쁨과 슬픔, 성공과 실패의 갈림길에서 우리를 보고 있다. 경제적, 사회적, 정치적 목적 어느 것을 막론하고 인간의 모든 행동의 동기는 욕망에서 비롯된다. 욕망과 이상이 마주하면 세상의 빛과 소금이 되어 삶의 가치를 고양시키지만, 욕망과 불의가 어울리면 자신은 물론 주위까지 오염시키고 사회를 어지럽게 만든다. 욕망과 선이 결합하면 희망의 싹이 움트지만 욕망과 악이 야합하면 절망의 바이러스를 퍼트린다. 무엇이든 자꾸 거머쥐려다가는 자신도 모르게 '욕망의 노예'로 전락하기 쉽다. 스스로 욕망을 조절할 수 있는 '욕망의 주인'이 되어야 '욕망으로부터의 자유'를 누리며 마음의 평화를 얻어 참다운 소유의 기쁨이 다가온다.

육군상병 시절 완전무장을 하고 6시간을 계속 행군하는 고된 훈련을 할 때였다. 기진맥진하여 포천군 가산면 시골길에서 체면불구하고 대문이 열린 집에 들어가 물 한 사발을 청하였다. 또래 여성이 물 대신 귀한 식혜를 떠다주며 '천상의 목소리'로 천천히 마시라고 하였다. 신 상병은 물에 대한 결핍을 채우려는 욕망을, '베아트리체'는 식혜를 주면서 급하게 마시다 체하지 않도록 배려하는 욕망을 보였다. 사람이 태어나서부터 거의 마지막 순간까지 동행한다는 욕망을 크게 두 가지로 나눠보자. 먼저, 창조적 활동을 통해 보람찬 무엇인가를 일궈내고 싶어 하는 생산적 욕망이다. 다음, 결핍된 경제적 자산이나 사회적 위치를 더 채우려는 욕망이다. 생산적 욕망은 사회에 기여하며 자신도 혜택을 누리지만 중도에 흐지부지하기 쉽다. 더 채우려는 욕망은 웬만해서는 제어하지 못하고 탐욕의 수렁에 빠져 허우적거리게 만든다. 아무래도 욕망이란 마음대로 조절할 수 없는가 보다. 인내심을 가지고 꾸준히 노력해야 할 욕망은 중도에서 포기하려들고, 채우려는 욕망은 어느 선에서 그쳐야 바람직한데도 미련을 버리지 못하다가 일을 그르치기 쉽다.[2]

욕망은 개인이나 사회의 성장과 발전을 위한 바탕이 되기도 하지만, 탐욕으로 변하면 일을 그르쳐 막다른 골목에 이르게 하는 비극의 원인이 된다. 창조적 욕망은 개인 생활을 윤택하게 하는 동시에 공동체를 발전시키는 희망의 돛대가 되기도 한다. 남달리 뛰어난 재능이 있더라도 미래를 향한 건강한 욕망이 있어야 능력을 제대로 발휘하여 개인과 사회의 번영에 기여할 기회를 가진다. 더욱더 채우려는 욕망은 가끔가다 인간을 비인간으로 만들어 파멸로 이끄는 불행의 닻으로 변하기도 한다. 욕망을 마구 쫓아가다가 남의 욕망을 해치게 되어 탈이 나는 경우도 생긴다. 제 욕심을 채우기 위해 남의 욕망을 억누르면서까지 욕망의 골짜기로 뛰어내리는 행동처럼 밑지는 장사는 없을 것이다. 세상을 마음대로 희롱하려던 독재자들 대부분이 비극적 종말을 맞이하는데다 어김없이 후세에 오명을 남기는 모습을 되돌아보자. 욕심이 많으면 그만큼 잃는 것도 많아지는 것은 이 세상 불변의 이치다. 과도한 욕망, 부당한 욕망이 멀쩡한 사람들을 욕망의 노예로 전락시켜 급기야는 스스로 진창에 빠지게 하는 사례를 가끔 본다. 상당수 사람들이 보람찬 무엇인가를 성취하지 못해서 힘들어하기보다 더 가지고, 더 성공하고 싶어 하는 욕망에서 벗어나지 못하여 괴로워하는 모습들이 보인다. 사람들이 채울 만큼 채우고도 더 가지고 싶어 하거나 남의 평판에 과민해 하는 까닭은 무엇일까?

욕심이 많으면 그에 비례하여 불만도 커지게 되므로 비합리적으로 과다한 탐심은 불행의 원인이 되다가 지나치면 급기야 악의 근원으로

---

2) 욕망에 관한 네 가지 견해
① 욕망을 결핍으로 파악하여 자신에게 부족하다고 느끼는 것을 추구하는 행위로 정의하는 흐름이다. 사람들은 남(他者, the other)을 본 받고 남이 욕망하는 것을 따라 하기 쉽다. 흔히 남과 비교하여 부족하다고 여기면 상대적 빈곤에 빠지기 쉬운 까닭이다. ② 인간의 본질인 욕망을 생산적 활동으로 파악하여 어떤 무엇을 좋아할수록 그 가치가 높아진다고 본다. 창조적 의지와 능동적 자세가 욕망 대상(對象)의 가치를 높인다. 예컨대, 명검을 가지고 싶은 욕망이 무쇠를 명검으로 만든다. ③ 욕망을 모방적 경쟁에 근거하는 심성으로 파악하여 시기와 질투, 부러움과 선망을 욕망으로 보기도 한다. 욕망하는 자와 그가 본 받고 싶어 하는 인물과 욕망대상의 삼각관계에 따라 욕망의 크기가 달라진다. 예컨대, 강남에 사는 사람을 부러워하는 사람들이 늘어날수록 집값은 상승할 수 있다. ④ 금기(禁忌)를 어기고 싶어 하는 심성도 욕망으로 보았다. 도덕, 관습, 법은 질서를 유지하는 장치로 작용하면서도 어기고 싶어 하는 유혹도 한다. 하지 말라고 하면 더 하고 싶은 심리도 인간 심성의 하나라고 본다.

변한다. 누구나 자주 들어왔듯이 "욕심이 잉태하면 죄를 낳고 죄가 자라면 죽음을 가져온다(야고보서 1장 15절)"고 하였다. "탐욕은 목숨을 해치는 죄악이므로 어진 사람일수록 탐욕을 멀리 한다(嗜欲賊害命 故慧不貪欲. 법구경 惡行品)"고 하였다. 생각건대 사람은 건전한 욕망과 채우려는 욕망을 동시에 가지고 있으므로 대부분 무의식 상황에서 선한 열매와 함께 죄의 뿌리도 더불어 가지고 있다고 할 수 있다. 그 죄의 뿌리를 키우지 않으려면 자기 자신을 믿고 또 흐트러지지 않도록 자신을 경계해야 할 것이다. 예로부터 "욕심을 따라 함부로 날뛰는 마음을 바로 잡아 지키기는 참 어려운 일이다"고 하였다. 만족을 아는 것이 가장 큰 지혜라고 하였다. 짧은 상식으로는 동서양의 경전이 제일 먼저 강조하는 지혜는 결국 탐심(貪心)을 경계하라는 말씀이다.

인간의 본질 또는 본능으로써 욕망은 이성보다는 감성이 지배하기 쉽기에 섣불리 제어하거나 지배하기가 어렵고 어려운 일이다. 생각건대, '욕망으로부터의 자유'를 찾으려면 불가에서 추구하는 이상세계인 '깨달음'의 경지에 이르러야 할지 모른다. 가지가지 번뇌와 미몽으로부터 벗어나 해탈에 이르는 길은 아무나 갈 수 있는 길이 아니다. 아집과 미혹(迷惑)을 뿌리치지 못하고 매달리다 보면 다가가기는커녕 오히려 멀어지기 쉽다. 욕망을 조금씩이라도 내려놓으려는 마음가짐을 가지려면 무엇보다 먼저 자신을 믿은 자기신뢰(self-reliance)가 필요하다. 자신의 바른 의지를 굳게 믿는데 망설여야 할 무엇이 있겠는가? 어떤 대상을 소유하기보다 일을 성취하는 과정에서 부단한 노력을 기울이며 최선을 다했을 때 '욕망으로부터의 자유'가 가까이 다가온다. 오래전, 미시시피 강 하류 뉴올리언스에 있는 '욕망의 거리'에서 '욕망이라는 이름의 전차'를 타고 가다 무슨 까닭인지 내리기 싫어 멈칫한 적이 있었다. 상당한 시간이 흐른 후에야 '욕망에 빠져들면 헤어나기 쉽지 않다'는 가르침을 받은 셈이라며 혼자 멋쩍게 웃었다. 그 아까운 인생을 '타락한 돈'과 '욕망에 늪'에 빠져든다면 얼마나 안타까운 일인가? "사람은 원래 선하지만 그 안에 욕망이 숨어들면 씻어내기가 어렵다"고 한다. 탐욕의 소용돌이에 일단 빠져들기 시작하면 '욕망으로부터의 자유'를 되찾기가 좀처럼 어렵다는 뜻인가? 미래를 여유롭게 살고 싶을수록 더 새겨들어야 할 말이라고 강조하고 싶다.

어리석은 인간이 '욕망으로부터 자유'를 찾기가 쉽다면 이 세상에 하고많은 불행이 일어날 까닭이 없다. 분명한 사실은 우리를 얽어매는 욕망으로부터 벗어나야 자유로운 영혼이 마음껏 춤출 수 있어 참 행복을 맞이할 수 있다. "나는 욕망한다. 그래서 존재한다"는 스피노자(B. Spinoza)는 "내일 세상의 종말이 오더라도 오늘 한 그루의 사과나무를 심겠다"는 욕망을 피력하였다. 실권을 잡은 양반세력이면서도 보호막을 뿌리치고 서민의 편에 서서 인간적 삶을 추구하였던 연암 박지원은 "몸을 깨끗하게 씻은 다음 죽고 싶다"는 소박한 욕망을 그답게 표시했다. 자유로운 영혼, 생동하는 영혼을 가지고 그 무엇에도 구애받지 않고 악기 '산타로' 하나만 가진 채 산책하듯 살아가는 삶을 그린 '그리스인 조르바'의 저자 카잔차키스(N. Kazantzakis)는 생의 마지막 순간에 외친다. "나는 아무것도 바라지 않았다. 나는 아무것도 두려워하지 않는다. 나는 자유롭다." 진정한 행복감은 무엇인가를 더 가지려는 미련에서 자유로워지려는 마음가짐에서 나온다는 메시지가 아닌가?

욕망의 노예가 되어 얽매이지 않고 욕망의 주인이 되어 욕망을 조절할 수 있는 '욕망으로부터의 자유'를 가질 때, 인간만이 누리는 상상력을 한층 더 발휘할 수 있다. 풍부한 상상력과 냉철한 이성으로 욕망을 불꽃처럼 환하게 타오르게 하면서 이상과 현실의 조화를 이루면 인간의 삶을 품위 있게 하는 여러 가지 가치를 창출할 수 있다. '욕망으로부터 자유'를 얻어 마음의 평화를 누리려면 다른 누구도 아닌 바로 자기 자신과의 싸움에서 이겨야 한다. 쉬운 일이 아니다. 이것저것 가지려는 욕망의 예속 상태에서 탈출해서 저마다 가질 수 있고, 가치 있는 욕망을 선택할 수 있어야 참다운 소유의 기쁨도 가질 수 있을 것이다. 빠르면 빠를수록 덜 불행해지고 더 행복해질 것이다. 우리 인생이란 어쩌면 욕망의 덩어리를 안고 달리다가 차츰차츰 '욕망으로부터의 자유'를 찾아가는 여정이 아닐까 생각해 본다.

바로 그 순간
이 지상의 가장 아름답고 순결한 창가에서
사원의 저녁종이 찬란하게 울리고
별들이 자신이 아는 가장 사랑스런 시들을 하늘에 쓰는 동안
우리들 눈에 무지개가 솟아났습니다.

- '첫 키스' 중에서 / 타고르

PART 2

적자생존과 공생관계

자유주의와 황금률

사람이 사람답게 살기 위한 으뜸가는 조건인 자유는 나의 자유에 앞서 남의 자유부터 배려할 때 더욱 빛을 발한다. 자유주의는 18세기 이후 서양에서 차츰 움트기 시작하였지만, 그 정신은 일찍부터 동서양에서 일깨워져 왔다. 2,500년 전에 논어에서는 "자신이 하고 싶지 않은 일을 남에게 시키지 말라(己所不欲 勿施於人, 顏淵 2)"고 당부하였다. (목민관들에게) 백성들의 인격과 삶을 존중하라는 소극적 자유의지를 권장하였다. 성경에서는 "너희가 바라는 바를 먼저 남에게 해주어라(마태복음 7장 12절)"고 하여 이웃에 대한 적극적 자유의지를 가르쳤다. 자유주의 바탕이 되는 황금률(golden rule)은 예나 지금이나 다름없이 함께 살아가는 공동체가 건강하게 발전하기 위한 기틀이 되었다. 이웃을 배려하는 자세는 멀리 보면 자신의 삶을 스스로 책임지는 자기자신의 주인으로 사는 길이다.

자유는 일반적으로 내·외부로부터의 스스로 하고자 하는 것을 억압 받지 않고 할 수 있는 의지와 권리를 의미한다. 자유(freedom)는 자연 상태에서 자유의지를 말하며, 자유권(liberty)은 법적으로 보장된 권리를 의미한다. 넓게 생각하면 진정한 의미에서 자유(自由)는 사실상 평등(平等)과 같은 개념으로 공동체 평화(平和)의 바탕이 된다. 자유의지(free will)란 자신의 행동과 의사 결정을 외부적인 요소들에 의하여 방해 받지 않고 스스로 결정하려는 자세다. 자신의 행동을 스스로 제어하는 자기조절과 자기통제 같은 책임의식이 있어야 자유는 더욱 빛을 발한다. 나의 자유를 위하여 남의 자유를 해치는 위험이 없어져 '자유의 가치'는 더욱 단단해진다. 함께 살아가야 하는 조직과 사회에서 상대방의 인격을 존중하는 자세는 도덕성, 정의감의 뿌리가 되어 자본주의 질서, 민주주의 규범으로 발전하였다. 황금률(黃金律)이 내포하는 역지사지(易地思之)의 자세는 더불어 살아가야 하는 공동체 발전의 필요조건이다. 사회에 영향력이 큰 위치에 있는 인사들이 역지사지의 자세를 견지한다면, 이 세상에 하고 많은 문제들이 발생하지 않거나 생기더라도 쉽게 풀린다. 황금률은 시장경제 체제에서 소비자가 원하는 것이 무엇인가를 먼저 생각해야 하는 생산자의 자세까지 설명하고 있다. 성공 기업이 되려면 소비자가 무엇을 원하고 있는지 남보다 빨리 생각해 내려는 노력부터 기울여야 한다. 미제스(L. Mises)는 역저 '자유주의(Liberalism)'에서 "내 이웃이나 같은 시대의 사람들이 비록 나와 달리 생각하고 달리 행동한다 할지라도 이를 이해하려고 노력하여야 한다"고 자유의지를 강조하여 자유는 결국 평등과 평화의 원천임을 시사하고 있다. '정의란 무엇인가(Justice)'의 저자 샌들(M. Sandel)은 "다원주의 사회에 살면서 사람들이 서로 다른 윤리적 이상을 가지고 있다는 점을 인정할 때 비로소 공정한 사회가 된다"고 하였다. 반대로 모든 사람들이 나와 같은 생각을 가져야만 한다는 확증편향성 오만은 공동체의 건강을 급격히 마비시키는 길이다.

한국인들은 '블랙리스트' '화이트리스트' 사건을 통해 생각과 뜻이 다르다고 하여 외면하려는 행태가 사회를 그늘지게 하고 혼란스럽게 만드는 사례를 목격하였다. 오늘날에는 선동가, 궤변가들의 극심한 '편 가르기'에 덩달아 춤추고 괴성을 지르는 패거리가 늘어나면서 선악(善惡), 미추(美醜), 시비(是非)를 구분하지 못하는 혼돈사태가 벌어지고 말았다. 예컨대, 실체와 허상을 혼동시키며 허황된 논리로 진실을 호도하려는 저등급 소피스트(sophist)들이 소크라테스와 같은 소씨라며 족보를 들먹이는 희극도 연출되었다. 서로 다른 개성을 가진 사람들이 살아가는 사회에서 내 마음에 들지 않는다고 무조건 내치려는 행위는 공동체 정신을 파괴하는 일이다. 그래서 밀(J. S. Mill)은 타인에게 해를 끼치는 것을 예방하는 목적 외에는 행동의 자유를 침해하는 그 어떤 힘의 행사도 정당화될 수 없다고 했다.

인류문명을 획기적으로 발전시킨 역사적 사건들 가운데는 당시 사회 통념과는 동떨어진 것들이 많았음을 돌이켜 봐야 한다. 쉬운 예로 갈릴레오의 지동설이 처음에는 금기(taboo)로 많은 사람들로부터 몰매 맞았지만 인류발전에 획기적 전환점이 되었다. 저나 제 편만 옳다는 거짓신념이 팽배할 경우 사회는 정체되거나 퇴보할 수밖에 없다는 뜻이다. 생각도 다르고 능력도 다른 사람들이 서로 조화를 이루고 융합

효과를 내야만 공동체의 역량을 극대화시킬 수 있다. 획일적 가치가 중시되던 초기산업사회, 중상주의 시대와 달리 창의력이 중시되는 미래사회에서는 더더욱 다원적 가치를 조화시키고 결집시켜야 성장과 발전이 이어질 수 있다. 다시 말해, 황금률(golden rule)을 소중하게 여기고 지켜가는 자세는 새로운 부가가치를 창출할 수 있는 원동력이다. 개인생활에서도 서로 다른 의견을 존중하고 그 의견이 다르더라도 무조건 배척하지 말고 서로 귀담아들어야 발전이 있다. 생각이 다르다고 덮어놓고 무시하고 대립하다가는 스스로는 느끼지 못하는 사이에 자만심의 노예가 되어 모든 것을 그르칠 수 있다. 저만 옳다고 착각하는 부류들에게 자만심이 뿌리내리기 시작하면 정신이 자꾸만 흐려져 어떤 약으로도 고치기 어려운 만사(萬死)가 된다.

서로의 의견을 분명히 말하고 조화와 균형을 이루려는 개인이나 조직이 발전하여 더 큰 결실을 거둘 수 있다. 세상살이는 한결같지 않아서 만족할 때도, 실망할 때도 있다고 생각하며 여유를 가져야 한다. 한 가지 분명하게 깨달아야 할 것은 의견이 같기만 한 것보다는, 서로의 의견이 달라서 서로 타협하고 조화시키려는 과정에서 더 좋은 의견을 이끌어내어 더 나은 자신의 길을 찾아낼 수 있다는 점이다. 그래서 먼 옛날부터 동서양을 막론하고 상대방의 입장에서 생각하고 이해하라는 역지사지의 바탕인 황금률을 사람들에게 가르치려고 노력한 까닭이 아니겠는가? 황금률은 힘세고 영향력이 큰 인사들에게 더더욱 요구되는 불멸의 계명이다.

대통령과 하느님

생산자가 최선을 다해 소
비자 기호를 충족시키려는 자세와 열정이 바로 소비자주권 시대의
직업윤리이며 장인정신이자 기업가정신이다. 이 세 가지는 생산성
향상의 지름길로 개인과 기업 나아가 국가 경쟁력의 바탕이다. 소비
자와 생산자의 관계가 가까워질수록 생산성 향상은 더 빨리, 더 크
게 진행될 것이다. 소비자가 생산자를 위하여 존재한다고 착각하는
사회는 움츠러들고 뒤틀려 미래를 기약하기 어려워진다. 소비자란
누구를 말하는 것인가? 선생에게는 학생이, 의사에게는 환자가, 공
직자에게는 가계와 기업이 그들의 소중한 소비자다. 최고지도자에
게는 특정 지지자가 아닌 모든 국민이 소비자다.

오래전 진달래 능선의 단풍이 물들기 시작하는 어느 일요일, 친구들과 북한산 보현봉에 올랐다가 경복궁 영추문 건너편에 있는 조그만 식당에서 늦은 점심을 먹은 일이 있었다. 정갈하게 조리된 동태찌개, 제육볶음, 부침개를 입맛을 다시며 먹고 막걸리를 마셨다. 그런데 시골누이처럼 선하게 보이는 아주머니가 "일하느라 시장할 텐데 많이 드세요" 하면서 먹을거리를 더 내왔다. 그분은 우리들을 근처 도로 공사장에서 일하는 인부로 생각하는 듯했다. 힘들게 일하는 사람들을 대하는 마음씀이 따뜻하게 느껴졌다. 사람 사는 세상에서 목마른 이에게 시원한 물을 떠주고, 배고픈 이에게 따뜻한 밥을 차려주는 일보다 더 고귀한 일이 어디 있단 말인가? 음식 값을 치르면서 "깨끗하고 맛있는 음식을 배부르고 값싸게 대접하는 아주머니는 바로 저 앞에 사시는 대통령 못지않게 훌륭한 분"이라고 말씀드렸다. 그러자 그 주인은 놀랍게도 "우리 집에서 음식을 드시는 분들을 하느님처럼 생각합니다"라고 대답했다. '게딱지만한 식당을 운영하여 먹고 살고, 자식들 교육까지 시키니 모든 손님들이 하느님처럼 소중한 분들'이라는 이야기였다. '이런 분이 세상에 계시는구나.' 돌아오는 버스 안에서 곰곰 생각해 보니 나는 그야말로 대통령같이 큰 분한테서 하느님 같은 거룩한 대접을 받은 셈이었다. 남산 위의 저 소나무는 계속하여 푸르고 푸를 것이라는 안도감이 들었다. 그렇다! 대통령 버금가는 자부심을 가진 생산자가 하느님처럼 생각하는 소비자를 위하여 정성을 다한다면 지상 최고의 상품을 생산할 것이다. 하느님께서 사용하실 물품을 만드는데 어찌 감히 건강에 해로운 재료를 쓸 것이며, 하느님에게 바가지를 씌우거나 이중장부를 작성하여 세금을 빼먹으려는 겁 없는 생산자가 어디 있겠는가?

"진리는 평범한 데 있다"는 말을 실감하였다. 요식업 종사자의 직업윤리는 유해식품이나 먹던 음식을 다시 내놓지 않는 일에서 시작한다. 소비자 입장에서 소비자를 위하여 정직하게 처리하는 노력이 직업윤리(vocational ethics)다. 정보화 사회가 진행되면서 생산자와 소비자 간에 신뢰가 한층 더 중요해지는데 이는 직업윤리를 지키는데서 비롯된다. 소비자가 원하는 최고의 상품을 최선을 다하여 만들려는 자세가 바로 장인정신(craftsmanship)이다. 최선을 다하는 장인정신이 깃든 제품은 시간이 흐를수록 소비자의 신뢰가 높아지며 상품가치는 따로 홍보하지 않아도 입소문을 통하여 저절로 퍼지게 되어 있다. 소비자를 무시하는 기업은 당장은 몰라도 부지불식간에 도태되기 마련이다. 주어진 조건에서 최고의 음식을 최저가로 소비자에게 제공하겠다는 각오와 노력이 바로 기업가정신이다. 기술혁신과 경영혁신을 꾸준히 추구하다 보면, 소비수요의 변화도 자연히 예측할 수 있어 위기관리능력도 따라서 배양될 것이다.

모든 분야에서 소비자에게 봉사하고 존중하는 자세를 지키려는 생산자가 많아질수록 멀게만 느껴졌던 선진국 문턱이 점점 가깝게 다가올 것이다. 생각건대, 직업윤리, 장인정신과 기업가정신은 '경제 성장과 발전의 삼위일체'라고 해야 한다. 만약 모든 지도자들이 그 식당 주인 같은 마음 자세를 가지고, 모든 국민들을 차별 없이 하느님처럼 대한다면 이 세상에 무슨 근심 걱정이 있겠는가? 사회발전을 가로막는 대립과 갈등도 사그라들고 서로를 믿고 의지하는 훈훈한 공동체로 금방 도약할 수 있다. 수년 후에, 줄타기로 내려온 엉터리 사장이 들볶는 탓에 정든 직장을 떠나야겠다는 어떤 후배가 식당을 차린다기에 소비자를 대하는 경영자의 자세는 어떠해야 하는지 그 식당으로 현장견학을 갔었다. 그 자리에 자그만 2층 건물이 세워져 있었고 식당 간판은 예나 다름없었다. 두 아들들은 공과대학 교수가 되었다는 소식을 옆자리에서 식사하는 손님으로부터 들었다. 주인아저씨는 "그냥 놀면 바로 늙는다"라며 조그만 용달차로 "동네 사람들 심부름을 하며 소일한다"고 하였다. 나도 모르게 존경심이 들었다. 그때까지도 나를 알아보시는 주인아주머니는 무릎이 아파 고생하는 것 같았다. 돌아오며 쾌차하시기를 기원하였는데 수년 후에 밥 먹으러 다시 가 보니 말끔히 나으신 듯했다.

창조적 일을 하든 평범한 일을 하든
언제나 힘차고 환한 애정을 가져라
일이 순조롭게 슬슬 풀려나갈 것이다
어려움이 닥치더라도 움츠리지 말아야
자유로운 기상이 우뚝 솟아오른다

― '인간적 너무나 인간적' 중에서 / 니체

동기양립 프레임

나라가 부강해지는 국리
(國利)와 시민들 삶이 풍요로워지는 민복(民福)이 동행해야 지속적 성
장과 발전이 이루어진다. 가계와 기업이 부가가치를 창출하면 그만
큼 국민경제 성장과 발전에 기여하게 된다. 역으로 조직과 사회가
성장하고 발전하면 구성원의 후생과 복지도 향상돼야 바람직하다.
생산 활동을 통하여 사회에 기여하면서 적정하게 대우 받는 사회보
상체계가 제대로 확립되어야 동기양립(動機兩立, incentive compatibility)
프레임이 정착되어 개인의 삶은 안정되고 나라경제는 튼튼하게 발
전한다. 경제 성장과 발전의 왕도는 바로 '동기양립 틀'을 튼튼하
게 구축하는 일이다. 국리와 민복이 조화를 이루지 못하고 어느 한
쪽으로 편중되면 전체주의 아니면 포퓰리즘 국가로 타락하여 성장
과 발전이 균형을 이루지 못하여 성장잠재력이 급격히 쇠퇴해질 밖
에 도리가 없다.

동기양립(動機兩立) 틀을 쉽게 생각해 보자. 기술혁신을 통하여 사람들이 좋아하는 상품을 더 좋게, 더 싼 값으로, 더 많이 생산하면 사회의 후생복지가 그만큼 늘어난다. 생산자는 고용을 창출하는 보람찬 일을 하며 사회 후생 증대에 이바지하며 수지도 맞춘다. 사익과 공익이 합치되면 너도나도 맡은 일에 자부심을 가지게 되어 경제적 성과도 커지는 동시에 시민정신도 건강하게 피어올라 사회 갈등과 대립도 줄어든다. 뛰어난 자질과 능력이 있어도 사회환경이 뒷받침되어야 개인도 능력을 발휘할 수 있다. 예컨대, 빌 게이츠가 오지에서 태어났다면 그만한 부를 쌓으면서 사회에 공헌하는 일은 꿈도 꾸지 못했을 것이다. "가난은 나라님도 구하지 못한다"는 속담이 있지만 빈곤은 개인의 능력부족 때문인가? 아니면 그 사회의 구조적 모순 때문인가? 소득수준이 낮은 아프리카에서 가난하게 사는 까닭이 게으른 탓만은 아니다. 허드렛일 품삯이 소위 '품위 있는 일'에 비해 비슷하거나 외려 높은 북구에서 가난하게 사는 까닭이 사회환경이 나쁘기 때문은 결코 아니다.

　현대자본주의 사회에서 생산자든 소비자든 혼자서 잘사는 일은 생각할 수 없다. 새로운 아이디어로 좋은 제품을 생산해도 소비수요기반이 약하면 아무런 소용이 없다. 총공급 증가로 더 많이 생산된 재화들이 소비자들에게 골고루 나뉠수록 총효용도 확충되고 경제순환이 순조롭게 진행된다. 사회보상체계가 일그러진 사회에서는 열심히 일해도 보통사람들의 살림은 피어나기 어려운 반면에 특정 사람들은 일하지 않고도 잘 산다. 그런 상황이 장기화되면 억울해 하는 사람들이 늘어나고 인간의 존엄성을 보장하기 어렵게 된다. 불공정 사회에서 크고 작은 범죄가 빈번하게 발생하는 까닭은 무엇인가? 누군가 특혜를 누리면 다른 누군가는 그만큼 손해를 보게 되어 질서의식이 훼손되기 때문이다. 조직에서는 유능한 인재에게 비리를 은폐하고 정당화시키는 작업을 시키는 일이 보통이다. 조직과 사회보다는 실력자를 위하여 뛰어야 요직을 차지할 수 있는 '하수인문화'가 발호하기 쉽다. 비밀유지 비용과 함께 발각되면 벌을 받아야 하는 위험부담과 심리적 불안감까지 생각하면 막대한 생산비가 들어가는 셈이다. 은폐와 밀고, 협박과 무마에 따른 유발범죄가 발생할 위험도 결국 사회가 부담해야 하는 비용이다. 개인의 비극이면서 사회의 손실이다. 그 같은 노력을 기술혁신에 기울여 생산 활동에 집중한다면, 그 어떤 상품을 생산하더라도 가장 싸게, 가장 좋게, 가장 빠르게 만들어 내는 동력을 확보할 수 있다.

동기양립 틀이 희미해지는 환경에서는 사람들이 맡은 일에 열중하기보다는 이권을 찾으려 여기저기 두리번거려 생산성이 저하될 것임은 뻔한 이치다. 누군가는 더 차지하려 하고, 다른 누군가는 거저 얻으려는 공짜 심리가 팽배하는 사회가 앞으로 나아가기 어렵다. 한국경제는 강한 신분상승욕구에 따라 절대빈곤단계는 빠르게 극복했지만 의식구조, 나아가 사회발전이 뒤따라 주지 않아 동기양립 프레임 구축이 지연되고 있다. 사회보상체계, 신상필벌 원칙이 제대로 자리 잡지 못했기 때문에 선진국 진입 문턱에서 진통을 겪고 있음을 부인할 수 없다. 사익과 공익이 상충되는 일이 잦아지면 사람들은 불안해하고 조직과 사회 질서가 흔들려 생산성 향상을 기대하기 어렵다. 낙하산인사,

불공정거래, 뇌물로 말미암아 발생하는 오염의 대가는 그 몇 배의 사회적 비용(social cost)으로 전가된다. 뇌물은 하늘에서 떨어진 돈이 아니어서 비자금을 마련하는 과정에서 또다른 비리를 발생시킨다. 엉터리 인사가 높은 자리에서 이것저것 누리는 대신에 조직을 뒤엉키게 만들어 질서를 어지럽히는 폐해는 사회 전 분야로 크게 번져 나간다.

열심히 연구하고 노력하여 정당한 과정을 통해 성과를 낸 사람에게 적정한 보상을 하는 동기양립 프레임 구축은 자본주의 시장경제의 절대선(絶對善)이다. 사회를 활기차게 움직이게 하려면 무엇보다 우선하여 사회보상체계가 적정하게 작동되어야 각 경제주체들이 자기 일에 대한 자부심을 가질 수 있어 성장과 발전이 자연스럽게 이뤄진다. 근로자나 기업가나 일하는 사람들을 모두 신나게 만들어 성과를 내게 하는 핵심 과제라 할 수 있다. 근로의욕과 기업가정신을 마음껏 발휘하도록 하는 경쟁분위기를 조성할 때 국가경쟁력은 저절로 향상된다. 국리민복을 위한 길은 무엇보다 개인도 잘 살고 사회도 발전하는 동기양립 프레임이 제대로 작동하도록 하는 데 있다. 나라가 튼튼해야 개인도 튼튼하게 살 수 있다. 개인이 잘 되어야 나라도 잘 나갈 수 있다.

사람들은 제가 천부적 재능을 타고 났다고 합니다. 그 사람들은 모르는 것이 있습니다. 저는 한 번 웃기기 위해 최소한 100번을 연습한다는 사실입니다.

– 찰리 채플린

적자생존과 공생관계

"생물의 세계에는 약육강식(적자생존)과 상호수혜(공생관계) 두 가지 삶의 모습이 있다." 만물의 영장이라는 인간사회에서 강자만이 살아남는 적자생존(適者生存, survival of the fittest)과 서로 협동하며 함께 살아가는 공생관계(共生關係, symbiotic relationship) 중 어느 쪽이 문명의 진화와 발전에 더 크게 기여하였을까? 능률을 추구하는 적자생존과 형평을 찾아가는 공생관계는 언뜻 대립되는 개념 같지만, 조금만 더 생각해 보면 서로 떼려야 뗄 수 없는 보완관계에 있다. 형평은 능률을 높이면서 능률은 형평을 해치지 않아야 생산극대화를 추구하면서 동시에 효용극대화를 이루는 최고선(the supreme good)을 달성한다. 만약 어느 한쪽을 강조하다가는 평등과 공정과 정의는 구호에만 그치는 한낱 공념불로 변할 수 있음을 경계하여야 한다.

경제사회에서 적자생존과 공생관계의 틀을 생각해 보자.

적자생존 세계에서는 경제활동의 목표가 생산극대화를 통한 이익극대화에 있다. 기업의 입장에서는 이윤이, 공동체 입장에서는 생산이 중요하다. 시장에서는 누가 만들든 관계없이 값싸고 품질 좋은 상품이 팔린다. 이윤극대화를 위한 강령(code)은 가격기구(price mechanism)에 의한 '정글법칙'인데, 개인의 이윤추구동기에 의하여 창출된 부가가치는 결국 사회전체의 이익으로 귀착된다. 토지, 노동, 자본, 기술, 정보 같은 생산요소들이 부가가치 창출에 기여한 대가로 시장에서 지불되는 몫이 바로 제1차 분배다. 외부개입 없는 경쟁시장에서 1차 분배가 진행되는 과정에서 생산성이 향상되고 효율적 자원배분이 이뤄지며 성장잠재력이 배양되는 과정이 바로 시장경제의 축복이다. 부가가치 창출능력에 따라 1차 분배가 이루어지므로 소득불균등은 불가피하게 발생할 수밖에 없다. 부가가치를 더 많이 창출하는 사람에게 더 높은 대가를 지불하는 합리적 평등이 경제적 동기를 유발하여 경제 성장과 발전을 이끈다. 생산능력 증대는 사회의 완충능력을 확충시켜 결과적으로 경제적 약자를 돕는 길도 넓어진다. 똑같이 일을 하면서 누구는 큰돈을 받고 다른 누구는 푼돈을 받는다면 어찌 공정하고 정의로운 사회라고 할 수 있겠는가? 같은 임금을 받으면서 누구는 일을 많이 하고, 다른 누구는 일을 하지 않아도 된다면 평등과 공정과 정의가 피어나는 세상이 아니다.

공생관계는 경제활동의 최종 목표를 효용극대화에 둔다. 논리의 바탕은 '한계효용체감 법칙'으로 나누어 가질수록 재화의 효용가치를 크게 할 수 있다. 제1차 분배의 결과 초래되는 불균형을 보완하는 제2

차 분배가 활발할 때 효용극대화를 기대할 수 있는 명제가 성립한다. 조세, 사회보장기구에 의한 보정(補正) 분배 즉, 2차 분배는 사회의 총 효용을 크게 하는 순기능을 하고 있다. 모든 생산 활동의 목표는 최종 적으로 효용에 있음은 말할 필요 없다. 총효용을 크게 할수록 생산의 가치도 커지기에 분배가 효율적으로 이뤄져야 한다는 당위성이 성립 한다. 제2차 분배는 경쟁에서 패배한 사람에게는 '패자부활의 기회' 를, 그리고 경쟁력이 없는 사람에게는 인간다운 삶을 위한 사회안전망 기능을 한다. 2차 분배의 순기능은 ① 빈곤선(poverty line)을 완화하여 사회적 갈등을 해소하고 ② 소비수요 안정을 통하여 재생산을 촉진하 고 ③ 불확실성이 커지는 사회에서 '누구나 자칫하면 경제적으로 추락 할 수 있는 위험'에 대한 보험기능을 한다. ④ 경쟁에서 탈락하거나 경 쟁력을 상실할 경우의 불안감을 줄여 부당경쟁, 과당경쟁을 예방하는 효과가 있다. 적정한 2차 분배야말로 소비수요를 안정시켜 직간접적 으로 생산성도 향상시키는 중요한 기능을 한다. 결과적으로 더 많은 사람들을 생산활동에 참여하도록 유도하여 생산극대화를 유도할 수도 있다. 합리적 복지는 사회안전망으로 끝나는 것이 아니라 성장 동력으 로 선순환될 수 있다. 변화의 속도가 빨라 누구도 앞을 내다보기 어려 운 불확실성 시대에는 누구든 빈곤층으로 추락할 가능성이 있음을 생 각할 때 제2차 분배 활성화로 사회 안정 기능까지 기대할 수 있다.

제1차 분배 왜곡은 누군가의 특별손실과 동시에 누군가의 특별이익 을 발생시켜 생산성을 저하시킬 수 있다. 가격기능(price mechanism) 즉, '보이지 않는 손'에 의하여 움직여야 할 시장이 과다한 임금 가이 드라인, 담합, 노조 압력 등 '보이는 손'에 의하여 일그러질 경우 시장

가격기능이 훼손될 수밖에 없다. 그 사회의 총생산능력 즉, 성장잠재력은 쪼그라들고 결과적으로 총효용도 감소되기 마련이다. 제1차 분배시장에서는 무엇보다 우선하여 시장기능을 보호하여야만 성장동력을 확보할 수 있다. 제2차 분배 즉 보정적 재분배가 과다하면 각 경제주체들의 경제적 동기부여를 약하게 만들어 삶의 기반을 근원적으로 흔들리게 할 수도 있다. 열심히 일하지 않아도 되는 사회에서 총생산이 자연히 줄어들 수밖에 없다. 과도한 사회안전망은 공짜 심리를 유발하여 가난에서 벗어날 의지를 상실하게 하고 삶의 근거를 뿌리째 흔들리게 할 수도 있다. 미국의 빈곤층에서 그런 모습이 이미 오래전부터 나타났다는 연구결과가 있다. 머래이(Charles Murray)는 미국에서 "사회복지제도가 빈곤을 줄어들게 하지 못하고 오히려 늘어나게 하는 모순을 보였다"는 연구결과를 발표하였다. 과도한 복지프로그램이 장기적으로 '빈곤으로부터 탈출'에 도움이 되지 못하고 '일하지 않아도 된다'는 안이한 행위를 유발하여 결과적으로 빈곤층의 '삶의 근거 상실(losing ground)'을 초래하는 원인이 되었다고 하였다.

시장기능이 발달하여 1차 분배가 합리적으로 잘되는 나라일수록 제2차 분배도 활발한 현상이 뚜렷이 나타난다. 반대로 남미, 남유럽 일부 국가처럼 빈부격차가 극심할수록 기부문화가 형성되지 못하고 있다. 다시 말해, 열심히 일하고 저축한 사람들일수록 사회에 대한 애정과 배려를 가진다는 이야기다. 정당치 못한 방법으로 악착같이 큰돈을 번 사람들일수록 더 인색해지는 모습을 보이고 있다. 부정부패, 독과점 횡포 따위로 수단 방법가리지 않고 돈을 번 사람들일수록 부끄럽게 생각하고 자중하기는커녕 이웃을 더 무시하고 으스대는 행태를 보인다. 말할 것도 없이 공동체와 관계없이 저만 살겠다는 천민자본주의(賤民資本主義)의 일그러진 모습이다.

성장과 분배 논쟁의 밑바닥을 들여다보면 대부분 1차 분배와 2차 분배를 혼동함으로써 엇갈린 판단과 비생산적 주장을 한다. 공생관계는 효용극대화, 적자생존은 생산극대화의 명제를 가진다. 생산 없는 효용은 불능이며, 효용 없는 생산은 무의미하다. 무릇, 세상 이치란 조화와 균형을 이루지 못하고 어느 한쪽으로 치우치다가는 이것저것 다 망치기 쉽다. 농경사회처럼 단순재생산 사회에서는 서로서로 도와가는 상호수혜가 인류의 삶을 조금이라도 더 여유 있게 만들었을 것이다. 해마다 생산량이 거의 일정하였던 시기에는 되도록이면 나누어야 한정된 재화의 효용가치를 보다 크게 할 수 있었기 때문이다. 확대재생산 사회에서는 적자생존 원칙에 따른 인센티브 효과가 생산성을 더 높이고, 더 뛰어난 사람들이 더 크게 생산에 기여하는 과정에서 경제성장과 발전이 이룩된다. 1차 분배시장을 왜곡하다 보면 성장잠재력을 급격하게 추락시킬 수도 있다. 기업가정신과 근로의욕을 발휘하도록 하여야 생산성 향상이 지속되고 결과적으로 사회 전체를 보다 풍요롭게 만들 수 있다.

거시동기 미시행동

한국경제 성장잠재력이
차츰 하락하는 까닭은 여러 가지 요인이 있겠지만 거시동기(巨視動機)와 미시행동(微視行動) 부조화에도 큰 원인이 있다. 무슨 일이든 계획단계에서는 멀리 내다보는 거시동기를 가지고 중장기 비용과 편익을 분석하고 밑그림을 그려야 한다. 실천단계에서는 치열한 장인정신으로 각 단계마다 세밀한 정성을 쏟아내는 미시행동이 요구된다. 거시동기와 미시행동이 조화를 이뤄야 일을 능률적으로 진행할 수 있는데, 눈앞의 전시효과를 노리다 보면 임시변통 묘수를 내다 일을 망치기 쉽다. 큰 그림을 그리지 못하고 땜질처방에 급급하다 보면 효과보다 부작용이 더 크게 발생할 위험이 도사린다. 2020년 용인경전철 관련 배상판결은 향후 공공사업에 대한 예비타당성을 조사를 철저히 하여 예산낭비는 물론 국토파괴를 방지하라는 경종이라고 할 수 있다.

1990년대 후반 아시아 외환금융위기 그림자가 짙어지면서 시사주간지 타임이 "아시아 사람들은 멀리 생각하지 않는다"고 지적한 것은 무슨 의미였을까? 거시안목으로 중장기 대책을 세우기보다는 먼 생각 없이 눈앞의 전시효과를 노리고 성급하게 일을 추진하려드니 일의 성과가 오래 가지 않는다는 지적이었다. 실제로 개인이나 기업은 물론 정부도 무엇인가 단번에 성과를 내려고 욕심을 내는 경우를 자주 보게 된다.

개인의 경우를 생각해 보자. 조금만 성공하게 되면 자기분야, 전문분야에서 최선을 다하겠다는 자부심보다는 순식간에 '거물'이 되겠다고 욕심을 내려 한다. 본연의 임무는 소홀히 한 채 여기저기 영향력을 뻗치려다가 고꾸라지는 경우가 많다. 이 세상에서는 해서는 안 될 일이 있는데, 무조건 '하면 된다'는 욕심을 부리며 졸지에 큰 업적을 남기려고 한다. 공직자는 공공의 이익을 위해 무엇을 할 것인가를 생각하다 보면 큰일을 성취할 수 있는데, 편법으로 조급하게 거물이 될 꿈만 꾸다가 불미스러운 일을 저지르고 낙마하기 십상이다. 욕심이 커지면 문제도 커지기 마련이다. 야심만 크고 정직한 노력은 게을리 하는 소년이 커서 무엇이 되겠는가? 사기꾼 아니면 한낱 끄나풀로 전락하기 십상이다.

기업경영에 있어서도 근로의욕을 고취하고, 기업가정신을 발휘하여 사회가 필요한 상품이 무엇이지 예측하여 '더 좋게, 더 빨리, 더 싸게' 만들어 내는 데 진력하여야 한다. 그런데 조금만 성공하면 하루 빨리 재벌 대열에 끼려고 조급성을 보이며 이것저것 욕심을 내다가 사회에 '짐'만 남긴다. 한국경제의 커다란 두통거리가 되었던 D재벌의 천문학적 규모의 지불불능사태도 거시동기와 미시행동의 충돌로 말미암은 것이다. 욕심은 하늘에 닿고 부가가치 창출 능력을 높이려는 노력 없이 정경유착으로 기업을 확장하다 한계에 부딪친 비극이었다.

정부도 거시동기를 미시행동으로 뒷받침하기보다는 임시방편의 정책을 단행하고 그 부작용을 미시적 행정조치로 교정하려는 모습을 반복하여 왔다. 예컨대, 2000년대 초반 금통위가 콜금리를 무려 5차례에 걸쳐 연속 인하하자 많은 사람들이 유동성범람과 부동산 투기심리 확산을 우려하였다. 당시 금통위의장은 기자들에게 "부동산 투기가 재발하면 강력한 미시적 조치를 통하여 투기를 억제하기로 합의가 되었다"고 황당무계한 말을 늘어놓았다. 불어나는 헐크의 몸을 새끼줄로 묶으며 가지가지 미시 대책을 폈으나 '화폐가치 하락심리'에 따른 부동산가격 상승을 막지 못했다. 시장을 잠재우겠다는 정부의 말을 믿었던 서민들은 울 수밖에 도리가 없었다.

2017년 이후 2020 현재까지 물경 23차례의 '한강에 돌 던지듯 하는' 부동산 가격 억제조치에도 시장이 딴청을 부리는 까닭은 시장을 거시적이 아니라 미시적으로 접근했기 때문이다. 먼저 부동산 가격이 왜 오르는가를 거시적으로 분석해 봤어야 했다. 과잉유동성이 문제라고 하는데, 유동성이 정말로 풍부한지 생각해 봐야 한다. 2020년 8월 현재 경제성장률 △2.7%, 물가상승률 0.7% 내외인 상황에서 은행 평균 대출금리 2.92%의 자본비용을 지불하고 수익을 낼 기업이 얼마나 되겠는가? 과거 고금리 타성으로 저금리 착시현상을 빚어 한국경제를 수렁으로 몰아가고 있는 건 아닌지 깊이 생각해 봐야 한다. 가계와 기업이 돈을 사용하는 대가로 지불하는 대출금리, 시장금리는 경제상황에 견주면 매우 높은 수준이다. 대내외 금리차로 외국인채권투자자금이 유입되는 실정이다. 부동산 시장으로 돈이 몰리는 근본 원인은 네트워크 경향이 갈수록 심해지는 사회에서 자식 가진 사람 누구나 능력만 있으면 학군 좋은 곳으로 이사 가고 싶어 하는 본능 때문이다. "누구나 다 강남 살 필요가 없다"는 얼빠진 소리를 믿고 따를 사람들이 도대체 몇 명이나 되겠는가? 게다가 "누구나 다 용이 될 필요가 없다"는 약 올리는 소리가 오히려 보통사람들의 경쟁심리를 자극하였다. 옛말에도 "말은 제주도로 보내고 사람은 한양으로 보내라"고 하였다. 지금과 같은 '커넥션 사회'에서는 말할 필요도 없다. 누적되어 가는 '학군제 부작용'을 과감하게 해소하지 않고는 부동산 시장을 정상화시키는건 불가능하다.

시장이 어디로 왜 움직이는가를 생각하지 않고 세금으로 억누르려고 하니 가진 사람이나 없는 사람이나 다 겁에 질리게 만들고 있다. 거래비용을 높여 팔지도 못하게 하는 부동산대책은 서민들에게 무엇인가 '불안심리'를 부추겼다. 모든 사람들이 다 제 생각이 있기 마련인데 시장을 힘으로 옭아매려들면 시장은 점점 더 왜곡될 수밖에 없다. 분명한 사실은 유사 이래 어떠한 세력도 시장의 흐름을 이기지 못하고 다만 시장을 망칠 뿐이었다. 무슨 상품이든 수요공급에 따라 결정되지 마냥 오르기만 하거나 내리기만 하지 않는다. 물 흐르듯 놔둬야 시간이 걸리더라도 정상을 찾아간다. 사는 사람, 파는 사람들을 모두 바보로 여기고는 근본적 문제 해결책을 절대 찾을 수 없다. 좀 멀리 내다볼 때, 부동산 거품이 진정되지 않다가 예고된 불황이 장기화될 경우 그 후유증으로 어쩔 수 없이 부동산을 팔아 빚을 갚으려는 '부채 디플레이션' 사태가 언제 어떠한 모습으로 표출될지 짐작하기 어렵다. '갭투자'는 불황이 장기화될 경우, 심각한 사태를 초래할 가능성이 잠재되고 있다. 그럴 경우, 한국경제에 어떠한 타격을 줄지는 짐작하기도 어렵다.

우리나라 가계부채는 국제금융협회(IIP)에 따르면 2020년 상반기 현재, GDP 대비 97.9%로 세계 최대수준이라고 한다. 증가속도가 제일 높다는 사실이 더욱 두렵다. 더 멀리 보면, 그 뒤에는 자유당 시절이나 유신 말기처럼 유동성 범람 사태가 벌어지고 '자산 하이퍼인플레이션' 사태가 벌어질 것으로 예상할 수 있다. 불황대책과 포퓰리즘 현상으로 향후 재정적자가 더욱 심화될 것으로 내다보여 시간이 지날수록 유동성이 팽창되어 미래의 '화폐가치'가 하락할 것으로 쉽게 예상할 수 있다. 세계적 공급과잉 환경에서 물가상승을 기대하기 어렵기 때문에 통화증발은 심각한 '자산 인플레이션'으로 연결될 가능성이 크고 빈부격차는 더욱 확대될 위험이 크다. '수도 이전'은 학교가 따라가지 않는 한 1가구 2주택 현상을 부추길 가능성이 있다.

거시동기와 미시행동이 조화를 이루도록 하려면 각 부문 종사자들이 저마다 맡은 일에 대한 책임을 져야 한다. 아마추어가 헬리콥터를 타고 갑자기 요직에 앉아 위엄을 부리며 전문가를 희롱하는 사태가 이어지면 거시동기와 미시행동이 조화를 이루기 어렵다. 소중한 삶의 터전이 되는 일터를 천직(賤職)이 아닌 천직(天職)로 여겨 맡은 일에 대한 자부심을 가지도록 하는 환경이 조성되어야 한다. 체면을 가리지 않는 막강한 네트워크가 있으면 잘못을 저질러도 책임지지 않는 풍토가 자리 잡기 시작하면 세상사는 곤죽이 되어 나라의 앞날은 기약하지 못한다. 공과 사를 막론하고 자기가 맡은 일에 대한 결과를 책임져야 선진국으로 가는 길이 열린다. 너나없이 두리번거리지 않고, 자신에게 주어진 일을 소중하게 여기는 풍토가 조성되어야 앞으로 나아갈 수 있다. 사막화되고 있는 서울에 얼마 남지 않은 숲을 파헤쳐 아파트를 짓는 일이 근시안적 발상이라면, 작은 공간에 쌈지숲이라도 가꾸어 후손들에게 남겨주려는 노력은 거시적 동기라고 할 수 있다.

낙엽은 천천히 쓸어야 한다.
지난 한 해 동안 내안에 있었던
욕심과 교만, 미움과 분노 갈등과 증오를
버리는 마음으로 천천히 쓸어야 한다.
도움이 필요한 사람들을 피하지 않았는지 생각하면서

— '낙엽을 쓸면서' 중에서 / 박주경

수오지심 · 시비지심이 미래 자산

사유하는 존재인 사람은 부끄러움을 알고 옳고 그름을 가릴 수 있어야 짐승과 구분되고 보다 나은 삶을 개척해 갈 수 있다. 서로 떳떳하고 정의감이 넘치는 환경이라야 신뢰하고 화합하게 되어 환경변화에 능동적으로 대응하여 사회적 수용능력이 확장된다. 개인은 물론 조직과 사회의 번영과 쇠퇴는 구성원들이 수오지심(羞惡之心)과 시비지심(是非之心)을 얼마나 중시하느냐에 달려 있다. 어찌된 셈인지 저명인사들이 외려 수치심도 상실하고 정의감도 외면하는 행태를 보이는데다 순박한 대중들이 맹목적으로 추종하는 안쓰러운 광경도 종종 벌어진다. 패거리만 중시하며 "나만 살면 된다"는 유력인사들이 부끄러움을 모르고 옳고 그름을 가리지 못하는 사회는 무기력해진다. 개는 얼굴에 똥칠을 하고도 그냥 돌아다니지만 사람은 먹칠을 하고서 다른 사람들 앞에 서기 어렵다. 오늘날 우리 모습은 어떠한가?

춘추시대 양혜왕이 맹자에게 "어떻게 하면 이익을 얻을 수 있겠느냐?"고 물었다. 맹자는 "왕께서 어떻게 하면 나라를 이롭게 할까 염려하신다면 대부들은 어떻게 해야 제 가문을 이롭게 할까 근심할 것입니다. 사대부와 서민들은 어찌해야 제 가정을 이롭게 할까 걱정할 것입니다. 윗사람과 아랫사람이 서로 이익을 취하려고만 하면 나라가 위태로워집니다. 만일 의(義)를 뒤로하고 이(利)를 먼저 취할 경우, 모두 빼앗지 않으면 만족하지 못할 것입니다(王曰何以利吾國, 大夫曰何以利吾家 士庶人曰何以利吾身, 苟爲後義吾而先利 不奪不饜. 맹자, 梁惠王 장구상)"라고 하였다. 개인과 공동체가 함께 발전하기 위하여 노력하여 가꾸고 지켜야 할 네 가지 마음가짐은 인의예지(仁義禮智) 사단(四端)이다. '인(仁, benevolence)'은 사람 사이의 건강한 관계의 시작으로 이웃의 불행을 안타깝게 여기고 베풀려는 마음의 덕으로 측은지심(惻隱之心)의 원천이다. 사람으로서 마땅히 지켜야 할 도리인 '의(義, righteousness)'는 올바른 행동을 선호하고 그릇된 행위를 미워하는 힘으로 비인간적 행위를 부끄러워하고 분노하는 수오지심의 근원이다. '예(禮, propriety)'는 사람이 지켜야 할 규범과 의식으로 사양하고 양보하고 싶어 하는 사양지심(辭讓之心)의 근원이다. '지(智, wisdom)'는 세상 이치를 밝혀 사물을 올바르게 판별하도록 이끄는 지혜다. 옳고 그른 것을 구분하는 시비지심의 바탕이다. 공자는 '어짊(仁)'을 강조하였지만 맹자는 '지혜(智)'를 더 중시하였다.

누구든지 위치에 따라 마땅히 해야만 할 일이 있는데 지위를 이용하여 사사로운 이익을 취하려 드는 인사가 큰 자리를 차지하면 사람 사는 도리의 원천이 되는 수오지심, 시비지심이 사라져 사회는 혼란에 빠진다. 너나할 것 없이 공동체 일원이라는 사실을 망각하고 사사로운 이익만을 추구하면 천민자본주의로 타락해 갈 수밖에 없다. 수오지심, 시비지심이 훼손된 사회에서는 유력인사들일수록 자신의 사적이해를 위해 편법과 변칙을 저지르고도 얼토당토하지 아니한 변명을 늘어놓아 혼란이 조성된다. 추종자들은 견강부회하며 유력자의 잘못을 덮어놓고 옹호하려 생떼를 쓰다보면 더불어 타락하기 쉽다. 그런 상황에서 보통사람들까지 무엇이 옳고 그른지를 몰라 방향을 잡지 못하게 되어 그 사회의 수용능력(absorptive capacity)이 취약해질 수밖에 없다.

수오지심이나 시비지심이 무너진 막장사회에서 '어미아비줄'이 없는 청년들은 이래저래 불이익을 당하기 마련이다. 쉬운 예로, 6·25동란 당시 병사들이 "나는 빽이 없어 전선에 배치되었다"며, 빽! 빽! 외치며 죽어갔다는 아픈 사실을 상기해 보자. 용들이 옳고 그름을 외면하며 억지 논리를 전개하다 보니 상당수 가붕개(가재, 붕어, 개구리)들의 판단력은 흐려질 수밖에 없다. 사회를 지탱하고 발전시키는 공동체의식이 망가져 미래를 기약하기 어려운 어두운 사회로 전락하게 된다. 만약 평등·공정·정의가 넘치는 사회가 된다면, '어미아비줄' 덕분에 남다른 혜택을 누리며 살아온 자식들이 부끄럼 없이 하늘을 우러를 수 있을까? 그 자식들이 정의감을 회복한다면 '어미아비 찬스'를 수치스럽게 여기고 후회하며 고개를 들지 못할 것이다. 본받아 할 예를 들어보자. 2018년 6월 프로야구 수원경기에서 강광희 주심은 6회말 대타로 타석에 선 아들 강진성 선수를 스스럼없이 삼진아웃 시켰다. 야구 전문가들은 "마지막 공은 바깥쪽으로 살짝 빠진 것처럼 보였지만 삼진을 선언하였다"고 한다. 부끄러운 응어리가 될 '어미아비 찬스'를 가차 없이 물리쳐야 한다는 교훈을 가르친 셈이다. 당당한 자세를 가져야 강하게 성장할 수 있다는 실전교육이었다. 세월이 갈수록 그 아들은 '무정한 아버지'를 더욱 자랑스러워 할 것이다.

말재주가 뛰어난 유력인사들이 혼자만의 이익을 위하여, 혼자만의 억지논리를 펼치면 무엇이 옳은지를 모르는 순진한 대중은 방향감각을 잃게 된다. 어느 사이에 레밍증후군에 빠져 스스로의 삶이 아닌 타인의 헛소리에 열광하며 박수를 치거나, 비분강개하며 울분을 토하는 어처구니없는 사태가 펼쳐진다. 집단본능 때문인지는 몰라도, 똑똑하다는 저명인사들조차 패거리의 잘못을 감추고 각색하려들다가 스스로 같은 부류의 인간이 되기 쉽다. 배고파서 김치찌개 빨리 먹으려고 새치기한 사건이 발생했을 때 내편이라면, 배고파서 그랬다며 도덕성 흠결에 방점을 찍으며 "뭣이 그리 잘못되었느냐?"고 반문하며 흐지부지하려 든다. 그러나 상대편이라면, 새치기가 사회질서를 파괴하였다고 강조하며 법규위반에 방점을 찍어 사정없이 몰아친다. 소시민들은 그 진흙탕 싸움을 보며 무엇이 옳고 그른 것을 구분하지 못하여 혼란스러워 한다.

상황에 따라 그때그때 다른 논리를 전개하는 원칙 없는 광경들이 나라를 무기력하게 만든다. 배고픈 것이 잘못되었는가? 아니면 새치기가 잘못되었는가? 조금만 멀리 보면, 새치기한 사실을 아무렇지도 않다는 듯이 억지 춘향으로 변명해 주는 궤변가들은 그 자신들 또한 새치기를 일삼고 있음을 고백하는 셈이다. 다시 말해, 기생충들의 비인간적 탈법 행위를 함부로 변명하고 편드는 일은 저 자신을 위해서도 삼가야 한다. 배운 것도 없고, 말재간도 없고, 패거리도 없어 말대꾸할 능력이 없는 무지렁이도 억지 논리에 승복하는 것이 아니라 무

엇인가 지저분하다는 느낌을 부지불식간에 쌓아간다는 사실을 잊지
말라.

　작게라도 악에 물들기 시작하면 어느새 크게 자라난 자신 속의 악
의 무게를 이겨내지 못하게 된다. 당장은 모르지만 악을 키워온 사람
들의 마지막 길은 말하지 않아도 뻔하다. "바늘도둑이 소도둑이 된다"
는 우리 속담처럼, 조그맣더라도 나쁜 짓을 시작하면, '죄악 불감증'
이 생겨나 어느새 잘잘못을 깨닫지 못하는 지경에 이른다. 자신의 모
습 그대로를 스스로 알아야 겸손할 수 있다. 섣부른 자기변명은 조금
만 넓게, 멀리 보면 결국 자신의 체면을 깎아내는 결과를 초래한다. 조
지훈 시인은 "특정 세력에 아첨하지 않고 자신의 입장에 얽매이지 않
고 사물의 옳은 것은 옳다 그른 것은 그르다함이 지혜이면서, 옳은 원
칙과 신념을 잃지 않는 지조(志操)"라고 하였다. 완벽할 수 없는 인간이
실수할 수도 있는데, 잘못을 인정하고 즉시 바로 잡아야 잃어버린 '자
신의 삶' 을 찾는 길이다. 잘못을 인정하지 않을수록 더 큰 잘못을 저지
르기 마련이다.

　개인이나 사회가 진창으로 빠져드는 경우는 대부분 공사간의 잘못
을 인정하지 못하고 그냥 밀고나가려는 아집에서 비롯된다. 특히 조직
과 사회에서 비리를 감춰주고 호도해 주는 것이 '의리 있고 도량이 넓
은 것' 처럼 착각하면 사회는 더 타락해간다. 남모르게 '마음의 빚' 을
졌다고 해서 오염된 인간에게 힘을 실어주면 조직과 사회를 멍들게 하
는 일이다. 그럴수록 그 무능한 인사들이 더 거들먹거리기에 조직과
사회는 '절망에 이르는 병' 을 앓게 된다. 패거리 억지논리가 아닌, 세

상 이치를 거슬리지 않고 옳고 그른 것을 가리고 부끄러움을 느끼는 사회라야만 건강한 미래를 내다볼 수 있다. 사회수용능력을 배양하여 변화를 수용하고 성장잠재력을 회복해 가는 길이다. 조금만 더 멀리 보면, 그리고 역지사지로 생각하면 꼬인 문제들이 죄다 풀린다. 너나 할 것 없이 우리 모두 수오지심과 시비지심을 회복하자.

눈 덮인 들판을 걸을 때에(踏雪野中去)
어지럽게 함부로 걷지 마라(不須胡亂行)
오늘 내가 남긴 발자취는(今日我行跡)
뒤따라오는 이들의 길잡이다(遂作後人程)

- 서산대사(?) / 백범일지에 전재

아마추어와 프로페셔널

개인은 무지개를 꿈꾸든 신기루를 탐구하든 이웃에게 피해를 끼치지만 않으면 괜찮다. 공인은 현실을 무시하고 덤비다가는 조직과 사회에 큰 비용을 치르게 만든다. 아마추어는 취미와 건강을 위해 즐기면서 뛰고 프로페셔널은 있는 힘을 다해 준비하다 관객을 위해 기량을 최대로 발휘해야 한다. 저만 옳다는 아마추어가 요직을 차지하면 독선(獨善)에 빠져 질서를 해친다. '약자에게 강한 자'가 힘을 거머쥐면 불완전논리로 독주(獨走)하다 조직을 망친다. 현실과 이상을 구분하지 못하면 독단(獨斷)에 빠져 사회적 비용을 크게 치러야 한다. 어설픈 지식을 가진 아마추어가 빠지기 쉬운 독선·독단·독주는 확증편향 증상이 커다란 원인으로 옳고 그름을 분간하지 못하게 만들어 조직과 사회를 흐트러뜨려 비틀거리게 만든다.

아마추어(애호가)와 프로페셔널(직업인)의 자세는 어떻게 다른가? 아마추어는 자신의 취미나 즐거움을 위해서 뛰지만, 프로는 관객에 의해 선택된 만큼 관객을 위해 기량을 닦고 관객 앞에서 펼쳐야 한다. 관중을 무시하거나 관중이 외면하는 프로페셔널 선수는 존재 가치가 없으므로 경기장에서 퇴출되어야 마땅하다. 한때, '소득주도성장'에 진력하던 전직 고관이 자신은 이상주의자라며 "나는 계속해서 철없이 무지개를 좇는 소년으로 살고 싶다"고 외쳤다. 만약 개인의 입장이라면 그 여유로운 자세가 부러워할 장면이다. 반대로 책임 있는 자리에 있는 인사가 사인과 공인의 차이, 아마추어의 취미 생활과 프로페셔널의 직업정신을 혼동하고 있다면 그 폐해는 상상하기 어렵게 번져나간다.

방탄소년단(BTS)의 그칠 줄 모르는 인기비결은 '꿈속이 아닌 실제 상황을 가사로 만들어 팬들에게 다가가는 진정어린 소통'이라 한다. 프로는 무엇보다 가장 먼저 관중이 원하는 바를 염두에 두어야 비로소 프로페셔널 정신을 가졌다고 할 수 있다. 어느 프로야구 감독은 한 경기에 투수 열댓 명을 교체해 가며 밤이 깊도록 승부에 집착하다 관중까지 피로하게 만들었다. 그는 관중이 자신을 위해 존재한다고 착각하고 진정한 프로의 자세를 구겨버린 셈이다. 바둑애호가들도 승산 없는 게임을 물고 늘어지기보다 순리에 따라 두다가 돌 거둘 때를 아는 품격 있는 프로기사를 응원한다. 무릇 프로페셔널이라면 일을 추진함에 있어서 '관중의 입장'에서 비용과 편익을 생각하고 기회비용을 따져 봐야 한다. 경기가 펼쳐지는 그 시간에 관중들이 다른 활동을 포기하고 자신들의 경기를 관람할 가치가 있을까를 가늠해 봐야 한다.

프로 행세를 하려는 아마추어들이 빠지기 쉬운 함정이 바로 구성의 오류(fallacy of composition)다. 예컨대, 초겨울 이상기온으로 진달래 한 가지에 어쩌다 꽃이 피었다고 해서 '봄이 왔다'고 떠들며 자신만만하다가는 겨우살이를 준비하지 못하고 추위에 떨어야 한다. 큰일을 맡을수록 부분적으로 그릇될지라도 전체적으로는 옳은 일을 하여야 한다. 사인이 아닌 공인이 현실을 있는 그대로 받아들이지 않고 자기 뜻대로 통계를 덧칠하려 한다면 그 사회는 잘잘못을 가리기 어렵게 된다. 관중을 최우선하는 프로페셔널 본연의 자세를 지키지 않으면 사회는 어지러워지고 파란이 인다. 관객은 승부에 박수를 보내지만 한순간에 그치고 중장기에는 '페어플레이어'에게 더 깊은 애정을 갖는 까닭은 무엇일까?

아마추어 자세로 프로 행각을 벌이다가 일을 그르치는 경우가 허다했다. 소득주도성장이 '선한 동기'에서 비롯되고 이상향으로 가는 길일지도 모른다. 프로페셔널 정신을 가졌다면, 이상과 현실의 괴리로 말미암은 부작용이 효과보다 더 클 수 있다는 시나리오도 미리 검토해 봤어야 했다. 더구나 잠재성장률 하강 추세를 간파하고 있었다면 수많은 소시민, 소상공인을 어렵게 할지도 모를 시뮬레이션을 미리해 봤어야 했다. 무조건 잘 될 것이라 말로하지 말고, 불확실성에 따른 시행착오를 사전에 대비하여야 '전문가 정신'을 가졌다 할 수 있다. 지식기반 경제에서 수많은 낮과 밤을 일과 씨름하다가 한꺼번에 며칠을 놀기도 해야 상상력을 발휘하고 경쟁력을 확보할 수 있다. 미래사회는 단순 노동이 아니라 지식 노동이 주류가 되는데, 틀에 박힌 주 52시간 근무는 다른 효과는 몰라도 창의적 생산 능력을 떨어트리는 역효과를 낼 것임은 오래 생각하지 않아도 알 수 있다. 근로의 질보다 근로 시간에 매달리는 것은 인공지능에 기초한 기계가 단순노동을 대부분 대체할 시대가 성큼 다가 왔다는 사실을 간과하는 자세다.

진정한 프로가 되려면 조직과 사회에 대한 책임의식부터 배양하는 자세가 요구된다. 아마추어는 잘못 되더라도 저 혼자 잘못되지만 프로는 조직과 사회를 어지럽히기 때문이다. 적어도 공공의 일을 할 때는 여러가지 중장기 파급효과를 동시에 생각해 보는 습관을 가져야겠다. 전문가의 의견을 귀담아 듣고 심사숙고 하여야 일을 그르치지 않는다. 공인이 프로페셔널 정신을 망각하면 세상은 뒤엉키고 만다. 만약, 학생들이 자신을 위해서 있다고 오판하는 사이비 선생에게서 무엇을 배울 수 있겠는가? 환자가 의사를 위해서 존재한다고 착각하는 돌팔이는 병을 고치기는커녕 오히려 악화시키려 들지 모른다. 신도들이 자신을 위해 존재해야 한다는 거짓 선지자는 거짓복음으로 농락하여 낙원이 아닌 지옥으로 이끈다. 세상이 자신을 위해서 존재한다는 망상에 젖은 혼암한 임금님이 결국에는 자신도 망치고 나라도 망치는 사례는 동서고금을 막론하고 반복된 역사의 교훈이다.

옳은 것을 옳다하고, 그른 것을 그르다함이 지혜고(是是非非謂之智)
그른 것을 옳다하고, 옳은 것을 그르다 함은 우매요(非是是非謂之愚)

- '修身篇' 중에서 / 순자(荀子)

축복인가? 재앙인가?

생산성 향상은 한편으로 인류의 삶을 풍요롭게 하면서 다른 한편으로 일자리를 점점 줄어들게 하여 상당수 가계를 오히려 빈곤에 빠져들게 하고 있다. 잉여공급, 잉여인력 문제는 먹이사슬을 약하게 만들어 가난한 사람들만의 문제가 아니라 부자들까지, 인류 전체의 당면 과제로 대두되고 있다. 과잉공급 능력과 반대로 소비수요기반 취약으로 남아돌아가는 상품들과 방황하는 잉여인력이 대조를 이루고 있다. 생산성향상과 반대로 가계 빈곤은 전 세계가 당면하고 있는 축복이며 동시에 재앙이다. 축복은 극대화하고 재앙은 극소화할 때 인류의 미래는 보다 밝아질 수 있다. 전 인류가 함께 머리를 맞대고 풀어야 할 공통 과제인데, 각국이 신 중상주의 물결에 휩쓸려 제 갈 길만 가려고 하니 상당기간 문제는 더 꼬여만 갈 것으로 판단된다.

어릴 때 신문인가 잡지에서 당시로서 이해하기 어려운 광경을 본 기억이 있다. 미국에서 농업기계화로 생산성이 크게 향상되어 잉여농산물 때문에 골머리를 앓게 되자 밀인지 쌀인지 산더미처럼 쌓아 놓고 불태우는 장면이었다. 당시 우리나라는 먹을 것이 떨어진 절량농가, 기아문제로 고통 받고 있었다. 식구는 많고 할 일은 없다 보니 좁은 땅뙈기에 아버지와 아들 형제, 3부자 또는 5부자가 매달리니 오히려 수확체감현상이 일어날 정도였다. 겨울에는 처마 밑에서 햇볕을 쬐다가 꾸벅꾸벅 조는 '잉여인간' 군상이 넘쳐 났었다. 미국은 먹을거리가 넘쳐나는 잉여농산물 처리 문제로 시달리고, 우리는 일자리가 없어 기아로 시달리는 잉여인력 문제로 고민하고 있었다.

이와 같은 미스터리 아닌 미스터리는 오늘날 여러 곳에서 재현되고 있다. 우리를 우울하게 하는 가계 빈곤과 관련하여 생각해 보자. 생산성 향상으로 상품은 남아돌아가는데 많은 사람들이 빈곤상태에 있다. 저잣거리에 엄청나게 쌓여 있는 상품을 사서 써야 할 가계는 실업으로 시달리고 있다. 인력을 수입하여 인종 전시장으로 변해 가는 나라에서 실업률, 특히 청년 실업률은 기록적으로 높다. 경쟁에서 중도에 탈락한 중장년들은 막일거리도 찾지 못하여 방황하고 있다. 고소득 국가 근로자들이 저소득 국가의 근로자들과 임금 경쟁에서 어떻게 이기겠는가? 점잖 빼는 인사들은 멋모르고 "배가 부른 탓이다" "눈높이를 낮추라"고 훈계하지만, 국민소득 3만 달러가 되는 국가에서 2~3천 달러 국가 근로자와 같은 대우를 받으라는 속 터지는 이야기다. 일반 민초들의 삶의 수준을 저소득 국가로 퇴보해도 괜찮다는 말인가? 게다가 외국인 근로자들이 번 돈을 거의 다 자국으로 송금하니 저임금으로 수출경쟁력을 높이자는 근시안 정책이 내수를 악화시키는 결과를 초래하였다. 경기를 부추기겠다고 '절약의 역설'을 내세우며 카드사용을 마구잡이로 권장하여 가계부채를 늘린 것처럼 가계를 더욱 빈곤하게 만드는 역효과를 초래하였다.

생산이 소비를 웃도는 과잉공급 현상과 동시에 사람들이 직업을 찾지 못하여 방황하는 잉여인력 현상은 과거보다 더 적은 인력으로 더 많은 상품을 생산할 수 있는 축복에서 비롯된 재앙이다. 아직도 산업화가 진행되지 않는 지역이 많은 중국이 전 세계 공산품 수요의 약 3배가량을 생산할 수 있음을 생각해 보자. 과거에는 조직이나 사회에서 약 20%가 생산 활동에 활발히 참가하여 나머지 80%를 먹여 살린다는 20대 80 논리가 펼쳐졌으나 지금은 1% 미만이 99% 이상의 일을 해내는 상황으로 변해가고 있다. 부가가치 생산에서 인간의 비중은 점점 줄어들어 언젠가는 0.01%가 99.99%의 소득을 거머쥐는 대재앙이 올지도 모르겠다. 경제력 집중 현상은 어느 나라를 막론하고 갈수록 심해질 불가항력이 되고 있다. 1차 산업혁명 시기의 기계화는 인간의 노동을 대신하는 동력혁명으로 생산성을 높여 평균 생활수준을 높였다. 가속화되고 있는 디지털화로, 모든 분야에서 인간의 단순 노동력을 대체할 로봇의 등장은 이제 초읽기 문제가 되었다. 막대한 재정을 투입하면서 일자리 창출에 힘을 다하여도 일다운 일자리가 늘어나지 않는 까닭이다. 생산 없는 일자리를 계속 만들다가는 감당하기 어려운 재정적자로 말미암아 또 다른 불확실성이 기다리고 있다.

어김없는 사실은 잉여인력이 늘어나면 반사적으로 소비수요가 줄어들 수밖에 없다는 점이다. 부자가 소비를 많이 하더라도 다른 사람의 백 배, 천 배를 소비할 수 없기에 생산, 소비, 투자의 불균형으로 경제순환이 원활하게 이뤄지지 못하고 딜레마에 빠지기 마련이다. 전 세계 시장통합으로 1등만이 살아남는 세계에서, 소수에게 경제력 집중현상이 심화되어 소비수요기반은 위축되어 갈 수밖에 없다. 아무리 힘센 공룡도 먹이 사슬이 끊어지면 생존이 불가능해지기에 경제력 집중은 중장기에 있어서 부자들에게까지 피해를 입힌다. 외국의 거부들이 거액의 세금을 물겠다며 상속세 폐지를 한사코 반대한 까닭은 무엇인가? 그들 후손에게 닥쳐 올 중장기 문제를 멀리 생각하는 까닭이다.

생산성향상은 인류의 축복이지만 모든 것을 약육강식 논리에만 맡겨두다가는 재앙의 원인이 될 수도 있다. 그렇다고 시장에 개입하여 가격기능을 마음대로 구부리려다는 더 큰 저주가 일어날 수 있다. 공정무역, 공유경제 같은 대안이 나오고 있지만 세계를 하나로 묶은 통합경제 차원에서 해결하여야 할 요원한 문제다. 과잉공급, 잉여인력문제는 부자 또는 가난한 사람들만의 문제가 아니라 대기오염, 변종 바이러스, 핵무기 문제처럼 전 세계가 머리를 맞대고 원대한 시각으로 해결해야 할 인류의 공통과제다. 자선기능을 인위적으로 활성화시키는 방안은 가슴을 저미는 듯한 '위안부 할머님' 사태를 볼 때 진정한 정의감이 살아나야 비로소 가능한 일이다.

온고지신이 공존공영

사람 살아가는 세상에서 온고(溫故)는 변할 수 없는 전통적 가치를 옹호하고 보전하려는 다짐이고, 지신(知新)은 새로운 가치를 모색하여 변화와 발전을 이루려는 자세다. 지킬 가치가 있는 것을 지켜야지 아무것이나 움켜쥐려다가는 퇴영의 길을 가야 한다. 변화를 모색할 때는 과거나 현재보다 나아진 길이어야 하는데, 무턱대고 새 길로 가자고 하다가는 혼란만 초래된다. 경제 성장과 발전 또한 온고지신의 자세로 전통적 가치를 지켜가면서 미래지향 가치를 추구해야 기대효과를 높일 수 있다. 온고지신의 자세로 지키고 발전시켜야 사람들의 삶을 정신적으로나 물질적으로나 점점 풍요롭게 할 수 있다. 재화의 양적 공급을 확대시키는 성장과 생활수준을 질적으로 향상시키는 발전이 조화와 균형을 이루어야 보다 많은 사람들의 삶을 풍요롭게 하는 공존공영을 이룩할 수 있다.

"옛것을 익히고, 새것을 알면 스승이 될 수 있다(溫故而知新, 可以爲師矣; 논어. 爲政 11)"는 구절은 보수와 진보가 불가분의 보완관계에 있어 따로 떼어 생각할 수 없음을 한마디로 갈파한다. 배운 것을 새기고, 새롭게 터득해 가면 그 배움과 응용이 깊어지고 넓어진다. 여기서 고(故)는 이미 배워 간직하고 있는 것이요, 신(新)은 지금부터 새롭게 터득하는 것으로 풀이된다.

'인류 역사상 가장 빛나는 세기였다' 고 평가되는 르네상스는 온고지신 자세로 보수와 진보를 조화시켜 이 땅에서 '인간다운 인간' 의 부활을 이끌었다고 평가된다. 당시 인문학자들은 '그리스 로마 시대에 인류가 최고의 문화를 달성했다가 점차 침체되고 부패하여 중세 암흑 사회에 이르렀다' 고 판단했다. 종전과 달리 역사를 종교적 연속선상이 아닌 사회·문화 발전단계로 보고 '온고지신' 의 자세로 고대 그리스 로마의 유산을 재발견하고 새롭게 부흥시키려 했다. 단테(A. Dante)는 신곡(神曲)을 쓰면서 신보다는 감정의 기복을 가진 인간의 시각으로 이야기를 전개하였고, 페트라르카(F. Petrarca)는 고전을 일반대중도 쉽게 접근할 수 있도록 사람들이 알기 쉬운 속어로 정리했다. 옛것을 가다듬고 새로운 것을 찾아내려는 태도는 이후의 예술, 과학, 경제 같은 여러 분야에 큰 영향을 미쳐 빛나는 문예부흥(文藝復興) 시대를 이끌었다. 보수와 진보는 함께 살아야 하는 사회를 지키고 발전시킨다는 점에서 대립되지 않는다.

어리석은 인간들이 권력투쟁에 집착하여 트집만 잡고 늘어지면 어떻게 되겠는가? 역성혁명을 치른 나라에서 유교정신을 빌미로 그칠 날이 없었던 골육상쟁은 온고지신과 정면으로 배치되는 행위였다. 탐욕과 정쟁에 찌들어 하찮은 사건을 제멋대로 부풀려 해석하며 목숨을 건 싸움판이었다. 4대 사화는 물론 기사환국, 갑술옥사, 경신대출척 같은 옥사는 지키는 것도 나아가는 것도 없는 이전투구였다. 구한말 수구파는 나라의 명줄은 생각하지 않고 가렴주구에만 눈이 멀어 있었다. 오히려 나라의 전통을 지키려 했던 우국지사, 독립군들은 당시 기득권과는 멀리 떨어진 민초들이 대부분이었다. 가늘어져 가는 나라의 명줄을 지키려고 헌신했던 이들이 바로 진정한 보수주의자가 아닌가? 백범일지를 보면 그가 나라의 전통을 지키려 온 힘을 기울인 정통 보수주의자임을 가슴으로 느낄 수 있다. 이에 반하여 신문물을 받아들여야 나라가 깨우칠 수 있다며, 침략의 야욕을 불태우는 외세에 기대어 한탕하려던 개화파 인사들은 어찌 되었는가? 초심이야 어땠는지 모르지만 결국에는 나라의 흥망은 아랑곳하지 않고 일신의 안위와 영달만 꾀하다가 만신창이 매국노로 변하였다. 보수와 진보의 참뜻은 외면하고 시류에 따라 이해관계에 따라 그때그때 탈바꿈을 거듭한 무항배(無恒輩)들이 어찌 이들뿐이겠는가? 나라 살림살이 걱정을 외면하거나 소중한 인권을 하찮게 여긴다면 겉치레에 불과한 가짜 진보나 사이비 보수가 될 뿐이다.

보수의 탈과 진보의 가면을 쓰고 무엇이든 "네 탓이다"라며 사람들 사이에 갈등을 조성하고 적개심을 부추겨 네 편과 내편으로 갈라놓으려고 광분한다. 솔직하게 말하면 타락한 보수도 무섭고 위선이 넘치는 거짓 진보도 겁난다. 묵은 때와 먼지를 털어낼 생각을 하지 않고 이대로 가자고 하면서 사람 살아가는 기본 도리를 외면하거나 새롭게 가자는 길이 가치관을 붕괴시키는 구호만 외치며 제 밑도 닦지 않는

데, 어찌 나라의 미래를 기약하겠는가? 기회주의자들이 보수의 가면을 쓰고 또 막가파들이 진보의 탈을 쓰고 사람들을 우롱하는 행태가 자행되고 있다. '이대로' 가자고 하면서 제 이익에만 집착하면 억지 수구세력으로 전락한다. 새롭게 가자는 길이 사람들을 더 피곤하게 하고 인간의 존엄성을 해친다면 타락한 가짜 진보가 된다. 이 같은 진흙탕 싸움이 그대로 이어져 진영논리를 빙자하여 죄 없는 사람들을 부추겨 서로 반목하고 질시하게 만들고 있다. 보수와 진보의 일방통행 문답을 보면 누가 보수주의 관점을 가졌는지, 누가 진보주의 시각을 가졌는지 혼란스럽다. 정말 안타까운 일은 이상은 없고 환상에 빠진 거짓 진보와 그저 약삭빠르기만 한 가짜 보수의 다툼을 따라 사람들이 엉뚱하게 편을 갈라선다는 점이다. 쓸데없이 적대 감정을 가지며, 까닭 없이 미워하다 보니 나라의 역동성을 무뎌지게 하며 성장잠재력을 갉아먹고 있다.

인간의 삶을 풍요롭게 하는 성장과 발전을 지속하려면 견제와 균형이 절대 필요하다. 막무가내 한쪽으로만 노를 젓다가는 배가 앞으로 나가지 못하고 제자리에서 맴돌다가 심하면 엎어진다. 양쪽에서 노를 저어가며 지킬 것은 지키고 나아갈 것은 나아가야 더 큰 것을 이룩할 수 있다. 어느 쪽이든 저만 옳다고 하다가는 결국에는 공멸의 길이 있을 뿐이다. 보수고 진보를 떠나 사람 사는 세상을 풍요롭고 건강하게 하려면 먼저 제 자신부터 기본 도리를 지켜야 한다. 이론과 실천이 분열되어 말과 행동이 다르다면 보수도 아니고 진보도 아닌 막가파 협잡꾼이다. 진보와 보수는 누가 이기거나 지는 것이 아니라 공존공영(共存

共榮)할 때 비로소 빛이 반짝인다.

튼튼한 보수와 건강한 진보의 조화와 협력은 인간사회를 보다 건강하고 성숙하게 발전시켜 나가는 필요조건이다. 지킬 것은 지키고 나아갈 것은 나아가야 더 큰 것을 이룩할 수 있다. 어느 사회에서나 보수와 진보는 견제와 균형을 위한 필요조건으로 따로 떼어 생각할 수 없다. 거부할 수 없는 현실을 바탕으로 보다 나은 미래를 향해 나가려면, 옛것을 바로 익히고 새것을 제대로 배우려는 자세부터 갖춰야 한다. 개인도 조직과 사회도 더 큰 성장과 더 조화로운 발전을 기대할 수 있다.

오랜 세월이 흐른 다음 어디에선가
나는 한숨지으며 말할 것이다
숲속에 두 갈래 길이 있었는데
나는 사람들이 적게 간 길을 택했다고
그리고 그것이 내 모두를 바꿔 놓았다고

— '가지 않은 길' 중에서 / R. Frost

양반과 상민 사이에서

조선시대는 양반이나 그
수족 마름이 되면 일은 하지 않고 가만히 앉아 이것저것 누리기만
하는 세상이 되어, 누구나 양반이 되려고 기를 썼다. 급기야 매관매
직이 성행하고 이름을 적지 않는 벼슬자리인 공명첩(空名帖)까지 사
고 파는 행각이 벌어지면서 양반 수가 급격히 늘어났다. 일하지 않
고 사는 계층이 늘어날수록 일만 해야 하는 양민들의 고통은 점점
커져 갈 수밖에 없다. 구한말 조선에서 이탈리아 외교관으로 근무
했던 카를로 로제타는 "조선 양반사회의 중요한 특성은 어떠한 일
도 하기 싫어하는 것"이라 하였다. "이들을 직간접적으로 부양해야
하는 죄 없는 양민들에게 가짜양반은 그저 머리 위에 올려놓은 무
거운 돌덩이가 될 수밖에 없다"고 적고 있다(' 양반의 한평생', 허인욱).

단원의 그림 '벼 타작'을 보면 벌거벗다시피 한 상민과 노비들이 벼를 타작하는 옆에 비스듬히 누워 입에 장죽을 문 마름의 모습이 보인다. 조선중기 이후 고달픈 백성들의 삶을 더욱 괴롭힌 것은 군역(軍役)의 폐단이었다. 초기에는 사대부 양반들도 군역의무가 있었으나 중종반정(中宗反正) 이후에는 쿠데타 세력을 달래려고, 군적수포제(軍籍收布制)가 실시되면서 양반들의 군역의무는 없어지는 대신에 상민들의 의무는 그만큼 불어났다. 나라에 군포를 바치고 의무를 다하면 상놈으로 천대받고, 나라에 대한 최소한의 의무까지 저버리면 양반으로 뻐기는 변고가 벌어졌다. 이처럼 가치관의 전도현상이 벌어지는 사회가 온전하게 지탱할 리 없다.

'자유당시절' 밀수와 외화부족으로 허덕이던 때, '양담배 몰아내기 전 국민 궐기대회'가 서울운동장에서 열렸다. 지금은 동대문 역사공간이라고 불리는 곳에서 각계 우두머리들이 제각기 애국심을 호소하고 열변을 토하였다. 그런데 해방 전부터 소문난 거부였고 해방 후 총리까지 오른 가짜양반이 단상에 앉아서 버젓이 양담배를 피는 장면을 보고 기자가 물었다. "국민들에게 양담배를 배척하라고 독려하는 자리에서 어떻게 양담배를 피우십니까?" 그 높다는 인사는 태연히 "이 사람아, 나 혼자서야 어때?"라고 대답하였다. 지도층이 그 모양새니 나라가 어찌 제대로 돌아가겠는가? 그 얼마 후에 세계 역사상 그 유례가 드물다는 '무혈혁명' 4.19 혁명이 일어났다.

고위직에 올랐던 어떤 의문한 인사는 "머리 좋은 수재들이 보통사람들 같이 군복무를 하느니 그 시간에 나라를 위해 다른 일을 하는 것이 개인이나 사회를 위해 바람직하다"고 했다. 자신의 '병역기피' 행위를 정당화시키는 것인지? 아니면 머리가 좋다고 우쭐거리는 것인지? 그 속내는 잘 모르겠다. 두렵기도 하고 우스꽝스럽기도 하다는 뜻의 가공가소(可恐可笑)는 바로 이를 두고 하는 말이다. 하여간 어느 나라에서도 왕자나 대통령 아들, 총사령관 자식이 참전하는 까닭이 그들의 머리가 나쁘기 때문이라는 설명은 없었다.

쪽방에서 엉덩이가 해지도록 공부를 해도 어려운 관문을 '어미아비줄'이 있으면 그럭저럭 통과하는 광경을 보면, 그 옛날 양민들을 못살게 굴었던 양반제도가 '가재와 용' 문화로 변형되었음을 짐작할 수 있다. 더군다나 줄을 잘 잡기만하면 아무런 능력검증 없이도 순식간에 저 높은 자리로 발탁되는 인사들이 어디 한둘인가? 연고자에게 혜택을 주기 위해 인재발탁이라는 미명아래 엉뚱한 사람을 끌어올려 요직에 앉히게 되면 불이익을 당한 사람만의 억울한 문제로 끝나지 않는다. 이를 바라보는 조직원들의 의식구조가 흐리멍덩해져 위기관리능력은 구멍이 뚫리고 질서는 흐트러지기 마련이다.

하여간 거머리랄까 버러지 같은 인사들이 요직을 차지하고 큰소리를 치는 일이 다반사였는데도 한국경제가 여지껏 지탱할 수 있었던 힘은 먹고살기 위하여 이것저것 가리지 않고 너나없이 열심히 일했기 때문이다. 이제는 경제 순환 과정이 복잡해져 '하면 된다' 는 시대는 지나갔다. 공동체 구성원들의 의식구조가 바르게 형성되어야 성장잠재력이 훼손되지 않는다. 정말 우려되는 일은 젊은이들이 '정직하게 살면 성공하기 어렵다' 는 생각까지 한다는 점이다. 그들이 많이 보아 온 것은 무엇인가? 돈과 출세를 위하여 이리저리 기웃거리다 넋이라도 팔아야 잘 살 수 있었던 모습은 아닌지? 그러니 자식들이 "우리 부모님은 한 점 부끄럼 없이 사셨다"고 자랑하는 모습이 사라지고 있다. 오히려 농간을 부리는 능력이 출중해서 개구리나 가재 같은 자식을 용으로 키워 내는 재주꾼임을 부끄러워하지 않고 스스로 자랑하고 다니는 기막힌 광경이 벌어지고 있다.

수치심을 모르는 사회에서 젊은이들에게 어찌 빛나는 내일을 약속할 수 있다는 말인가? 양반과 상민' 악습은 오늘날에도 이어져 내려와 '금수저와 흙수저' 또는 '가붕개와 용' 놀음으로 전해오고 있는 셈이다. 조선 후기 집권세력의 일원인 연암 박지원은 소설 '호질(虎叱)'에서 위선에 빠진 양반 '북곽 선생'을 분뇨구덩이에 빠뜨린 다음 호랑이를 시켜 겁을 줬다. 평소 유학자의 가식과 위엄은 어디로 가고 똥물을 뒤집어쓴 채 살려 달하고 애걸하는 비굴한 모습을 해학으로 묘사하였다. 약자 앞에서는 위엄을 부리다가도 강자 앞에서 그냥 머리를 처박고 굽실거리는 저열한 모습은 세월이 지나도 그냥 그 모습대로 반복되는 것 같다. 오늘날 우리사회를 만신창이로 몰아가고 있는 "똥 묻은 개가 겨 묻은 개를 나무란다"는 '내로남불' 광경은 새롭게 생겨난 풍습이 아니다. 오래전부터 전해 오는 사이비 지식인들의 악습이었다.

사회가 어지러울수록 각오를 다지며 열심히 살아야 개인도 잘 살고 결국 나라도 바로 설 수 있는 길이다. 일부 지도계층의 몰염치 행각이 시간이 흘러도 나아지기는커녕 점점 더 그악하게 이어지는 모습을 보건대, 각자도생 자세로 열심히 살아야 한다. 어디서나 모든 사실들을 여과 없이 얼버무리지 말고 모든 사실을 곧이곧대로 이야기해야만 잘못을 바로 잡고 오욕을 되풀이하지 않을 수 있다. 그래야만 젊은이들이 미래를 향하여 당당하게 나아가며 자부심을 세우는 토대가 된다. 돌아가는 것 같지만 오히려 지름길로 가는 길이다. 한 가지 분명한 사실은 가재는 저항력이 없어서인지 오염된 곳에서는 생존이 불가능하다. 오염되어도 살 수 있는 용이 아니라 오염되지 않은 가재를 보호하는 자세가 평등과 공정과 정의를 찾아가는 길이다.

예로부터 권력을 쥔 간신은 착한 이를 해치며(自古權奸害善良)

충성스런 인재가 나라에 봉사하지 못하게 한다(不容忠義立家邦)

마침내는 선과 악의 인과응보가 기다리니(善惡到頭終有報)

오로지 빨리 오느냐 늦으냐를 다툴 따름이다(只爭來早與來遲)

— 수호전(水滸傳) 제5권 119~120회 중에서

힘차게 호루라기를 불게 하자

조직과 사회가 투명해지
기 위해서는 내부 사정을 잘 알고 잘못을 용기 있게 지적하는 '호루
라기 부는 사람(whistle blower)' 즉, 내부고발자를 보호하는 장치가
필요하다. 비리와 부정 같은 나쁜 소식을 조직이나 사회에 빨리 퍼
뜨리면 잘못을 예방하여 결과적으로 조직과 사회가 건강해지기 마
련이다. 지도자나 경영권자의 입장에서 보면, 내부고발자는 나중에
가래로도 막지 못할 것을 미리 호미로 막는 것과 같은 지렛대효과
를 낼 수 있다. 빌 게이츠도 조직을 경영하면서 무엇보다 강조한 사
항은 "나쁜 소식은 빨리 퍼트려라(Bad news must travel fast!)"였다. 잘
못을 저지르고 이를 감추기보다 가감 없이 공개하여야 실책을 바로
잡고 미리 예방할 수 있다는 이야기다. 불의를 간과하지 않고 당당
하게 지적하는 내부고발자를 보호하는 조직과 사회에 밝은 미래가
있다.

미국 에너지기업 엔론(Enron)은 포춘(Fortune)지에 의하여 1996년부터 6년 연속 가장 혁신적 기업으로 선정되었으며, 비즈니스위크지에 의하여 올해의 에너지 기업으로 뽑히기도 하였다. 그 속을 들여다보면 관계회사와 허위, 내부거래를 통하여 장부상의 이익을 부풀리면서 CEO는 자기주식을 내다 파는 파렴치한 일들이 자행되었다. 화려한 겉모습과 달리 이면에는 악취가 진동하고 있었다. 경제적 사대주의가 판치던 IMF사태 직후, 우리나라에서 거드름을 피던 아서 앤더슨도 엔론의 회계행위를 조언하다 같이 무너졌다. 만약 거짓과 부정을 바로 잡으려 호루라기를 힘차게 부는 내부고발자가 제때에 나타났다면 미국경제 파장이 그리 크지 않고 최고경영자가 종신징역형을 선고받는 일도 막았을 것이다. 미국에서는 이 사건 이후 내부고발자를 적극적으로 보호하고 장려하는 조치가 단행되었다.

복잡하면서도 변화의 속도가 빨라지는 조직과 사회에서는 비리의 수법도 갈수록 은밀해지고 법과 규정의 한계를 피해가는 방법도 교모하다. 그리고 비리를 발견한다 하더라도 혈연, 지연, 학연, 계파, 이념 같은 비선(secret line)으로 연결된 사회에서 이것저것 거치적거리는 것들이 많다. 특단의 용기가 없으면 과감하게 진실을 파헤치기 어렵다. 비리를 저지르는 행동대원, 즉 하수인들은 대부분 실력자의 신임을 받는 유능한 인재들이어서 같이 일하는 동료들도 비리의 존재를 짐작하기 어려울 수도 있다. 하물며 전문지식이 없는 외부 기관에서 이를 제대로 밝혀내기란 '소 뒷걸음치다가 쥐 잡는 꼴'이 될 수 있다. 외부 감사제도가 아무리 발달하여도 내부에서 같이 일을 하며 지켜보는 사람만큼 문제점을 똑바로 파악하지 못한다. 조직과 사회가 건강해지려면 바른 정신을 가진 용기 있는 사람들이 힘차게 '호루라기를 불어야 하고 사회는 그를 포상하고 보호해야 하는 까닭이다.

끼리끼리 편을 가르며 은밀하게 특별이익을 나눠 가지려는 오염된 조직이나 사회에서는 진실을 말하는 일이 오히려 배신행위로 낙인찍히기 쉽다. 사람들이 당당하게 진실을 밝히기를 두려워하는 분위기가 조성되면 어쩔 수 없이 유언비어가 떠도는 것이 정해진 이치다. 이런 분위기에서는 이름을 내걸고 잘잘못을 바로 잡으려는 공동체 정신은 실종되고 어둠 속에 숨어서 누군가를 음해하는 투서가 난무하기 마련이다. 그 사회의 성장잠재력은 저하되기 마련이다. 한때 사정기관에 근무하였던 어떤 인사는 우리나라를 '투서공화국'이라고 부르며 안타까워하는 모습을 본 적이 있다. 양심에 따라 결단을 내리고 진실을 말하려는 사람을 보호하고 격려하기보다는 오히려 밀고자라는 멍에를 씌워 수렁에 빠트리는 분위기 때문에 남모르게 자행되는 무기명 투서가 번져간다는 이야기다. 남이 보이지 않게 누군가를 음해하는 짓거리는 선량한 사람 뒤통수에다 구정물을 끼얹는 행위로 '찌라시 정보' 생산의 원인이 되기도 한다.

'내부고발자'를 국가 차원에서 보호하는 일은 한국경제가 높이 비상하기 위한 필요조건이다. 더 나아가 '공직자 또는 공개기업' 종사자가 직무 수행과정에서 비리를 알고도 모르는 척 눈감고 있는 것도 사실상 범죄행위로 규정하고 처벌하는 인식의 전환이 필요하다. 내부고발자 보호는 어둠속에서 정체를 밝히지 않고 남을 음해하는 투서의 남발을 막는 효과도 기대할 수 있다. 더 밝은 한국경제 미래를 위하여 용기 있는 사람을 손가락질하기보다 적극 보호하는 환경을 조성하는 일이 절실하게 요청되고 있다. 그동안 내부고발자를 보호하자는 논의가 수차례 있었지만, 흐지부지된 까닭은 무엇인가? 선진국으로 가는 '필요조건'임에 어떠한 이견을 달 수 없는데도 잘 되지 않는 까닭은 무엇인가? 무엇인가 떳떳치 못한 인사들이 많다는 뜻인가? 밝은 사회, 경쟁력 있는 사회가 되려면 아직 멀었다는 신호가 아닐까? 음해하는 악의적 투서는 엄벌하는 동시에 호루라기를 힘차게 불 수 있는 분위기를 조성해야 경제적, 사회적 선진국으로 도약할 수 있다.

거룩한 백성이 되려면, "너희는 마음속으로 형제를 미워해서는 안 된다. 동족의 잘못을 서슴없이 꾸짖어야 한다. 그래야 너희가 그 사람 때문에 죄를 짊어지지 않는다(레위기, 19장 17)"고 하였다. 사실을 사실대로 이야기하는 것은 정직하고 용기 있는 시민만이 할 수 있는 행동이지 아무나 할 수 있는 일은 아니다. 이웃이 잘못하였을 때 속으로 욕하지 말고, 잘못한 점을 지적하여 바로잡도록 할 의무가 공동체 구성원들에게 있다는 의미다.

눈 맞아 휘어진 대를 뉘라서 굽다턴고
굽을 절(게)이면 눈 속에 푸를소냐
아마도 세한고절은 너 뿐인가 하노라

– 눈 맞아 휘어진 대를 / 원천석

의사소통이 경쟁력 원천

변화 속도가 빨라 어느 방
향으로 전개될지 모르는 위험과 불확실성에 대응하려면 구성원들
의 격의 없는 의사소통이 절체절명의 필요조건이다. 다양한 의견들
을 수렴하여야 창의적 대책을 이끌어내고 가치 있는 선택을 할 수
있다. 개인과 기업은 물론 국가도 과거로 퇴보하거나 현재에 머무
르지 않고 미래를 향해 나가려면 너도나도 생각의 날개를 넓게 멀
리 펼쳐야 한다. '보고 싶은 것만 보고 듣고 싶은 것만 듣겠다' 는
자세로는 새로운 의견, 다양한 대책도 무용지물이 되어 묻혀 버린
다. 고정관념, 선입견, 편견에 사로잡히면 새로운 의견을 받아들이
지 못해 변화와 발전을 지속하지 못한다. 편향된 의견에 매몰되면
시행착오 예방이나 미래비전을 세우지 못하고 변화의 물결을 거스
르다 도태될 위험이 항시 도사린다.

인류는 언어, 봉화, 인쇄술, 라디오, 전화기 같은 의견교환 수단을 끊임없이 개발하고 발전시켜 왔다. 훈민정음 창제도 백성들의 의사소통을 쉽게 해주려는 뜻이었다. 인터넷, 페이스북 같은 대량매체 발달로 실시간 양방향 의사소통이 가능해졌다. 정보교환 수단은 눈부시게 발달하고 있는데도 우리 사회에는 고정관념(固定觀念, stereotype)에 빠져 소통부재로 말미암은 딜레마가 어른거리고 있다. 고정관념이란 틀 속에 가둔 생각을 으레 당연한 것처럼 착각하고 변하지 못하는 의식 구조다. 고정관념은 대개 이성보다는 감정이 바탕을 이루고 있어 근거 없는 편견이나 선입견처럼 올바른 판단과 행동을 방해한다. 선입견과 편견에 치우치면 외부로부터의 정보지각 능력이 떨어지고 정보의 가치를 판단하는 능력도 저하된다. 세상의 변화를 모르고 저만 옳다는 옹고집이 되어 주변을 피곤하게 하다가 자신도 망가지고 사회에도 피해를 끼친다. 바늘구멍으로 세상을 내다보면서 대립을 일삼으며 주도권을 쟁탈해 봤자 피로감만 쌓이다가 더불어 도태되기 쉽다.

의사소통을 의미하는 커뮤니케이션(communication)은 일방적 의사소통이 아니라 서로 나누고 참여하며 다른 의견을 교환한다는 뜻이다. 서로 다른 의견을 조정과정을 거쳐야 하는데, 힘의 대결로 치달으면 대화의 장이 벌어지기는 해도 대부분 형식절차나 단순한 치장에 그치는 경우가 많다. 얼토당토않은 논리를 억지로 꿰맞추는 견강부회(牽强附會), 엉뚱한 데서 원인을 찾는 연목구어(緣木求魚) 논쟁으로는 해결방안이 아니라 갈등과 대립만 생긴다. 나와 내편의 의견은 옳고 너와 네편의 생각은 틀리다는 자세를 가지다 보면 같음과 다름의 차이, 선함과 추함의 차이 그리고 옳음과 틀림의 차이를 혼동하여 앞을 내다볼 수 없다. 저마다의 생각이 다르고 또 달라야 가치 있는 생각들을 융합하여 성장과 발전을 도모할 수 있다. 자신들의 주의주장만이 옳다는 가정아래 그럴듯한 상황 논리를 그때그때 만들어 말을 바꾸면 거짓신념에 포위되기 쉽다. 모든 사람들이 다 같은 생각을 가져야 한다는 논리는 군국주의, 파시스트 같은 전체주의 사회에서나 가능한 일이다. 의사결정이 일사분란한 사회의 경쟁력이 추락할 수밖에 없다는 사실은 1980년 후반 그라스노트, 페레스트로이카로 구소련이 붕괴되면서 입증되었다.

다각도로 생각하며 변화를 모색하려는 자세가 창의력의 원천이다. 빠르게 변화하는 외부정세에 대응하려면 다양한 시각을 가지고 선택의 폭을 넓혀야 한다. '필수다양성 법칙(law of requisite variety)'은 사고의 다양성을 가져야 다양한 변화에 적응하고 극복할 수 있다는 논리다. 쇄국으로 변화의 물결을 거스른 데다, 왕권강화에 집착한 대원군은 백성들의 살림살이가 튼튼해야 왕권도 강화된다는 이치를 외면했다. 백성들의 삶은 아랑곳하지 않고 경복궁 중건에 국력을 탕진한데다가 당오전, 당백전을 강제 통용시켜 물가폭등으로 민생을 도탄에 빠뜨려 왕권은 유명무실하게 되었다. 언제, 어떻게 밀어닥칠지 모르는 위험과 불확실성을 극복하려면 편견과 고정관념에서 벗어나 옳고 그름을 혼동하지 않도록 하는 환경이 조성되어야 한다. 자유롭고 허심탄회한 의사소통이 경쟁력의 원천인 창의력을 북돋우는 길이다.

토론회, 공청회를 보면 여러 가지 의견을 수렴하려기보다 미리 결론을 내놓고 지지를 이끌어 내거나 반대의견을 무마하려는 형식 무대라는 인상이 든다. 무엇이 필요한가를 논의하는 것이 아니고, 과제를 정해 놓고 정당성을 부여하기 위한 논리를 개발하려는 모습이 보인다. 이른바 정해진 의견을 홍보하는 비생산적 토론회가 비일비재하다. 자기주장만 앞세우다 보니 이해를 높이기보다 반대로 의사소통을 가로막고 되레 감정의 응어리만 남기는 경우가 자주 있다. 서로 의견이 다르면 조정과 설득 과정을 거치지 않고 일방통행으로 밀어붙이고 만다. 올바른 의견을 제시하려다가는 양쪽에서 두루 욕을 먹다가 설자리가 없어지는 진풍경도 가끔 벌어진다.

원리, 원칙 없이 말재주에만 능한 인사들은 문제 인식이나 인간에 대한 애정이 없으니 시간과 장소에 따라 말을 바꾸며 문제의 본질을 흐려버린다. 무슨 일을 하든지 포장보다는 내용을 알차게 하는데 힘을 쏟아야 하는데, 실질효과보다 겉치레를 중시하는 모습이 지나치다. 말장난은 시나브로 사회에 불신풍토를 조성하는 계기가 된다. 중장기효과가 아닌 일시적으로 사람들의 시선을 끄는 연출에 집착하다 그리 된 것일까? 억지 논리로 자극적 언어를 나열하는 공염불이 반복되다 보면 처음에는 몰라도 부지불식간에 신뢰가 무너지게 되어 좋은 생각, 가치 있는 의견들까지 묻혀버린다. 실체는 없는 화려한 언어의 유희는 소통의 수단이 되기는커녕 오히려 불신의 씨앗으로 변하기 마련이다. 정보의 유통경로가 다양화되어 있는 사회에서 그 속내가 무엇인지 빤히 들여다보이기 때문이다.

미래사회의 부가가치 창출 원동력은 말할 것도 없이 창의력이다. 창의력의 바탕이 되는 상상력은 다양한 의견, 나와 다른 생각들을 수용하고 이를 존중하는 사고의 유연성에서 시작된다. 획기적 경제성장을 거듭했다는 우리나라가 제4차 산업혁명에서 뒤지고 있는 까닭은 사람들 사이를 가로막는 '불통시대'가 장기간 지속되고 있는 데서 그 원인을 찾을 수 있다. 의사불통은 적응능력을 떨어뜨려 새로운 사고와 새로운 기술에 대한 접근을 가로 막는다. 개인이나 기업이나 국가나 획일적 사고에 매몰되면 갈 길이 막막해지고 경쟁력을 유지하지 못한다. 코로나19가 어떻게 전개될지 모르지만, 한국경제가 다시 활력을 찾으려면 중지를 모으는 자세부터 정립되어야만 한다. 서로 다른 음색을 내는 악기들이 조화를 이루는 과정에서 아름다움을 창조한다. 개인이나 기업은 물론 국가의 경쟁력도 다양한 의견들을 결집하고 융합하여 생산적 방향으로 분출시키는데서 비롯되고 확산된다. 다양하게 전개될 미래를 상상하고 그려보며 각각의 견해들을 두루 견주어 봐야 한다.

검으면 희다 하고 희면 검다 하네
검거나 희거나 옳다할 이 전혀 없다
차라리 귀먹고 눈감아 듣도 보도 말리라

— 경세가(警世歌) / 김수장

정보균등이 기회균등

변화의 속도가 빠를수록 경제순환과정에서 정보의 가치는 더욱 커간다. 토지 · 노동 · 자본보다 지식과 정보가 더 많은 부가가치를 창출하는 지식기반 경제에서는 정보 수집과 판단력이 경쟁력을 좌우한다. 순간순간 쏟아지는 정보의 홍수 속에서 가치 있는 정보를 찾아내기란 쓰레기더미에서 황금을 찾아내듯 어렵다. 반대로 황금 같은 정보를 옆에 쌓아놓고도 가치를 알아내지 못하고 그냥 지나치는 경우도 허다하다. 정보의 파도에 휩쓸리다 보면 무엇이 옳고, 무엇이 그른지 판단하기 어려울 때가 있다. 어느 정보가 가치 있는지를 가려서 판단하지 못하면 정보의 풍요 속 빈곤에 빠지게 된다. 의지도 판단력도 없는 허수아비는 정보의 가치를 판단하지 못하고, 자신만 옳다고 착각하는 옹고집은 정보의 가치를 외면하려 든다.

차가 오래되어 창피하다며 딸이 조르는 바람에 새 차를 사고 타던 차를 거저 넘겼을 때 분수에 맞지 않게 과소비를 한다는 자성이 일어났다. 보기에는 헌차였지만 주행거리가 3만여 km에 불과하고 엔진상태도 양호한 데다가 기타 부속들이 말짱하여 타고 다니는데 어떤 불편도 없었다. 중고차 시장에서 매도자는 차에 대하여 상세한 정보를 가졌지만 매수자는 출고시기와 겉모습만으로 막연하게 판단할 수밖에 없다. 이처럼 정보가 불투명한 환경에서 수요자들은 모든 중고차를 성능에 관계없이 헐값에 사고 싶어 한다. 이와 같은 정보의 비대칭성(information asymmetry)이 나타나면 품질에 따른 가격차별 현상이 없어진다. 그 결과 시장에는 성능이 좋은 차는 자취를 감추고 성능 나쁜 차만 거래되는 레몬시장(market for lemons) 현상이 나타난다.

정보화 사회를 살아가며 필요한 자세는 이미 2,500년 전에 정확하게 갈파되었다. "배우기만 하고 생각하지 않으면 얻음이 없고, 생각하기만 하고 배우지 않으면 위태롭다(學而不思則罔, 思而不學則殆; 논어, 爲政 제2)"고 하였다. 여기서 배울 학(學)은 지식 내지 정보의 습득을, 생각할 사(思)는 앎, 즉 정보에 기초한 사유와 올바른 판단을 의미한다. 정보가 많아도 정보의 가치를 헤아려 판단하지 못하면, 그 속에 들어 있는 의미를 읽어내지 못한다. 또 생각이 깊어도 정보가 없으면 시류에 맞는 판단이 불가능하다. 중심을 잃지 않는 정확한 판단력이 뒷받침되어야 정보의 가치가 커지고, 제대로 된 정보가 있어야 판단력이 빛을 낸다는 이야기다. 똑같은 정보라도 어느 누구에게는 모래로 보이고, 다른 누구에게는 진주알로 보이기 때문에 가계와 기업경영 나아가 국가 경쟁력의 우열이 가려진다.

뛰어난 지도자, 유능한 기업가는 황금과 돌을 구분할 줄 아는 현명한 참모의 의견을 존중하였다. 쉬운 예로 진나라가 붕괴되고 초한(楚漢)이 천하를 다투던 시대에 유방의 판단을 장량과 번쾌가 이끌었다. 기개와 힘을 가진 영웅 항우는 지략이 뛰어난 참모 한신을 인정하지 못하고 소홀히 대하자 적 유방에게로 떠나갔다. 유방이 천하를 통일한 원동력은 유능한 참모를 알아보고 그들이 제시하는 정보와 판단을 존중해 주는 자세에 있었다. 옹고집 경영자 아래 유능한 참모도 헛일이고, 겸허한 장수도 무능한 참모를 두면 경쟁력을 갖추기 어렵다는 교훈이다. 무능한 지도자 아래서 무능한 참모가 힘을 거머쥐고 휘두르면 조직과 사회는 결국에는 수렁에 빠지기 마련이다.

어떤 인사는 보고 들은 것은 많은데, 자기 스스로의 생각이 없다 보니 이것저것 아는 체하면서 앞뒤가 어긋나는 이야기를 자주 한다. 주책없이 미확인 정보를 아무데서나 퍼트리는 바람에 본의 아니게 사람들 사이에 불화를 일으키기도 하고, 엉뚱한 사람들에게 돌이키지 못할 상처를 입히기도 한다. 스스로의 판단 기준 없이 남의 이야기를 하다 보니 아첨꾼으로 오해받을 때도 있다. 머릿속에 많은 정보가 쌓여 있어도 그 가치를 판단할 능력이 없으니 황금과 쓰레기를 구분하지 못하고 허수아비 노릇을 한다. 지식인 흉내를 내려고 하지만 루머에 더 관심을 기울이니 사이비가 되고 만다. 반대로 남의 의견은 무시하고 막무가내 자신의 주장만 내세우는 고집불통 또한 황금을 쓰레기로 만든다. 세상사 모든 일을 저 혼자 다 알고, 다 해 본 것처럼 말하지만, 어디까지나 저 혼자만의 생각이다. 자신 만의 판단기준으로 새로운 정보를 외면하니 변화의 방향을 읽지 못하여 시행착오를 하고도 무엇이 잘못되었는지 깨닫지 못한다. 넘치는 정보를 올바른 의사결정을 위한 판단자료로 활용하지 못하고 가짜뉴스, 쪽지정보에 탐닉하다가 가치 있는 정보를 놓치기 쉽다.

자기 주관이 없이 왔다 갔다 하던 허수아비가 큰 힘을 얻으면 남의 의견을 무시하려는 옹고집이 되어 변덕을 부리기 쉽다. 특히 편 가르기가 극성을 부리는 분위기에서 무엇이든 잘못되면 "네 탓이다"라는 아집에 빠지면서 어느덧 판단력을 상실해 간다. 가치관을 정립하지 못한 인사가 우두머리가 되면 엉뚱한 판단을 하게 되어 조직과 사회는 방향을 잃고 불확실성에 휩싸이게 된다. 대부분 독재자들이 그렇듯이 위엄을 세우고 사람들을 못살게 굴다가도 삽시간에 두려움에 떨며 전전긍긍하는 모습으로 변한다. 이들이 가끔가다 뜬금없이 보여주는 파안대소나 악어의 눈물은 '쇼'가 아닐지도 모른다. 어쩌면 갈팡질팡하는 그들 자신의 진면목을 보여주는 장면이다. 예컨대, 아집에 넘치면서도 변덕이 심하여 갈피를 잡지 못했던 황제 네로는 모든 계층의 사람들에게 공포감을 심으면서 그 자신 또한 두려움에 떨었다. 아무데서나 웃기도하고 울기도 하며 허수아비도 되었다가 다시 옹고집이 되다가 자신도 망치고 가족도 망치고 결국 나라도 무너트렸다. 네로는 오늘날에도 여기저기서 환생하여 사람들을 괴롭힌다.

후진사회에서는 각종 정보가 한쪽으로 몰린다. 정보의 독점이 일어나는 사회에서는 귓속말이 돌아다니고 거짓 정보가 사람들의 판단을 그르친다. 정보의 불안정성 내지 비대칭성(非對稱性)은 불확실성을 잉태하여 시장을 경쟁적 균형에서 이탈하게 하고 시장신호(market signalling) 기능을 훼손시킨다. 금융시장에서 정보의 비대칭성으로 말미암은 불신이 확산되면, 자금의 공급자와 수요자를 효율적으로 연결하지 못한다. 기업신용 정보가 불투명하여 시장참여자들이 서로 믿지 못하면 시장가격이 제대로 형성되지 못한다. 비정상적으로 금리가 상승하는 신용경색이 초래되어 금융 중개기능이 마비되고 실물시장까지 충격을 받는다.

정보의 비대칭성이 커질수록 정보를 독차지하고 정보를 왜곡하여 거짓정보를 만들어 끼리끼리 이권을 챙기거나 상대를 괴롭히는 남용을 방지하여야 비로소 민주국가라 할 수 있다. 정보의 독점·왜곡·남용에 대한 예방조치와 함께 징벌은 강화되어야 국가 경쟁력이 강화된다. 민주주의, 자본주의를 지탱하는 뿌리는 기회균등(equal opportunity)인데 이를 위해서는 정보균등(equal information)이 전제되어야 한다. 그러나 정보를 판단하는 능력에 따라 경제적 성과가 달라지는 현상은 어쩔 도리 없다. 지금까지는 정보를 많이 가져야 경제적 승자가 되었으나 미래사회에서는 정보 분석과 판단 능력이 뛰어나야 승자가 될 수 있다. 정보가 양방향으로 교류되며 확산속도가 실시간으로 빨라지고 부가가치 창출 과정에서 정보의 비중은 점점 커가고 있어 정보의 격차를 줄이는 노력은 빈부격차를 완화하는 길이기도 하다.

신용능력과 신뢰기반

신뢰란 조직이나 사회 구성원 간 합리적 사고와 정직한 행동을 기대하는 도덕 기반이다. 신뢰는 글자 그대로 서로 믿고 의지하는 마음 자세로 강제력은 없더라도 서로 합리적 행동을 예상하는 기대감이다. 신뢰는 각 경제주체들 사이에 소통의 다리를 놓음으로써 서로 협력하고 융합하는 능력을 배양하는 경제적 효과를 가진다. 서로 존중하고 협력하는 규범의 바탕이 되는 신뢰(trust)는 질서를 유지하고 공동체를 발전시키는 사회적 자본이다. 경제 성장과 발전은 구성원들이 서로 마음을 열어놓고 신뢰를 두텁게 해야 순조롭다. 서양에서는 거래 관계에서 결제능력 신용(credit)을 중시하였지만 동양에서는 인간적 신뢰를 보다 귀하게 여겼었다. 신용불량 상태에 이르러도 결제능력이 회복되면 신용도 곧바로 회복될 수 있다. 그러나 사람과 사람 사이에서 불신감정이 싹트기 시작하면 원상회복이 좀처럼 어려워진다.

수단 방법 가리지 않고 서로 속이고 속는 혼탁한 모습을 보이던 전국시대 BC 359년 진나라 진효공(진시황 5대조)의 신임을 받은 상앙(商鞅)은 야심찬 개혁안을 마련하였다. 상앙은 백성들의 신뢰를 얻지 못하면 어떠한 개혁도 물거품이 되고 불신만 깊어지기 쉽다는 점을 일찍부터 간파하고 있었다. 개혁 시행에 앞서, 남문 저잣거리에 3장(丈) 크기의 나무를 세워 놓고, 그것을 북문으로 옮기는 사람에게 거금 10금을 주겠다고 방을 붙였다. 서로 믿지 못하는 세태에서 사람들이 어이없다며 코웃음 치자, 상금을 50금으로 크게 올렸다. 밑져야 본전이라고 생각한 어떤 백성이 나무를 북문으로 옮기자 즉시 상금을 줬다. 나라가 백성들에게 한 약속은 반드시 지킨다는 자세를 행동으로 보여 준 셈이다. 그 다음 새 법령을 공표하고 왕족이건 천민이건 모두 예외 없이 지키게 하였다. 백성들이 믿고 따르자 진나라는 빠르게 부강해져 500년 동안 이어져 온 춘추전국시대를 평정하는 기틀을 마련했다.

　　통일천하를 이룩한 진시황이 얼마 되지 않아 죽고 환관 조고(趙高)가 무소불위의 권력을 거머쥐면서 삽시간에 불신풍조가 온 나라에 퍼졌다. 심지어 조고는 2세 황제 호해에게 사슴을 말이라고 우겨 '지록위마(指鹿爲馬)'라는 고사를 지어냈다. 힘센 신하가 어리석은 황제를 꼭두각시로 여기며 농락하였다. 신뢰를 바탕으로 천하를 통일한 그 거대한 제국은 삽시간에 불신사회로 변해가며 바람결 등불이 되었다. 신뢰야말로 쌓기는 어려워도 무너뜨리기는 쉽다는 교훈을 남겼다. 동서고금을 막론하고 개인과 조직, 사회를 흔들리게 하는 재앙은 대부분 불신에서 비롯된다.

　　상앙 이전에 공자는 "나라를 다스리고 지키는 일은 양식을 풍부히

하고, 군사를 훈련시키고, 백성들이 믿게 하여야 한다"고 하였다. 이중에서 무엇인가 버려야 한다면. 먼저 군사를 버리고 그 다음 양식을 버려도 신의만은 끝까지 지켜야 한다고 강조하였다. 먹는 것을 하늘처럼 여기는 백성들도 결국에는 신의를 제일 중시한다면서 "누구나 다 죽음이 있거니와 백성들은 신의가 없으면 설 수 없다(自古皆有死 民無信不立, 논어, 顔淵 제12. 7)"고 하였다. 목민관의 가장 큰 덕목은 신뢰 구축이라고 강조하였다. 인간사회에서 믿음에 금이 가기 시작하면 다시 회복하기가 좀처럼 어렵다. 주나라 태공망(太公望)도 깨진 항아리에서 쏟아진 물은 다시 주워 담을 수 없다며 무너진 신뢰는 원상회복이 불가능하다고 비유하였다. 서로 믿지 못하고 반목하다가 설혹 화합한다고 하더라도 이면에는 꺼림칙한 찌꺼기가 지워지지 않아 완전한 신뢰회복은 사실상 어렵다.

사유재이면서도 공공재 성격을 가지는 신뢰는 쓰면 쓸수록 효용이 커지는 사회 자본이다. 서로 믿기 시작하면 믿음이 더 굳어지면서 서로의 힘을 더욱 합치는 시너지효과로 해결 못할 문제가 없어진다. 신뢰구축은 상대방을 인정하는 데서 비롯된다. 하찮은 인격을 가진 자가 갑자기 출세하면 오만해져 남을 업신여기다가 맞닥트리는 재앙이 바로 불신장벽이다. 무엇인가 서로 믿지 못하는 사회에서는 사람들이 서로 의심하며 본 모습을 드러내려 들지 않기 때문에 생산적 의견이 교환되지 못하고 그냥 파묻히기 쉽다. 사람사이에 신뢰를 잃기 시작하면 상대방이 아무리 진실을 말해도 믿지 못하는 경우가 많다. 아프리카 가나 속담에 "한 마디 거짓말이 천 가지, 만 가지 진실을 망친다"고 하였다. 신뢰란 일단 깨지기 시작하면 걷잡을 수 없이 망가진다.

동서고금의 역사를 살펴볼 때, 개인이나 사회의 흥망성쇠가 반복되는 까닭은 신뢰와 불신이 교차되면서 나라의 힘이 강해졌다가 약해지기 때문이었다. 100여 년 전 나라를 빼앗겼던 것도 따지고 보면 신뢰가 파괴되었기 때문이었다. '먹물 먹은 자'들이 다투어 외세에 빌붙어 나라를 팔아먹는 비극적 상황이 전개되며 불신풍조는 극에 이르렀다. 임금도 벼슬아치도 백성들도 서로 의혹의 눈초리만 보낼 뿐 나아갈 방향을 같이 의논하지 않으니 어찌 나라가 온전하겠는가? 명심보감에는 "그 임금을 알고 싶으면 먼저 그 신하를 보고, 그 사람을 알고 싶으면 그 벗을 보라(欲知其君 先視其臣, 欲知其人 先視其友)"고 하였다. 사람은 끼리끼리 어울린다는 뜻으로 무능하고 욕심 많고 오염된 신하를 갈아치우지 않으면 결국 임금까지 신뢰를 잃고 나라는 어려워진다는 이야기다.

　생색만 내는 미사여구는 어느덧 스스로 불신의 장벽으로 몰아 넣는다. 벌 받을 자가 상을 받고 상 받을 자가 벌 받는 사회, 공연히 파벌 감정을 조장하며 대립과 갈등을 부추기는 사회에서 공동체의식이 결여되고 신뢰가 형성되기 어렵다. 큰 영향력을 가진 인사들이 반짝 효과를 노려 남발하는 감언이설, 헛된 미사여구는 신뢰를 파괴한다. 사람들을 바보처럼 여기는 행동을 하면서 입버릇처럼 '국민여러분들!'을 외치면 외칠수록 신뢰기반은 뭉개진다. 신뢰는 작은 약속이라도 실천하는 데서 이룩되는 것이어서 그럴듯한 헛말보다는 마주친 현실을 인정하고 함께 고민하여야 한다. 하찮은 통계를 침소봉대하거나 엉뚱한 빛깔로 덧칠하다가는 '불신 장벽'이 형성된다. 변명이나 덧칠하지 말고 있는 그대로 설명하고 논리적 타당성이나 통계적 근거를 가지고 이해를 구해야 더디더라도 신뢰기반이 구축된다.

2020현재, 우리 사회는 가계부채와 기업부채 비율도 늘어나지만 재정적자 증가속도가 경제성장 속도보다 몇 배나 커지면서 신용능력(credit capacity)은 약해지는 모습이 보이고 있다. 더 두려운 일은 '편가르기' 극성으로 상호 불신이 깊어짐에 따라 신뢰기반이 점점 악화되고 있어 밝은 미래를 기약하기 어렵다는 점이다. 생각건대, 한국경제의 미래는 지금부터라도 원리 원칙을 지켜지도록 하여 신뢰기반(trust base)을 구축하고 신용능력이 손상되지 않도록 노력하는데 달려 있다. 누구나 잘못할 수 있는데, 스스로 잘못을 인정하여야 신뢰를 쌓아가고 또 잘못을 고쳐나갈 수 있다. 신뢰는 위기상황에서 조직과 사회의 대응능력을 결집시켜 어려움을 극복하는 원동력이 되는 사회적 자본이다.

사실 나는 아무것도 이해할 줄 몰랐어. 꽃이 하는 말이 아니라 행동으로 판단해야 했는데, 꽃은 나에게 향기를 뿜어주었고 눈부신 아름다움을 보여 주었는데, 그 가여운 말 뒤엔 따뜻한 마음이 숨어 있는 걸 눈치 챘어야 했는데…

– '어린 왕자' 중에서 / 앙투안 드 생텍쥐페리

먼 생각이 없으면 가까운 근심이 있다

세계경제는 새로운 중상
주의 풍랑에 더하여 코로나19 파도를 헤쳐 나가야 하는 어려움에
처해 있다. 한국경제는 고도성장에 따른 성장피로감이 각 분야에
드리워져 성장잠재력이 하락하는 증상이 깊어지고 있다. 대외경쟁
력 하락과 재정적자 확대, 빈부격차 심화와 그에 따른 금융불균형,
포퓰리즘 그림자까지 갖가지 위험과 불확실성이 한국경제 주변에
도사리고 있다. 근세조선 말기와 같은 무기력증상을 극복하려면,
섣부른 경기부양책이 아니라 먼 시각으로 사회적 수용능력 배양에
힘을 기우려야 할 때다. 단기처방이나 '립 서비스'가 아니라 커다
란 각오와 오랜 인내가 필요하다. 한국경제는 경기순환 과정에서
일시적 경기위축이 아닌 근원적 성장잠재력이 추락하는 추세에 있
음을 인식해야 문제를 악화시키지 않고 해결할 수 있다.

BC 8세기에서 3세기까지 춘추전국시대는 겉으로는 유교이념이 회자되고 있었지만 실제로는 약육강식의 힘의 논리가 지배하던 험한 세상이었다. 봉건제도가 붕괴되고 중앙집권제로 이행되는 과도기로 철제농기구, 관계시설, 우경농업이 개발되어 생산능력이 활발해지는 변혁기이기도 하였다. 사회적으로는 제후들간의 패권경쟁이 그칠 날이 없어 사람의 목숨은 그리 중하게 여겨지지 않는 시대였다. 패권쟁탈을 위한 백가쟁명이 그치지 않고 변법(變法)이 세상을 어지럽히면서 한 치 앞을 내다볼 수 없었다. 그 어려운 세상을 힘들게 살아간 공자는 미래가 불가측 하더라도 "먼 생각으로 멀리 내다보아야 근심걱정을 줄일 수 있다"고 강조하였다.

　　그로부터 약 2,000여년이 지나고, 제국주의 열강이 한반도 주권을 유린하고 이런저런 이권을 챙기려고 혈인이 되어 발톱을 드러내고 있었다. 식민주의, 군국주의가 발호하고 수구파와 개화파가 이전투구하는 세상에서, 안중근 의사는 미래를 염려하는 공자의 휘호를 자주 응용하였다. 무기력증상에 빠진 조선사람들에게 "사람이 멀리 생각하지 아니하면 큰일을 이루기 어렵다(人無遠慮 難成大業)"라며 눈앞의 작은 이익을 뿌리치고 보다 멀리 생각하도록 독려했다. 끓는 애국심을 가진 청년들끼리 동의단지회(同義斷指會)를 결성하고 약지 마디를 끊어 대한독립 혈서를 쓰며 맹서를 굳게 하였다. 이등박문을 벌주고 여순 감옥에 갇혀서도 "사람이 멀리 생각하지 아니하면 반드시 가까운 근심이 생긴다(人無遠慮 必有近憂, 논어, 위령공 15)"는 공자의 가르침을 자주 썼다. 조선민족의 가늘어진 명줄을 완전히 끊어지지 않게 하려면 너나없이 좀 더 멀리 내다보고 신중하게 대처해야 나라도 살고 개인도 살 수 있다는 교훈이었다. 자신은 죽어가면서 조선민족에게 멀리 보고 미리 준비태세를 갖춰야 한다는 당부였다.

구한말 당시는 옳고 그름이 없는 혼돈 시대로 독립투사에서 순식간에 밀정으로 변신하는 비극이 벌어지고 있었다. 수재 중의 수재로 불렸던 저명인사들 중에도 상해 임시정부를 찾아가 "독립운동을 하겠다"며 사치스러운 다짐을 했다. 그 고난의 길이 아무나 갈 수 없다는 점을 깨닫고 얼마 안 가 도망치는 일이 상당했다. 소설가 이광수는 고국에 돌아와 일본천황 시조가 즉위했다는 향구산의 이름을 따서 향산광랑(香山光郎)으로 창씨개명하며 일본천황의 적자(赤子)가 되려고 애를 썼다. 그러다가 일본이 원자폭탄을 몇 발 맞고 항복하자 "일본이 그리 빨리 망할 줄 몰랐다"고 탄식하였다. 고급두뇌들이 '먼 생각'을 하기보다 근시안으로 세상을 바라보니, 시대를 이끌기는커녕 오히려 타락시키는 광경은 시대가 변해도 마찬가지다.

2020년 현재 세계경제는 어떤 방향으로 어떻게 나아갈지 점치기 어려운 상황이다. 남의 나라 국익을 희생시켜가면서 자국의 경쟁력 증진을 꾀하는 패권경쟁이 재등장하여 지구촌을 하루하루 긴장상태로 몰아가고 있다. 정도의 차이는 있지만 각국마다 포퓰리즘 그림자가 어른거려 미래를 기약하기 어렵게 만들고 있다. 포퓰리즘 길로 들어서기 시작하면 경제가 극한으로 치닫기 전에는 되돌리기가 좀처럼 어렵다는 사실은 남미와 남유럽 사례에서 여실히 증명되고 있다. 인류를 괴롭히는 바이러스와의 전쟁은 설사 이겨도 이긴 것이 아니어서 인내심을 오랫동안 시험할 것으로 보인다. 바이러스야말로 보이지 않는다고 해서 사라지는 것이 아니니 섣불리 다뤄서는 큰일 난다. 코로나19 백신이 개발되더라도 변종 바이러스는 언제 어떤 모습으로 다시 인류를 공격해 올지 모른다. 이미 2015년에 빌 게이츠는 바이러스 공격으로 인류는 10억 명까지도 사망할 수 있다며 바이러스 감염은 핵무기보다도 더 무서운 인류의 재난이 될 수 있다고 경고했다. 일반 생물학자도 쉽게 바이러스를 만들 수 있게 되면서 자칫 테러의 수단으로도 악용될지 모르는 상황이다.

한국경제는 경기순환 과정에서 경기침체가 아니라 근본적으로 성장잠재력 하락이 미래를 어둡게 하고 있다는 사실을 깨달아야 한다. 성장잠재력을 배양하는 중장기 대책을 세워야지 일시적으로 경기를 부추기려는 묘수를 내려다가 성장잠재력을 오히려 더 추락시킬 가능성이 크다. 쉬운 예로, 생산을 동반하는 일자리를 만들려 노력해야지, 일자리를 위한 일자리에 치중하다가는 재정적자만 급속하게 확대시킬 가능성이 크다. 성장잠재력 추락과 재정적자 확대가 동반할 경우, 생산 활동은 활기를 잃어가다가 빚에 억눌려 어떤 대책도 세우지 못할 지경에 빠질 우려가 커진다. 재정적자는 미래세대에게 빚을 짊어지게 만드는 일로 미래를 기약할 수 없게 이끈다. 근세조선 멸망도 생산 없는 경제체제에서 도저히 갚을 수 없는 크기의 빚을 일본에 지면서 비롯되었다.

한국경제가 당면한 무기력증후군은 '힘의 질서'로 말미암아 시장에서 배양되어야 하는 '경쟁질서'가 잠식되어 왔기 때문임을 부인하기 어렵다. 시장기능을 보다 활성화하여 기업가정신을 살리는 방향으로 나가야 경제는 살아날 수 있다. 성공한 기업은 더욱더 크게 성공하고 어려운 사람들은 인간다운 생활을 보장하는 방안을 마련하되 경쟁 질서를 해치지 않아야 한다. 어떤 상황에서도 시장을 무시하고 활기를 되찾은 경제체제는 적어도 지금까지는 이 지구상에 존재하지 않았다. 어떤 일이 있어도 시장기능을 활성화하여 부가가치 창출에 기여하고 사회에 기여한 만큼 보상 받는 사회보상체계를 정비하는 방향으로 나가야 한다.

문제를 멀리 내다보고 미리부터 대비하는 지혜를 갖춰야 한다. 개인이나 사회나 기본체력이 약화되는 상황에서는 작은 충격도 후유증이 크고 오래가기 마련이다. 특히 성장률이 추락하는 상황에서 단기 경기부양 대책은 임시변통 효과는 작고, 그 부작용은 확대되고 오래가기 마련이다. 한국경제가 나아갈 방향을 짐작하기 어려운 상황이다. 지금은 서로 머리를 맞대고 함께 가야 할 곳을 바라보며 먼 생각을 해도 방안이 잘 보이지 않을 때다. 너나없이 눈앞의 욕심이 앞을 가리다 보면 멀리 내다볼 수 없다. 개인이나 가계나 정부나 매의 눈으로 멀리 미래를 바라봐야 한다. 서두르지 말고 멀리 보기 시작하면 해결의 실마리가 어느덧 보이기 시작한다. "사람이 멀리 생각하지 않으면 큰일을 이룩하기 어렵다."

자본주의 질서, 민주주의 규범

자본주의 생성과 발전은 인류를 빈곤에서 탈출하게 하는 과성에서, 자유와 평등 을 가하는 민주주의를 싹트게 하고 발전시켜 왔다. 민주주의와 자본주의의 상승작용(相乘作用)은 인간의 존엄성을 지키고 나아가 인간의 삶을 풍요롭게 하는데 이바지하였다. 시장경제 질서가 꽃 필 때, 민주주의의 향기도 멀리 퍼져나갔다. 민주주의 규범이 굴절되지 않는 나라에서 자본주의 꽃도 활짝 피어났다. 두 가지 규범과 질서가 충돌하여 어느 한쪽이 다른 쪽을 압도하는 상황이 벌어지면 사회는 불안해진다. 민주주의 위기는 자본주의 위기로, 또 자본주의 위기는 민주주의 위기로 번질 수 있음을 경계하여야 한다. 사익과 공익이 충돌되는 천민자본주의로 치달아 혼란스럽게 되든지 아니면 다 같이 살기 어렵게 되는 포퓰리즘에 빠져 무기력해질 수 있다.

서로 보완관계에 있는 민주주의 규범과 자본주의 질서가 조화를 이루면서 많은 인구가 빈곤에서 벗어나는 동시에 인간의 존엄성은 고양되어 왔다. 민주주의 규범은 1인 1표를, 자본주의 질서는 1주 1표를 표상한다. 민주주의 사회에서 구성원 모두에게 인간의 존엄성이 보장되고 자본주의 사회는 열심히 일하여 사회에 기여할수록 보다 나은 삶을 제공한다는 대원칙을 담고 있다. 오케스트라를 지휘하는 거장과 그의 구두 뒤꿈치를 반짝거리게 닦아주는 이의 인격은 똑같이 존중되어야 한다. 그러나 만 원을 내고 십만 원 짜리 좌석에 앉겠다며 인간차별하지 말라고 떼를 쓰면 질서는 흐트러지고 음악회는 아예 열리지 못할 수도 있다. 1주 가진 사람이 10,000주 가진 사람과 똑같은 권리를 행사하겠다고 덤비거나 10,000주 가진 부자가 1주도 갖지 못한 사람의 인격을 부정하면 자본주의와 민주주의는 더불어 삐걱거린다. 요설과 변설에 능한 무리들이 민주와 정의의 탈을 쓰고 두 가지를 혼동시키려 들면 규범과 질서 모두 일그러진다. 물질적 풍요도 인간의 존엄성도 그 아무것도 보장하지 못하는 후진 사회로 미끄러진다.

자본주의 혜택을 가장 많이 향유하고 약 10조원 가까이를 조건 없이 기부하였다는 소로스(G. Soros)는 이미 오래전에 자본주의 위기가 벌어지면 민주주의 위기로 내달을 수 있다고 하였다. 세계적으로 진행되고 있는 소득·소유의 '불균형이 결국 사회갈등을 초래하여 세계 어디서나 폭동이 일어날 가능성이 있고 이를 강경 진압하는 과정에서 억압적 정치체제가 재등장할 우려가 있다' 는 무서운 이야기다. 만약, 새로운 진영논리 아귀다툼 끝에 독재체제가 등장하게 되면 급격하게 발달하는 IT기술을 이용하여 인간의 의식과 행동까지도 속속들이 감시하겠다고 덤비는 망나니가 등장할지도 모른다. 예컨대, 모든 사람들의 사이버 검색 동향을 수집하여 개개인의 취향과 사고방식을 읽고 분석하여 맘에 들지 않으면 '반역자의 기질이 있다'며 제 멋대로 생사람 잡는 공포의 독심술이 등장할지도 모른다. 초능력 지능체계를 장악한 '빅 브라더'가 바이러스를 사람들 뇌에 침투시켜 사람들의 먹고 자는 행동과 귓속말까지 듣고 통제하는 숨 막히는 사회가 등장하지 않는다고 단정할 수 없다.

자본주의 질서가 비틀거리면 민주주의 규범 또한 일그러지기 쉽다. 정경유착 등으로 힘들이지 않고 돈을 벌 수 있는 사회일수록 땀 흘려 일한 사람들의 몫을 거저 빼앗은 부패로 말미암은 불로소득이 창궐한다. 동시에 유권무죄, 여론호도 같은 민주주의 질서를 파괴하는 사회악(社會惡)이 번질 가능성이 커진다. 돈이 돈을 벌기 쉬운 자본주의 사회에서 부의 편재 현상과 그 부작용은 자본주의 질서와 민주주의 규범을 더불어 손상시켜왔다. 그 반대로 과도한 포퓰리즘이 결과적으로 자본주의 질서도 망치고 민주주의 규범도 굴절시켜 경제 성장과 발전의 싹을 잘라낸다. 역사를 돌아보건대, 극심한 빈부격차로 말미암아 무리하게 대중영합주의에 빠지기 시작하면 돌이키기 어려운 것이 지금까지의 경험이다. 베네수엘라의 포퓰리즘 독재체제 등장과 경제적 몰락이 쉬운 예다.

민주주의와 자본주의를 동시에 건강하게 발전시키려면 시장에서든 사회에서든 쏠림현상을 경계하여야 한다. 어디서든 쏠림현상이 일어나면 규범과 질서가 왜곡되어 '사회를 지탱하는 틀(social framework)'

이 깨지기 쉽다. 판단력을 흐리게 하는 선동이나 선전에 이끌리면 대중은 집단본능에 빠지기 쉽다. 혹세무민으로 세상을 어지럽히고 사람들을 미록하려는 선동가들이 자본주의 질서와 민주주의 규범을 흐트러뜨리려 한다. 옳고 그름을 판단하지 못하고 그들의 궤변에 따라 덩달아 웃고 울다가 환호하는 대중의 집단본능 또한 무시하지 못한다. 맹목적으로 환호하다가도 어느 순간 이유 없이 증오하는 변덕스러운 대중이 시행착오를 거듭하는 것은 이상한 일이 아닌지도 모른다. 말할 것도 없이 그 부산물은 선동가들이 향유하고 그 오랜 후유증은 불특정 다수 민초들의 부담으로 돌아간다. 여러 분야에 팽배한 맹목적 쏠림현상과 극한으로 치닫는 부의 편재, 그리고 갈수록 심해지는 사고의 양극화 현상을 어떻게 조율하고 극복하느냐에 따라 자본주의 질서와 민주주의 규범이 조화를 이루며 활짝 꽃필 수 있다. 지금 살기가 어려울수록 오늘만이 아니라 내일을 생각해야만 한다.

우리 서로 가까이 다가앉자.
우리를 떼어 놓는 모든 것을 잊어버리자.
우리가 계속 가질 수 있는 행복
유일한 행복이 이 세상에 있다면
우리가 서로를 이해하면서 사랑하는 것뿐이다.

— '형제들이여' 중에서 / 로맹 롤랑

PART 3

돈의 가치 변화와 기회

경제적 참 경제적 삶

경제적 동물로서 인간은 나름대로 경제적 여유가 있어야 뜻있는 삶을 설계하고 인간적 모습으로 다가설 수 있다. 몇 가지 사항은 여유로운 미래를 위한 필요조건이다. ① 소득이 많고 적고를 떠나 일부를 꾸준히 저축하는 자세가 여유로운 삶의 바탕이 된다. ② 빚을 지지 말아야 한다. 돈은 스스로 돈을 벌지만 빚은 어느 사이에 눈덩이처럼 불어나 만사를 그르치기 쉽다. ③ 미래사회 수명 120세 시대는 열심히 일하는 것 못지 않게 효율적 자산 관리가 중요하다. 거시경제 흐름과 금리·주가·환율 변동방향을 견주어 가늠하는 기본지식을 갖추려는 자세가 필요하다. ④ '선의지(善意志, good will)'를 키워야 한다. 행복 그 자체인 선한 의지를 가지면 하는 일이 순조롭고 결과적으로 경제적 여유도 얻게 되는 것이 많은 사람들의 공통된 경험이다.

수입이 많고 적음을 떠나 검소하게 살아야 경제적 여유를 가지면서 마음의 여유도 함께 찾을 수 있다. 당장에는 수입이 많더라도 불확실성이 커가는 세상에서 언제 갑자기 수입이 늘거나 줄어들지 알 수 없다. 분에 넘치게 사치스러운 생활을 하다 보면 어느 순간 쪼들리는 생활을 해야 되기 때문에 평소 근검절약하는 자세가 중요하다. 상대소득가설(相對所得假說)이 설명하듯이 소비 습관의 비가역성(非可逆性) 때문에 익숙해진 과도소비 습관은 바꾸기가 어렵다. 단테(A. Dante)는 신곡(神曲)에서 낭비도 인색도 모두다 죄악으로 여기고 다음 세상에서 벌을 받아야 한다고 하였다. 평소 검소하게 살며 베푸는 습관을 들여야 변화하는 세상에서 마음의 여유도 생기고 위험과 불확실성의 충격을 완충시킬 수 있다. 많든 적든 간에 나름대로 수입의 일정부분을 어김없이 저축하는 습관을 다져갈 때 경제적 기반도 다지고 평균수명 120세 '노인시대' '후기청춘'을 향유할 수 있다. 돈을 많이 가진 사람이 아니라 청년기부터 꾸준히 저축한 사람이 '진정한 부자'라고 말하고 싶다.

불가피한 상황이 아니라면 부채를 짊어지는 일을 두려워해야 한다. "돈은 돈을 벌 기회를 스스로 만들지만, 빚은 빚을 더욱 늘어나게 한다." 이 평범한 이치를 외면하다가는 경제적 여유는커녕 허덕이며 살기 쉽다. 자본주의 사회에서 돈은 생산요소의 하나로서 부가가치 창출에 기여하기 때문에 돈의 사용가격인 이자를 지불하여야 한다. 문제는 예금금리보다 대출금리가 몇 배나 높기 때문에 빚이 늘어나는 속도는 생각보다 훨씬 빠르다. 실제로 2020년 8월중 예금은행의 잔액기준 총수신금리는 연 0.87%, 총대출금리는 연 2.92%로 대출금리가 예금금리의 3.5배에 달한다. 빚을 무섭게 생각하지 않으면 자신도 모르는 순간 빚의 늪에 빠지기 쉽다는 '시장의 경고'다. 예금은행은 배보다 배꼽이 훨씬 큰 차액을 금융소비자로부터 받아먹는 셈이다. 더구나 채무자가 신용등급이 나쁜 상태에서 비은행금융기관 대출을 받으면 비정상으로 높은 금리를 지불해야 하기 때문에 빚의 수렁에서 빠져 나오기 어렵게 된다. 만약 빚을 지게 되면 무엇보다 먼저 빚 청산에 주력하여야 다시 일어설 수 있다. 저금리여서 부채 부담이 작다는 판단은 커다란 착각이다. 저성장·저물가 상황에서는 돈 벌 기회는 줄어드는 데다, 물가가 오르지 않아 시간이 지나도 돈의 가치가 하락하지 않는다. 금리가 높을 때는 물가 상승률도 높아 부채의 짐이 어느 사이에 가벼워진다. 가계나 기업이나 금리가 낮을 때일수록 빚 갚기가 더욱 힘들어지기 때문에 (미래)현금흐름이 뚜렷하게 보이지 않는다면 레버리지 투자, 투기적 투자는 절대 금물이다.

　꾸준한 저축에 더하여 적정금리(경제성장률+물가상승률)수준이나 그 이상의 금융수익을 올리는 효율적 자산관리를 할 수 있다면 더 여유로울 수 있다. 거시경제와 금융시장이 높은 상관관계를 가지며 변동하는 과정을 어느 정도 가늠하고 예측하는 안목을 스스로 가져야 효율적 저축, 성공하는 자산관리가 가능해진다. 이름난 자산운용전문가들이 오래지 않아 장막 뒤로 사라지는 까닭은 경제흐름을 읽지 않고 특정 종목, 특정산업 투자에 치중하다가 거시경제 상황 변화와 어긋난 판단을 하고 실수하기 때문이다. 주가와 금리, 그리고 환율의 바탕이 되는 기업 이윤의 원천은 산업구조 변화에 따라 계속 이동하기 마련이다. 따라서, 평생에 걸친 저축과 효율적 자산관리를 위하여 실물경제와 금융시장의 흐름을 스스로 가늠해 보는 안목이 있어야 한다. 중장기에 있어 경제성장률·물가상승률·고용·국제수지 같은 거시경제지표와 불가분의 상관변화를 나타내는 금리·주가·환율의 변화 모습을 관찰하고 있으면 저축과 자산관리 방향을 차츰 가늠할 수 있다. 투기가 아닌 투자를 위해서 반드시 필요한 자세다. 실제로 우리나라에서 위탁자산 운용실적이 적정금리 수준의 수익을 실현하는 경우는 거의 드물다. 운용수수료를 지불하면 남는 것이 없는 경우도 상당하다. 자산운용전문가는 어쩔 수 없이 수수료 수입을 무시하지 못한다. 예컨대, 주가가 올라 펀드수익률이 올라가면 투자자들이 몰려드는데 그때는 주가 하락이 예상되는 시점이어서 손실을 낼 확률이 커지는 데도 밀려드는 자금을 막지 못한다.

금융시장 변화 원리는 조금만 생각하며 연구하면 쉽게 터득할 수 있다. 이를테면, 적정금리 수준은 예상되는 경제성장률과 물가상승률을 더한 값이다. 주가는 기업의 기대 순이익을 금리로 할인한 수치에 수렴하기 마련이다. 여기서 적용하는 금리는 당해기업의 자금조달 비용 즉, 당해기업 신용평가등급에 따른 금리 여야 한다. 환율은 단기에 있어서는 여러 가지 변수가 많지만, 중장기에 있어서 순대외금융자산 즉, 국제투자포지션(International Investment Position)이 균형이 되는 선에서 정해져야 마땅하다. 국제투자포지션은 경상수지에 (내외국인의)대내외투자거래 결과를 포함한 값이다. 경상수지흑자가 늘어나더라도 대외투자거래에서 손실을 입으면 순국제투자포지션은 줄어든다. 금융시장에서 적정금리 수준의 수익을 꾸준히 내면 성공적 자산운용이다. 스스로 연구하지 않으면 그리 쉽지 않다는 점을 인식해야 한다.

사회적 동물로서 인격적 존재인 사람은 신뢰의 바탕이 되는 선한 의지를 키우는 일이 으뜸가는 투자다. 선한 의지로 선한 행동을 실천하면 자신도 모르게 행복감을 느끼게 된다. 선하게 행동하는 사람 주변에는 어느 사이에 인적자산이 쌓여감에 따라 지적자산도 자연스럽게 불어나기 마련이다. 인적자산과 지적자본이 늘어나면 변화에 대응하는 능력이 커지며, 위험과 불확실성에 대한 적응능력이 쌓여가며 세상일들이 순조롭게 진행된다.

　과다한 탐욕은 물론 분에 넘치게 많은 물질이 오히려 여유로운 삶을 파괴하는 요인이 되는 사례는 주변에서도 자주 볼 수 있다. 일과 명예와 돈에 대한 '통념(通念)의 노예'로부터 벗어나 '자연과 인생의 대한 진실' 파악에 진력했던 소로(H. D. Thoreau)는 "선(善)은 결코 실패하지 않는 투자라는 사실을 마음에 새겨라"는 말을 남겼다. 이웃과 친지들 사이에 선한 의지, 선한 행동이 가득하면 서로를 인격체로 대하는 윤리적 결합이 형성된다. '인간의 존엄성'을 서로 중시하는 공동체가 형성되어 의지하고 살아갈 수 있다면 불안과 번민은 줄어들고 여유로운 삶이 기다린다.

지혜로운 사람은 이치에 밝아 의심하지 않으며(知者不惑)
어진 사람은 사욕을 쫓지 않아 근심하지 않으며(仁者不憂)
용기 있는 사람은 도리를 지키니 두려워 않는다(勇者不懼)

− 논어 제9 자한(子罕) 28

사마천의 경세제민 교훈

물 흐르듯 순리에 따라야 하는 경세제민 원리를 인류 역사상 맨 처음 풀어낸 이는 사마천이다. 사기(史記) 129편 화식열전(貨殖列傳)에서 국가를 부강하게 하고 백성들을 편안하게 살게 하려면, 먼저 물이 위에서 아래로 흐르는 것과 같은 세상 이치를 거스르지 말아야 한다고 했다. 백성들의 눈과 귀를 가려 끌고 가거나 억지 논리로 설득하고 감화시키려 들지 말고 인간의 심성과 욕망을 존중하라고 하였다. 무릇 재화의 가격은 수요·공급에 따라 오르고 내려야 재화가 필요한 곳으로 이동하면서 생산활동이 신장된다는 이치다. "세상 돌아가는 이치를 바로 꿰뚫어 보고 백성들의 눈과 귀를 가리려고 하지 말아야 한다"고 하였다. 무엇이든 억지로 억누르거나 끌어당기지 말아야 국리민복을 이룰 수 있다. 절대권력, 전제국가시대에도 인간의 욕망을 조화시켜야 국리민복이 순조롭게 진행된다고 가르쳤다.

화식(貨殖)은 글자 그대로 재화 생산을 늘리고 가치를 높이는 경제 행위를 뜻한다. 사마천(司馬遷)은 국가경영에서 최선은 잘 먹고 잘 살고 아름다움을 추구하며 편하게 살고 싶어 하는 인간의 심성을 그대로 존중하는 것이라 강조하였다. 차선은 백성들 스스로 이익을 찾도록 유도해야 물자 생산이 늘어난다. 차차선책은 백성을 깨우치게 하여 제 갈 길을 찾도록 하는 것이다. 차악의 시책은 백성들을 옭아매어 마음대로 못하게 하는 규제고 최악은 백성들과 다투며 괴롭히는 행동이라고 경계하였다. 사마천은 절대권력 시대인 한나라 무제(武帝) 때에도 "권력이 해야 할 일과 하지 말아야 할 일을 구분해야 나라가 발전할 수 있다"는 메시지를 전했다.

위에서 명령하고 통제하려 들지 말고 사람들이 각자 능력에 따라 원하는 것을 얻도록 놔두어야 농공상이 자연스럽게 분업구조를 이루어내고 생산이 활발해진다고 하였다. 백성들을 잘 살게 하려면, 각자가 원하는 물자를 스스로 노력하여 구하도록 장려해야 한다. 수요공급에 따라 가격이 오르고 내리게 놔둬야 필요한 물자를 가려서 만들어내고, 필요한 곳으로 유통시켜야 그 가치를 높일 수 있다. 무엇이든 가격이 끝없이 오르거나 내리는 일은 절대로 없다. 가격을 통제하지 말고, 재화가 물처럼 자연스럽게 이동하도록 하여야 도(道)에 부합하는 결과를 기대할 수 있다.

백성들이 쌀과 소금, 목재 같은 물자를 더 많이 생산하려는 까닭은 나름대로 자신의 이익을 도모하기 때문이다. 가격을 통제하여 위정자의 뜻대로 하려는 사회주의, 포퓰리즘 독재국가들이 초단기는 몰라도 중장기로는 실패할 수밖에 없다는 이치를 까마득한 그 옛날에 갈파하였다. 관리가 청렴해야 자리를 오래 지킬 수 있고, 상인도 신용을 지켜야 더 많은 부를 얻듯이 사람이 움직이는 동기는 대부분 이익을 얻고자 하는 데 있다고 하였다. 호모이코노믹스(homo economics)의 심성을 애덤 스미스 국부론보다 무려 2,500년 전에 피력한 셈이다. 왕도 제후도 대부도 모두 본능적으로 재물과 이익을 추구하는데, 하물며 일반 백성을 탓하면 나라가 잘될 수 없다고 하였다. 연못이 깊으면 물고기가 살고, 산이 깊어야 짐승이 서식할 수 있듯이 백성들이 삶의 여유가 있어야 인의(仁義)의 바탕이 생긴다고 하였다. 백성들을 가난하게 하면서 말로만 인의를 따져 받자 오히려 인심만 잃는다. "천하사람들이 기쁜 마음으로 찾아오는 것도 모두 이(利)를 얻고자 하는 것이며, 어지러히 달려 가는 것도 모두 이익을 좇아가는 것이다"라며 세상 인심을 거슬리지 말라고 하였다.

사마천은 세상 이치에 충실하며 부를 축적한 거부들의 예를 들어, 부를 일궈 품위 있게 사는 길을 제시하였다. 5인만 예를 들어보자.

첫째, 월나라 계연(計然)은 승상 범려와 함께 나라를 부강하게 만들어 오월동주(吳越同舟)로 유명한 오나라와 전쟁을 승리를 이끌었다. 언제 어떤 물자가 필요한지를 예측하는 것이 재화를 늘리는 화식의 기본 원리라 하였다. 가뭄이 심하게 들면 미리 홍수에 대비하여 배를 준비해야 하며, 수해가 날 때는 미리 가뭄에 대비하여 수레를 준비하여야 한다. 가뭄이 든 다음에 수해가 나면 허둥지둥하게 되니, 멀리 보고 준비해야 낭패 당하지 않는다. 재화의 잉여와 부족 상태를 파악하면 물가등락을 예측할 수 있다. 값이 너무 오르게 되면 다시 하락하고, 값이 너무 떨어지면 다시 오르는 것이 세상 이치다. 값이 많이 오른 물건은 '똥이나 흙을 버리듯' 주저 없이 팔고, 값이 내리면 주옥을 줍듯이 바로 사들여야 한다고 했다.

둘째, 범려(范蠡)는 월나라가 오나라를 멸망시키자 이름까지 바꾸고 월왕 구천을 떠나 제나라 땅으로 망명했다. '구천은 생김새가 고난은 같이 할 수 있지만 영화는 같이 누리기 어려운 인물'이라 판단한 때문이었다. 범려는 화물 교역이 활발한 도(陶) 땅에서 계연의 논리대로 물자가 쌀 때 사서, 기다리다 비싸지면 파는 방식으로 거금의 재산을 모았다. 상인의 자세로서 신용을 지켜 상대방에게 손해를 끼치는 일이 없어야 한다고 하였다. 물이 낮은 곳으로 흐르듯 재화는 이윤을 쫓아 값이 비싼 곳으로 이동한다는 이치에 충실하였다. 세 번이나 천금의 재산을 모아 두 번은 친구와 친척에게 모두 내줬다. 사마천은 "부자가 되면 즐겨 덕을 행한다"라는 말은 이런 경우라고 적었다. 그 자손들은 거만의 부를 쌓고 범려는 도주공(陶朱公)이라 불리며 후세에 '품격 있는 부자'의 대명사가 되었다.

셋째, 위나라 백규(白圭)는 시기와 상황 변화에 따른 물가변동을 관찰하여 남이 팔려는 물건은 사들이고, 남이 사려 할 때는 제때에 팔기를 잘하였다. 풍년에는 곡식을 사들였다가 곡식이 모자랄 때는 곡식을 파니 물가안정에 기여하며 자신도 부자가 되었다. 팔고 사는 기회를 포착하는데 호랑이나 매가 먹이를 낚아채듯 재빨랐다고 적고 있다. 부자가 되어서도 소박하게 살며 향락을 억제하고 일을 할 때는 아랫사람들과 고락을 같이 하였다. 그는 부자가 되려면 임기응변 지혜를 닦고, 제때 결단을 내리는 용기와 주고받을 줄 알고 베푸는 어짊과 지킬 때는 지킬 만한 힘이 있어야 한다고 하였다.

넷째, 조한(刁閒)은 아랫사람을 대우하고 아끼며 부자가 되었다. 사람들은 사납고 영리한 노예를 싫어하였지만, 조한은 그들을 잘 이끌어 어염(魚鹽)장사를 시켰다. 부자가 될수록 아래 사람들을 신뢰하고 존중하니 그들이 더 열심히 일하여 큰 재산을 모았다. 세간에서는 "조정에서 벼슬 사는 것이 좋은가? 아니면 조한의 하인이 되어야 더 나은가?"라는 말이 돌 정도였다. 조한은 능력 있는 아랫사람들을 부자로 만들면서 그들의 능력을 최대한 발휘하도록 하며 자신도 점점 더 큰 부를 축적하였다. 말 잘 듣는 아랫사람을 함부로 다루지 말고 존중해야 큰 인물이 될 수 있음은 오늘날도 변함없다.

다섯째, 천하를 통일한 진 제국이 패망하자 세력가들 모두다 금과 옥을 차지하려고 다퉜으나, 창고지기 자손인 임씨(任氏)는 곡식을 모아 쌓아 뒀다. 그 후 항우와 유방이 패권전쟁을 벌이는 통에 농사를 짓지 못하자, 쌀값은 금값이 되고 금옥은 헐값이 되어 많은 금옥이 임씨의 수중으로 이동했다. 임씨는 이웃에 도리를 다한 다음에야 술과 고기를 먹고 검소한 생활을 하며 농사와 목축에 힘썼다. 사람들이 헐값인 땅을 살 때, 임씨는 비싸도 생산성 높은 땅을 사들여 점점 부자가 되었다. '싼 게 비지떡'이란 속담을 미리 실천한 셈이다.

사마천은 고대사회 부자들의 사례에서 성공한 부자가 되려면 먼저, 사람 사는 세상 이치를 거슬리지 말고 "이웃이나 아랫사람을 잘 대우하여야 한다"고 강조하였다. 그러면서 오래 가는 부자들은 일을 성심성의껏 추구하여 자기 분야에서 최고전문가가 된 사람들이라고 강조하였다. 무릇 모든 일은 미리부터 예측하고 준비하여 사고파는 기회를 잘 포착하여 때를 놓치지 말라고 하였다. 물 흐르듯 해야 하는 경세제민 원리를 터득해서 기회를 적기에 포착하여 재산을 크게 얻으면 본업에 충실하라고 했다. 비상한 재주와 수단으로 얻은 재산은 정상 방법으로 유지해야 오래 간다는 뜻이다. (제사 지낼 형편도 되지 않게) 가난하다면 육체노동을 해서 돈을 벌고, 얼마간 자산을 모으면 늘리는 방법을 찾아야 하고, 재산을 넉넉하게 축적한 다음에는 (투자)기회를 관찰하다 용단을 내려야 한다. 생계를 여유롭게 유지하는 바른 길은 근검절약이지만, 큰 부자가 되려면 최선을 다하면서 기회가 오면 남다른 승부를 낼 수 있어야 한다고 하였다.

그 옛날 변화가 그리 심하지 않는 단순 재생산 사회에서도 부를 얻는 데는 정해진 방법이 따로 없고, 모였다 흩어졌다 하는 재물에는 주인이 정해지지 않았다고 하였다. 사마천은 "현명한 사람들은 위태롭지 않은 길을 선택해야 한다"고 하였다. 위험관리를 해야 한다는 점은 오늘날 더욱 중요해지고 있다. 쉬운 예로, 열심히 일하여 집 한 채 마련하여 노후에 그럭저럭 살려고 해도 세금이 갑자기 늘어나면 노후안정을 포기해야 한다. 어쩔 수 없이 집을 줄이려다 보면 중개수수료, 이사비용, 양도소득세, 취득세, 등기비용 같은 비용을 제하고 나면 낭패당할 수 있으니 미리 신중하게 대비하여야 한다. 평소 성심성의껏 일하면서 재능을 갖추고 기다려야 기회가 오지, 아무 때나 기회가 오지 않는다.

그냥 놔두면 수요·공급 원리에 따라 작동될 시장을 억지로 끌어

올리거나 마음대로 억누르려는 아마추어 발상은 시장을 아예 망쳐버리기 쉽다. 임시변통 묘수를 부리다가는 시장을 아예 망칠 수 있으니 사람 사는 평범한 이치를 존중하라는 사마천의 지혜는 현대에서도 변치 않는 교훈이다. 역사상 백성들을 이리저리 옭아매거나 혹독한 세금을 거둬들여 백성을 괴롭혀가며 흥한 나라는 없었다. 사마천 이전에도 공자는 가정맹어호(苛政猛於虎)라며 혹독한 세금은 호랑이보다 더 무서워 백성들이 도망가려고 하니 나라가 융성할 도리가 없다고 하였다. 근세조선 말기 극에 달한 가렴주구(苛斂誅求)는 동학혁명의 도화선이 되고 결국 조선은 패망의 길을 갔다.

사마천의 사기는 인간사회에서 수시로 일어나는 물질세계와 정신세계의 대립과 갈등을 다각도에서 묘사하였다. 고대사회 '인간들의 갖가지 욕망과 고뇌에 대한 대서사시'가 변화무쌍한 오늘날에도 변함없이 귀감이 되는 까닭은 옛날이나 지금이나 '인간의 심성'은 그리 크게 변하지 않기 때문일 터이다. 화식열전에서 "군자가 부유해지면 덕을 즐겨 행하지만 소인이 부유해지면 그 힘을 휘두르려고만 한다"며 마음을 닦지 못한 인간에게 재물은 오히려 독이 되기 쉽다고 경고하였다. "일 년만 머물 곳이라면 곡식을 심고, 십년 머물 곳에서는 나무를 심고, 백 년을 살 곳이라면 덕(德)을 심으라"고 강조하였다. 결국 성숙한 인간관계를 가져야 재물의 가치도 늘어나고 재물의 주인인 사람의 품격도 높아진다는 의미가 아니겠는가?

금융투자 손자병법

모든 젊은이의 미래는 노인
이며, 모든 노인의 과거는 젊은이다. 한국경제가 당면한 '노인빈
곤' 현상은 미래에 노인이 될 지금의 젊은이도 피해가기 쉽지 않은
두려움이다. 2020년 현재와 같은 재정적자가 계속된다면 인간의
존엄성을 보장하는 사회안전망을 기대할 수 없다. 누구에게나 닥칠
'노인시대'를 여유롭게 살아가기 위한 저축과 자산관리 대책은 묘
수보다는 꾸준히 준비하고 실천하려는 자세부터 갖춰야 한다. 노후
빈곤은 만회할 기회가 없으므로 인생 '최후의 전쟁'에서 패하는 것
이나 마찬가지로 '절망에 이르게 하는 병'이나 다름없다. 이 같은
비극을 비켜가려면, 많고 적음을 떠나 소득의 일정 비율을 꾸준히
저축하고 효율적으로 관리해야 한다. 여유로운 '후기청춘'을 맞이
하려면 각자도생의 자세로 준비해야 한다. 손자병법을 응용하여 삶
의 불꽃을 환하게 타오르도록 대비하는 지혜를 살펴보자.

손무는 "적이 오지 않을 거라고 믿지 말고 적이 언제 오더라도 준비돼 있는 자기 자신을 믿으라(無恃其不來 恃吾有以待也, 손자병법 九變)"고 하였다. "적이 공격하지 않을 것이라고 생각하지 말고 공격하지 못하도록 방비를 갖춰야 한다(無恃其不攻, 恃吾有所不可攻也)"고 하였다. 다시 말해, 전쟁이 시작되고 나서 허둥지둥하지 말고 미리부터 전쟁에 대비하는 유비무환의 자세를 가다듬어야 전쟁을 막을 수 있고, 전쟁이 일어나도 승리할 수 있다는 이야기다. 누구나 알아야 할 실패하지 않는 저축과 투자를 위한 기본자세를 손자병법을 응용하여 생각해 보자.

첫째, "적을 알고 나를 알면 백번을 싸워도 위태롭지 않다(知彼知己, 白戰不殆)"고 하였다. 꾸준한 저축과 효율적 운용을 하려면 무엇보다 먼저, 자신의 능력을 벗어나지 않게 저축하고 투자하는 자세가 필요하다. 자신의 소득에 비하여 힘겨운 금액을 투자하고 저축하다가는 시간을 벌지 못하고 중도해지 손실을 보거나 손절매 위험이 기다린다. 욕심을 내어 대출 받은 돈으로 무리하게 투자하다가는 빚과 시간에 쫓겨 갈팡질팡하다가 시장을 냉정하게 바라보기 어렵다. 경기 동향과 기업 이윤 추이를 살펴보고, 금융상품을 선택하여 사야 할 때와 팔아야 할 때를 냉정하게 판단해야 수익을 낼 수 있다. 그 다음, 거시경제 흐름과 변화 방향을 함께 살피는 시각이 어느 정도 필요하다. 금융시장은 중장기에 있어 경제현상을 반영하며 변동하기 때문이다. 해외에서 외국인들이 복잡다기하게 설계된 파생상품은 함정이 있기 마련이어서 상품구조를 제대로 모르고 투자하다가는 수익은커녕 원금까지 다 잃고 부채까지 떠안는 경우가 종종 있다. 금융자산 관리를 전문 운용사에 맡기더라도 어느 정도 상품구조와 경제흐름에 대한 안목을 길러야 한다. 인생후반을 여유롭게 살기 위한 필요조건이다. 손무는 "무릇 적에 대해서도 모르고 나에 대해서도 모르면 싸울 때마다 위험에 처한다(不知彼不知己, 每戰必殆)"고 하였다.

둘째, "이기기 어려울 때는 지키고, 승리가 보일 때에 공격하라(不可勝者 守也, 可勝者 攻也)"고 하였다. 저축과 투자의 기본원칙은 시장 위험이 커 갈 때는 방어적 자세로 환금성이 높은 안전자산을 선택했다가 불확실성이 어디까지 증폭될 것인가를 관찰하여야 한다. 자산가격이 본질가치보다 크게 하락한데다 불확실성이 해소되는 조짐이 보이기 시작하면 공격적 자세로 위험자산을 선택해야 초과수익을 거둘 수 있다. 물론 서둘러서도 안 되고, 머뭇거리지도 말아야 하기 때문에 누구에게나 다 쉬운 일은 아니다. 자산운용에 성공하려면 말할 것도 없이 나름대로 자기 자신의 시각을 가지고 있어야 한다. 인내심과 동시에 결단력이 있어야 서두르지도 않고 머뭇거리지도 않는 감각을 키울 수 있다.

투자자들이 빠져들기 쉬운 집단본능(herd instinct)으로 이리저리 흔들리다 보면 냉정한 판단을 그르치게 되어 그에 따른 초과손실을 보는 것은 불문가지다. 전쟁터에서 병사들이 많이 몰려 있는 곳으로 포탄이 떨어지듯, 몰려다니다 보면 큰 손실이 기다리는 경우가 흔하다. 쉬운 예로 수익이 많이 난 펀드로 투자자들이 뒤늦게 몰리는데 그때는 이미 시장이 기울기 시작하는 경우가 대부분이다. 만약 남다른 수익을 내기 위한 길이 확실하게 보이지 않을 때는 욕심을 내지 말고 수익성이 낮더라도 안전자산을 선택하고 때를 기다려야 적어도 실패하지 않는 길이다. 사실 금융시장에서는 몇 번 성공하다가 한 번 실패하면 낭패 당하는 경우가 있으니 실패하지 않는 길이 성공으로 가는 길이다.

셋째, "남다른 지혜가 없으면 첩자를 부릴 수 없고, 인의를 갖추지 못하면 첩자를 부릴 수 없다(非聖智不能用間, 非仁義不能使間)"고 하였다. 여기서 말하는 첩자(間)는 금융시장에서 투자정보를 의미한다. 정확한 정보와 올바른 판단력은 최소한 실패하지 않기 위한 조건이다. 현대인들은 정보의 폭포(information cascade) 속에서 어떤 정보가 진짜 정보인지 가짜 정보인지 알아차리기 어려울 때가 많다. 정보를 가지고 있어도 정보의 가치를 알아내지 못하면 아무 쓸모가 없다. 정보를 양손에 거머쥐더라도 정보에 대한 판단이 헷갈리면 오히려 엉뚱한 선택을 하다가 손실을 입기 쉽다. 거시경제와 금융시장의 공동변화(co-movement) 흐름을 가늠하는 시각을 어느 정도는 갖춰야 정보의 가치를 판단하는 시각을 배양할 수 있다. 손자병법에서는 "움직이면 승리하고, 더 많은 공을 세우려면 미리 적의 사정을 꿰뚫고 있어야 한다(所以動而勝人, 成功出於衆者, 先知也)"고 하였다. 투자 대상 자산의 조건과 구성 내용을 알고 경제 흐름을 가늠할 수 있어야 평균 이상의 수익을 올릴 수 있다.

정보의 유통은 사람과 사람 사이에 전파된다. 이웃과 사회에 대한 도리를 다하는 인의 있는 사람에게 가치 있는 정보가 전달되기 마련이다. 더하여 사람을 대하는 진심이 없으면 상대방의 마음을 사기 어렵고 진실한 행동할 때 마음을 여는 법이다. 무엇인가 서로 경계하는 사람끼리 유통되는 정보는 가짜정보 또는 역정보일 때가 있어 가까이 하다가는 망신당할 수도 있다(미래를 예측하는 기능이 점점 커져가고 있는 빅데이터를 주시할 필요성이 커지고 있다). 고객의 이익보다는 영업을 먼저 생각하는 관리자의 말만 믿고 투자하다가는 낭패 당하는 경우도 있다. 키코

사태(KIKO), 라임사태, 옵티머스 사태의 공습을 받아 상당수 가계와 기업들이 절망의 늪으로 빠진 사실을 되돌아보자.

넷째, "승리할 길을 알고 있더라도 승리는 뜻대로만 되지 않는다(勝可知, 而不可爲)"고 하였다. 매사를 튼튼히 준비해도 예기치 못한 사태가 벌어질 수도 있는 것이 세상일이다. 변화의 속도가 가속화되며 위험과 불확실성이 사방에서 증폭되는 개방경제체제에서 예측과 결과는 사뭇 달라지기도 한다. 쉬운 예로 경기가 일시적으로 미세하게나마 반등할 것 같았던 기미를 코로나19 사태가 덮어버렸다. 무릇 '세상사 마음대로 되지 않을 수 있다'는 생각을 가져야 한다. 미래를 생각하고 예상과 다른 상황이 벌어질 것에 대비하여야 한다. "가뭄이 들면 배를 준비하여야 하고 홍수가 나면 수레를 준비하여야 한다"는 사마천의 지혜를 생각해 보자.

'노인시대'를 맞이하여 '노인빈곤'에 시달리지 않으려면, 저축과 자산관리에서 분산이 필요하다. 대체로 위험과 (기대)수익은 반비례하는 경향이 있기 때문에 위험과 불확실성이 커가는 상황에서는 투자 대상을 분산시켜야 위험을 무리 없이 극복할 수 있다. 개인에 따라 위험 추구 성향이 각기 다르지만. 나이가 들수록 수익성보다 안전성 있는 자산의 비중을 높여야 함은 물론이다. 안전하게 투자하려면 높은 수익보다 평균수익을 기대해야 한다. 자산운용의 기본원칙은 수익과 위험을 비교하여 분산하는 습관을 들여야 한다. 부동산, 주식, 채권, 외화, 보험 같은 여러 가지 자산에 골고루 분산하여 평생 저축을 하면서는 큰 승리를 기대하기보다 큰 패배를 더욱 경계하여야 한다. 은퇴 이후에는 수익을 낼 때 기뻐하기보다는 손실을 볼 때 크게 절망하는 경향이 있기 때문에 공격적투자는 자산의 일부분만 해야 한다.

우리나라 노인 빈곤율은 '2018년 기준 45.7%로, OECD 평균인 12.9%' 보다 비교 불가능하게 높아 '노인이 가장 가난한 나라'라는 오명을 들어왔다. 60세 이상 인구의 가계부채율 또한 금융자산의 73%로 전 국민의 64%보다 높아 사회적 문제로 부각되고 있다. 한국경제 역동성이 시들해지며 성장잠재력이 시나브로 하락하는 가운데, 재정적자가 급속하게 확대되고 있다. 재정적자는 돈을 지금 써야 하는 대신에 그 빚을 다음 세대, 그 다음 세대가 대신 갚도록 떠넘기는 일이다. 평생동안 납세자들이 먹여 살려야 하는 공무원 숫자가 급증하는 모습만 봐도 노인빈곤이 개선되기보다 오히려 악화될 가능성도 있다.

다가온 초고령사회에서 여유로운 '후기청춘' 시대를 꿈꾼다면 청년 시절부터 계획하고 준비하는 일은 선택이 아니라 필수사항이다. 언젠가 노인이 될 수밖에 없는 '젊은 사자(獅子)' 들이 우물쭈물하다가 닥칠지도 모를 '노인빈곤' 이라는 최후의 비극을 피해가려면 미리부터 계획하고 꾸준히 실천해야 한다. 여유 있게 살아가려면 누구를 믿기보다는 자신이 살아나갈 길을 제 스스로 찾아가는 각자도생의 길을 개척해야 한다. 주자십훈(朱子十訓) 중에 "편안할 때 어려움을 생각하지 않는다면 실패한 뒤에 뉘우친다(安不思難敗後悔)"고 경고하였다. 유비무환의 태세를 가져야 어떠한 위험과 불확실성이 닥쳐도 차분하게 대응할 수 있다.

손무는 "전쟁은 국가의 존망이 걸린 죽느냐 사느냐의 국가대사로 신중에 신중을 기하라(兵者, 國之大事, 死生之地, 存亡之道)"고 하였다. '노인시대' 빈곤을 미리부터 예방하여야 '후기청춘' 시대에 낭만이 기다린다. 여유롭게 향유하며 건강하게 살아가기 위한 대책 또한 전쟁을 준비하듯 꾸준히 신중하게 대비하여야 한다. 손자병법은 후세에 병가의 경전(經典)이 되었다고 열국지는 평가한다. 손무는 절대 비열한 술책을 쓰지 않고 항상 바른 길을 가며 남의 귀감이 되었다. 저축과 투자도 항상 정공법을 택해야지 조금이라도 떳떳치 못한 방책을 쓰려다가는 인생살이에서 모든 것을 한꺼번에 잃기 쉽다는 점을 마음에 꼭 새겨야 한다.

야비한 지혜를 쓰지 않았으며(智非偏屈)

비열한 술수를 쓰지 않았도다(謀不盡行)

높은 벼슬을 받지 않았으니(不受爵祿)

망하거나 사는 길을 알았도다(知亡知存)

세상에 나와 실력을 발휘하고(身出道顯)

산으로 들어가 이름을 남겼도다(身去名成)

– 東周 列國志 중에서

천시 · 지리 · 인화의 조화

인의를 바탕으로 왕도정
치를 주장한 맹자는 세상사에서 성공과 실패를 결정짓는 기본요소
를 세 가지로 보았다. 하늘이 내리는 때의 이로움인 천시(天時), 땅의
혜택을 누리는 지리(地利) 그리고 사람들이 화합하여 힘을 보태는 인
화(人和)다. 그 중에서 어려울 때일수록 서로 중지를 모아가는 인화
를 가장 중시하였다. 그 옛날 생사를 가름하는 전쟁에서 이기려면
추위와 비바람과 같은 때를 잘 택해야 하고, 실전에서 지형지물을
적절하게 이용해야 한다. 뛰어난 전략전술도 장수와 병졸들이 인화
단결 해야 제대로 펼쳐질 수 있다. 천시 · 지리 · 인화는 현대를 슬
기롭게 살아가기 위한 변함없는 지혜로 응용할 수 있다. 대내외 정
세를 살펴볼 때 천시 · 지리 모두 만만치 않은 국면에서 '편 가르
기' 늪에 빠져 있다. 인화를 회복하려면 너나없이 조금이라도 멀리
내다보는 자세가 필요하다.

제갈공명은 삼국의 운명을 가름하는 적벽대전에서 때마침 불어온 동남풍을 이용하여 난공불락이라 여겨졌던 적의 함대에 불을 질러 전쟁을 승리로 이끌었다. 적의 배들이 묶여 있지 않았더라면 화공법이 불가능한 전술이었다. 이순신 장군은 한반도 서남 해안의 소용돌이치는 물살의 변화를 미리부터 세심하게 연구해뒀다가 왜적 함대를 울돌목(명량해협)으로 유인하여 대파시켜 그야말로 중과부족 상황에서 대승을 거뒀다. 천시와 지리에 능통하더라도 인화단결 시키지 못하면 용사들을 오합지졸로 만들어 전투에서 승리를 기대하는 것은 무리다. 인화를 이룩하려면 먼저 아래를 아끼는 마음 자세를 가져야 응집력이 굳어진다. 위에서 위엄을 부리고 권위부터 세우다 보면 진정한 존경심보다 겉으로만 충성하다가 위기 상황이 벌어지면 뿔뿔이 흩어져 버린다. 큰 소리를 앞세우는 장수들이 막상 전투가 벌어지면 제 목숨만 구하려 드는 모습은 임진왜란과 6,25동란에서 뼈저리게 경험하였다.

천시(天時)는 개방경제체제에서 국제 정세를 의미한다. 아시아태평양에서는 미·중이 자국의 경상적자, 경기침체, 저성장을 극복하고 나아가 미래의 경제패권을 거머쥐려고 혈안이 되어 총성 없는 전쟁을 벌이고 있다. 그 틈을 타 일본은 한국에 대한 공세를 개시하고 약점을 파고들려고 노리고 있다.

지리(地利)는 국가경쟁력, 나아가 성장잠재력이다. 우리나라는 단기 업적주의에 따른 전시행정이 계속되면서 시나브로 성장잠재력이 잠식되어왔다. 새로운 성장주도 산업은 안개에 쌓여 있는데, 얼마 전까지 주력산업 현장이 어느덧 '러스트 벨트(rust-belts)'로 변하였다. 경제성장률 (이동평균)추세선이 우하향하는 모습이 뚜렷해지며, 2020년대에는 경제성장률이 1% 이하로 하락할 것으로 예상되었다. 이 어려운 상황에서 어떻게 진행될지 그 끝을 모르는 코로나19의 공격까지 받았다.

인화(人和)는 사람과 사람 사이의 관계를 튼튼하게 만드는 사회적 자본(social capital)으로 공동체를 연결하는 고리이며 서로를 지켜주는 방패막이다. 인화의 바탕은 뭐니뭐니 해도 공동체 구성원들 사이의 믿음이다. 신뢰에 바탕이 되는 인화가 없으면 사회적 수용능력이 마모되어 성장잠재력이 시나브로 삭는다. 외부로부터의 위험과 불확실성을 극복하려면 무엇보다 인화단결이 전제되어야 하는데 서로 견제하려 수단방법 가리지 않으려는 움직임까지 감지된다. 제발 구한말의 그 혼란과 비극이 재현되지 않기를 바라는 마음이다.

국제경제 상황과 관련하여 천시·지리·인화를 생각해 보자. 19세기 중상주의로 퇴보하는 모양새를 띄는 무역전쟁은 어떠한 경우에도 서로 손해를 보는 게임이지 어느 일방이 이기거나 지기만 하는 게임이 아니다. 누가 더 손해를 보고, 덜 손해를 보느냐의 게임이다. 정도의 차이는 있더라도 미국도 중국도 같이 충격을 받아야 하고, 한국도 일본도 타격을 입을 수밖에 없다. 경제 상황과 동떨어져 세계 금융시장이 동반하여 요동하는 모습을 보자. 상대방에게 물러설 수 있는 길을 서로 남겨야 한다. 2020년 현재, 일본은 순대외금융자산이 높아 대외지불능력이 넉넉하지만 세계경제위기가 닥칠 경우 우리나라와 금융시장 공조를 외면할 가능성이 크다.

채권투자 전략과 관련하여 천시·지리·인화를 생각해 보자. 천시는 경기변동에 비유할 수 있다. 경기가 회복될 것으로 예상되면 금리가 상승하여 채권가격 하락이 예상되고, 반대로 경기가 침체되어 금리가 내릴 것 같으면 채권가격이 상승한다. 따라서 경기가 확장될 것으로 판단되면 금리상승에 미리 대비하여 보유채권을 단기화하거나 현금화해야 손실은 줄이고 수익은 높일 수 있다. 경기가 수축될 것으로 판단되면 금리 하락에 대비하여 장기 채권을 보유하여야 수익을 높일 수 있다. 채권의 지불불능위험은 지리에 비유할 수 있다. 경기가 좋아지기 시작하면 위험회피 성향이 줄어들어 시장에서 리스크프리미엄이 줄어듦에 따라 위험채권 금리가 하락한다. 경기가 나빠지면 위험회피 성향이 커져 위험프리미엄이 높아짐에 따라 위험채권 즉 저 신용등급 채권 금리는 상승한다. 다시 말해 경기회복이 예상되면 위험채권 가격은 상승하고 무위험채권 가격은 하락할 것으로 쉽게 예상할 수 있다. 경기 동향을 가늠하는 일은 채권시장에서 매매차익을 실현하기 위해 결정적으로 중요하다. 인화는 통화 당국과의 대화와 협력을 통한 시장 신뢰 형성이다. 효율적 금융시장은 경제운용의 실적치와 기대치를 반영하여 경기변동에 대응하는 유용한 정보를 제공한다. 금통위는 시장이 경기변동에 대응하여 경제현상을 제대로 반영해나가도록 선제적(preemptive) 조율을 해야 한다. 현실세계에서 중앙은행은 시장보다는 정치적 판단을 중시하여 경기변동에 역행하여 금리를 조정하는 사태가 가끔 벌어졌다. 불확실성을 축소시켜야 할 정책당국이 불확실성을 확대시키는 모습을 이해하기 어려운 장면이었다. 세계 어느 나라나 중앙은행 독립성을 강조해 온 까닭은 무엇인가?

GDP대비 외국인투자비중이 높은 우리나라가 아무래도 불확실성이 크다고 할 수밖에 없다. 더구나 우리는 대외의존도가 세계에서 가장 높은 수준인데다 내수는 점점 허약해지는 약점까지 있다. 정확하게 사태를 판단하고 대응하지 않으면 자꾸 말려들 수밖에 없다. 이상에 치우치거나 실험으로 경제문제를 풀려고 하다가는 먹고살기 힘든 사람들을 더욱 고달프게 만들 수 있다. 인내를 가지고 천시·지리·인화를 조화시키는 냉철한 시각과 대응이 절실하게 요구된다.

내 편의 의견만 무조건 받아들이다 보면 상대편의 의견을 덮어놓고 비판하는 습성이 생기고 인화가 이뤄지기 불가능해진다. 그러다 보면 옳고 그름을 바르게 판단하지 못하는 데다 미래를 내다보는 시각이 없어진다. 현상을 제대로 읽는 판단력과 미래를 내다보는 예측력이 훼손되면 문제를 풀기보다 더욱 꼬이게 할 수 있다. 개인이나 사회를 막론하고 전체보다 부분의 이익을 위해 다투다 보면 위기대응 능력을 상실하여 불확실성을 헤쳐 나갈 지혜를 찾지 못한다. 나라가 잘되면 개인도 잘되어야 하고, 개인이 잘되면 나라도 잘되는 동기양립(動機兩立) 프레임이 형성되어야 밝은 미래를 기약할 수 있음은 더 말할 필요도 없다. 오늘날 한국경제가 당면한 천시·지리·인화 세 가지 모두 녹녹지 않은 상황이다. 어려울 때일수록 각자도생 정신으로 나부터라도 열심히 살아야 나라가 흔들리지 않고 보다 밝은 미래를 기약할 수 있다.

돈의 가치변화와 기회

자본이 경제순환에서 차
지하는 비중이나 영향력이 점점 줄어들고 있다. 먼저, 산업구조가
아날로그에서 디지털 중심으로 변해 가며 생산요소로써 자본이
차지하는 비중이 차츰 낮아지고 있다. 다음, 생산성향상에 따라
유동성이 팽창되어도 일반물가가 오르지 않고 자산 가격만 변동
하는 모습이 뚜렷하다. 그 다음, 핫머니 유출입으로 금융시장이
(국내)거시경제 현상과 괴리되어 움직이는 비정상 상황이 종종 나
타나고 있다. 빈부격차 심화로 경제적 신분이동이 제약되는 상황
이지만, 창조적 아이디어, 새 기술을 개발하면 자본 없이도 부가
치를 창출하여 사회에 이바지하며 자신도 부를 축적할 수 있다.
세상의 변화, 소비자 기호를 따라가면 누구나 큰일을 할 수 있는
'기회의 시대'가 노력하는 누구에게나 과거 산업사회보다 넓게 전
개되는 셈이다.

새롭게 전개되는 돈과 관련한 변화 몇 가지를 살펴보자.

첫째, 부가가치를 창출하는 생산요소 가운데 기술과 정보의 비중이 커지면서 자본의 비중은 점차 줄어들고 있다. 과거 산업사회에서는 대규모 시설과 장비를 동원하는 '규모의 경제'를 통한 대량생산 과정에서 독과점 이익을 크게 챙겼다. 오늘날은 남보다 빠른 아이디어나 창조적 기술을 개발하면 작은 자본으로 조그만 창고에서 막대한 부가가치를 창출하는 사례가 늘어나고 있다. 21세기로 들어서면서부터 큰 자본을 투입하여 큰돈을 번 신흥 거부들은 사실상 없고, 대부분 창조적 아이디어로 큰 부를 일궈냈다. 쉽게 말해, 새로운 부가가치를 창출하는 과정에서 기술과 정보가 더 큰 몫을 차지하는 시대로 변하며 생산요소로서 자본의 영향력은 점점 낮아지고 있다. 돈이 돈을 번다고 하지만 돈 없이도 연구·노력하는 사람에게 돈 벌 기회가 늘어나는 셈이다. 참고로 이런 환경에서 기업 가치평가는 실물자산보다 무형자산 가치를 보다 중시해야 한다. 장부가치가 아닌 (기대)수익가치를 과거보다 높게 평가해야 (금융)시장을 바로 관찰할 수 있다.

둘째, 유동성을 확대해도 물가가 오르지 않는 현상이 21세기 들어서면서 짙어지고 있다. 세계금융위기 이후 돈을 마구 풀어도 물가가 오르지 않아 각국 중앙은행 책임자들을 당황하게 만들기도 하였다. 일부 선진국의 경험은 거의 무제한으로 돈을 풀어도 물가가 오르지 않는다. "물가는 언제나 어디서나 화폐적 현상이다"는 통화주의(通貨主義) 강령은 과거 산업사회에서는 금과옥조처럼 맞는 말이었다. 기술혁신 가속화로 생산성이 기하급수로 향상되어 원가가 대폭 절감되는 환경에서는 더이상 맞지 않는 말이 되었다. 불과 수년전 경기수축기에도 불구하고 금통위 의장이 "물가가 오르지 않아 기준금리를 올리지 못한다"고 말한 보도를 보고 황당했었다. 기술혁신으로 생산원가가 점점 낮아지는 데다 생산자와 소비자 직거래로 유통단계가 줄어드는 환경에서 중간 차익이 줄어들어 물가가 오르지 못한다. 빈부격차 심화로 소비수요기반이 취약해져 돈이 돌지 않는 것도 물가가 오르지 않는 원인의 하나이기는 하다. 종래의 화폐수량설($MV=PY$)에서 물가에 영향을 미치는 돈이 도는 속도(V)가 떨어지면서 물가(P)상승 압력이 줄어들고 있다. 개방화가 진행되면서 역내·외 생산물 이동이 빨라져 기후변화 같은 일시적 공급 불균형 현상에 따른 가격 불균형 현상도 줄어들었다. 독과점업자의 고가정책 횡포도 이제는 한계에 이르렀다.

셋째, 실물경제 상황과 관계없이 외국인포트폴리오투자(FPI) 자금이 빈번하게 유·출입되면서 금리·주가·환율이 거시경제 현상을 제대로 반영하지 못하는 경우가 자주 벌어진다. 개방경제 체제에서 통화정책의 파급효과가 달라지며, 단기적이기는 하지만 실물부문과 금융부문이 따로따로 움직이는 '금융과 실물의 괴리' 현상이 빈번하게 나타나는 까닭이다. 기초경제여건 변화와 관계없이 외국인들 움직임에 따라 채권시장, 주식시장, 외환시장이 흔들리는 비정상 상황이 자주 전개되고 있다. 성장, 물가, 고용, 국제수지와 금융시장 관계가 불분명해지고 있어서 통화관리 방향을 잡기 어려운 것도 사실이다.

돈이 생산 활동에서 차지하는 비중이 점점 줄어들면서 경제사회에 몇 가지 새로운 변화가 일어나고 있다.

먼저, 자본이 없어도 아이디어와 기술만 개발하면 사회에 기여하면서 부자가 될 기회가 커져 가고 있다. 빈부격차 심화로 경제적 신분이동 제약이 심해지는 상황에서도 열심히 연구·노력하는 사람에게는 새로운 '기회의 시대'가 열려 가고 있는 셈이다. 실제로 어느 나라에서나 새로 등장하고 있는 신흥거부들 대부분이 과거와는 다른 경로를 통하여 부를 축적하였음을 알 수 있다. 대규모 생산시설을 통하여 부가가치를 창출하기보다는 큰 자본을 들이지 않고 새로운 아이디어로 변화하는 시대에 필요한 응용기술을 개발한 사람들이다. 인간에 대한 애정을 가지고 사람들이 무엇을 원하는 가를 세심히 살피고 노력하는 개인이나 기업에게 큰 기회가 온다. 국민경제의 성장과 발전을 지속하려면, 중소기업 또는 개인이 새로운 기술을 개발했을 때, 정보능력이나 자본동원 능력이 큰 세력으로부터 보호하는 환경조성이 절대 필요하다는 메시지를 전하고 있다.

다음, 돈을 풀어도 일반물가가 오르지 않고, 풀린 유동성이 실물부문으로 흐르지 못하여 대기성 자금으로 부유한다. 그러다 자산시장으로 몰려들면 자산 인플레이션(asset inflation)이나 거품 현상이 나타나 자산시장을 교란한다. 경기불황이 이어지는 경기수축기에 주식시장과 부동산시장이 꿈틀거리고 요동치는 까닭이다. 실물부문과 금융부문을 견주어보면 실물생산부문으로 자금이 이동할 유인이 없다. 생각해 보자. 2020년 8월 현재, 경제성장률 △2.7%, 물가상승률 0.7% 상황에서 기준금리 0.50%, 시중은행 총대출 평균금리 2.92%인데 정상적 평균 기업이 이윤을 낼 형편이 도저히 되지 않는다. 투자를 유인하려면 적어도 모든 경제활동의 평균 기회비용인 금리가 경제성장률에 물가상승률을 더한 값보다는 낮아야 한다. 가계, 기업, 정부가 잊어서는 안 될 사항은 기업이 이익을 낼 가능성 있는 사업을 영위할 때 경제순환이 순조롭게 이어진다는 점이다. 나라 경제를 위하여 덮어 놓고 밑지는 사업이라도 붙들고 있게 만들면 기업도, 결국 나라경제도 흔들린다.

그 다음, 돈이 경제순환에 미치는 영향력이 변화함에 따라 금리나 유동성을 변동시켜 경기를 조절하는 일이 쉽지 않아졌다. 금융이 실물부문에 미치는 경로와 효과가 다양하게 얽히고설키며 '돈의 상대적 가치'가 거시경제여건과 관계없이 변화하는 경향이 뚜렷하다. 외부충격에 대비한다고 시장을 억지로 끌어올리거나 억누르면, 실물과 금융의 불균형 현상이 시차를 두고 나타나 금융과 실물이 분리되어 움직이는 경우가 빈번할수록 시장 간 차익거래 기회가 크게 발생한다. 실물과 금융이 괴리되면서 부가가치 창출과 관계없는 비정상적 부의 재분배가 진행될 부작용도 경계하여야 한다는 이야기다.

경제 대통령이라 불리는 중앙은행 책임자들은 지옥문을 지킨다는 '생각하는 사람'보다도 더 깊이 고뇌하는 모습들을 보인다. 정치적 압력과 경제적 당위성 사이에서 고민하다 통화정책을 거시경제현상과 어긋나게 펼치는 우를 범하는 경우도 상당하다. 이를테면, 경기가 과열 상태인데도 지속적 경기부양을 위하여 유동성을 팽창시킨다든지, 경기가 수축되는 상황에서 부동산가격을 억제하기 위하여 (기준)금리를 올리는 해괴한 동작이다. 사실 한국경제는 과거 고성장·고물가 시대를 오랫동안 겪으면서 고금리 타성에 익숙하다 보니 '저금리 착시현상'에 시달리고 있다. 가계도 기업도 금융당국도 다 마찬가지다. 지금과 같은 저성장, 저물가 상황을 감안할 때, 2020년 현재 정책금리나 시장금리가 매우 높다는 사실을 가계도 기업도 당국도 모두 외면하고

있다. 우리보다 경제체질이 튼튼한 나라들이 '제로 금리' 나아가 마이
너스 금리 정책을 펼치는 까닭이 무엇 때문인가? 우리나라의 경우, 금
융시장을 보는 시각이 금융당국이나 시장이나 비정상 상태를 헤매는
원인의 하나는 '부동산 시장 억누르기' 때문일 것이다.[3]

　돈이 경제순환에서 차지하는 비중은 점차 낮아지고 있는 상황과 반
대로 사람들이 돈에 대한 집착은 점점 더해지고 있다. 수명은 늘어나
고 미래사회 불확실성은 점점 커가고 있어 불안심리가 확대되고 있기
때문일 것이다. 화폐가치 변동은 가계나 기업이 처한 상황에 따라 채
권자의 채무자의 이해관계를 정면으로 엇갈리게 만든다. '경제 대통
령'이 헛기침만 해도 시장이 동요하는데, 경제순환이 복잡해질수록
그 부작용은 점점 더 커진다. 그런데도 불분명한 메시지를 시장에 자
주 보내거나 헛발질까지 하면 위험과 불확실성은 커지고 가계와 기업
은 우왕좌왕하게 된다. 나라 경제는 방향감각을 잃고 먹구름이 끼게

---

3) 약 3년 동안 23차례나 부동산가격 상승억제 시책이 강행되다 보니 막연하게 '가격 상승 요인
이 어디엔가 숨겨져 있는 것' 처럼 여겨 시장심리 불안이 가시지 않는다. 게다가 과거 참여정부
때 생성된 내성이 되살아나 가격을 누를수록 가격탄력성이 커지고 있다. 2,300년 전에 사마천(司
馬遷)은 어떤 물품이라도 오르는 데 한계가 있어 다시 내리고, 내리는데도 끝이 있어 다시 오른
다고 하였다. 인간의 욕망에 따라 돌아가는 세상 이치를 거스르지 않아야 가격도 정상으로 돌아
온다고 설파하였다. 부동산가격 상승 원인은 자산인플레이션 우려와 함께 빈번한 가격 억누르기
부작용도 부분적 원인이다. 그러나 학군제도를 개선하거나 폐지하지 않고는 가격불안은 일시적
으로 잠재되었다가 다시 재연될 것이다. '끼리끼리 노는 사회' 에서 자식들을 엘리트 집단에 끼
워주고 싶은 욕심을 누가 나무랄 수 있겠는가? 학군제를 놔두고 부동산시장 가격억제 대책을 계
속하다가는 일을 그르칠 수 있다. 수도를 세종시로 옮겨도 학군제를 놔두고는 부동산 관련 대책
은 효과가 크지 않을 것으로 짐작된다. 서울은 52%, 나라전체는 11%인 원인부터 생각해야 문제
가 풀리기 시작한다.

된다. 그 부작용의 대가는 모두 가계와 기업이 신음하며 지불해야만
한다. 때로는 순조로운 경제순환을 위해서 때로는 시민들의 생활안정
을 위해서 두려워하기도 해야 하지만 필요할 때는 과단성 있는 조치가
필요하다. 중앙은행의 독립성이 절대로 요구되는 까닭이다. 그 신중하
면서도 결단력 있는 자세는 어느 특정 집단이 아니라 국민경제 전체를
위한 것이어야 함은 말할 나위가 없다.

갔다가도 다시 오고 왔다가도 다시 가는(去復還來來復去)

산사람도 죽이다가 죽는 사람도 살려낸다(生能死兮死能生)

부자는 잃을까 빈자는 얻으려 애태우다(富恐失之貧願得)

얼마나 많은 인간들이 백발로 변했는가(幾人白髮此中成)

— '돈(錢)' 중에서 / 김삿갓

묘수·꼼수·무리수·자충수

바둑에서 최선의 수를 찾으려면 청심과욕(淸心寡欲) 즉, '마음을 맑게 갖고 욕심을 적게 내라'고 하였다. "묘수 세 번 두면 바둑 진다"는 바둑 격언은 묘수를 내야만 할 정도로 형세가 불리하다는 뜻이기도 하다. 욕심을 버리지 못하고 반복하여 묘수를 내다보면 꼼수나 무리수를 두게 되고 스스로 함정을 파는 자충수(自充手)로 변하여 바둑을 망쳐 버린다는 의미도 된다. 세상살이에서 변법(變法) 또는 변칙을 쓰다가는 제 꾀에 넘어가 주변에 피해를 입히고 자신도 망치기 쉽다. 이상과 현실의 괴리가 심한, 꾀 아닌 꾀는 묘수처럼 보여도 꼼수로 변하고 결국에는 자충수가 되어 혼란을 초래한다. 누구나 알다시피, 경제에 묘수가 있을 수 없는데, 재주를 자주 부리다가는 단기로 미미한 효과는 몰라도 중장기로는 낭패당할 밖에 도리가 없다.

춘추시대 송나라 농부가 욕심이 나서 벼를 빨리 자라게 하려고 조금씩 뽑아 올려 벼의 키를 키우고 흡족해 하였다. 다음 날 논에 가보니 벼들이 죄다 시들었다. 모를 뽑아 올려 웃자라게 하는 알묘조장(揠苗助長) 고사는 조급하게 서두르거나 임시변통의 묘수를 쓰면 후유증이 크다는 교훈을 주고 있다. 무슨 일을 하든지 자연의 순리를 따르지 않으면 잠시 동안 가짜 성공을 거둘지 모르지만 오히려 실패의 원인이 되는 일은 자주 목격한다. 먼 미래를 생각한다면 욕심을 내어 빨리 서두르면 뜻을 이루지 못하는 욕속부달(欲速不達)을 경계하여야 한다. 순리를 따라 노력하면 차츰 차츰 나아간다는 뜻인 순서점진(循序漸進)은 진정 새겨들어야 한다. 많은 사람들을 절망으로 이끈 경제재난들은 대부분 현실을 무시하고 욕심 사납게 알묘조장의 묘수를 내려다가 초래한 재앙이었다. 몇 가지 예를 들어보자.

주식시장 1989년 12 · 12사태는 주가지수가 정권에 대한 인기도라고 착각한 권력이 주가를 끌어올리려 중앙은행 발권력까지 동원한 무리수였다. 1989년 4월 1007p을 기록한 코스피지수가 860p까지 밀리자 나랏돈을 퍼부어 주가를 끌어올리려 했지만 투자자의 신뢰를 잃어버린 시장은 1992년 8월 467p까지 추락하며 혼란을 더하게 만들었다. 1997년 IMF 구제금융 사태는 '국민소득 1만 달러 달성'이라는 허울에 매달려 얼마 없는 외화를 바닥까지 긁어내서 외환시장에 내다 팔며 환율을 억지로 억누르려다 오히려 폭등시킨 자충수였다. 대외신인도가 땅에 떨어져 갈팡질팡하던 정부는 갑자기 "금융기관 대외부채를 정부가 보증한다"는 덜컥수를 두어 환율을 용수철처럼 튀어 오르게 만드는 자충수가 되었다. '국가부도사태'라는 최악 상황으로 치닫게 하는 절체절명의 대악수가 되었다. 경기를 무리하게 부양하려는 과욕으로 '절약의 역설'을 외치며 카드 사용을 통한 과도소비를 유도하다 결국 '2003 카드대란' 사태를 촉발시키고 말았다. 그 결과 가계부실을 초래하고 소비수요기반을 흔들리게 하는 단초가 되었다. 초단기로는 경기를 부추기는 묘수였는지 모르지만 중장기에 있어서는 한국경제의 뇌관이 되고 있는 가계부채 사태 시발점이 되어 경제성장 동력을 훼손시키는 자충수로 변하였다.

수년 전 어느 프로 바둑기사가 아마추어와 이벤트 지도대국을 두면서 묘수인지 꼼수인지를 남발하며 배우려는 하수를 농락하는 광경을 본 일이 있었다. 그가 장바닥 내기꾼인지, 아니면 전문기사인지 의아하게 생각되었다. 바둑은 수가 무궁무진하여 고수가 묘수나 꼼수를 두면 하수로서는 정수인지 속임수인지 분간하지 못하고 허둥댈 수밖에 없다. 하수를 농락하며 바둑을 바둑답지 않게 이끄는 그가 진정한 프로페셔널인지 의문이 들었다. 멀리 생각하지 못하고 눈앞의 성과에 매달려 묘수, 꼼수, 무리수, 덜컥수를 남발하며 나라 살림을 아랑곳하지 않은 어리석고 욕심 많은 관료들과 다를 바 없다는 생각이 들었다.

경제 순환, 나아가 세상살이에는 묘수가 있을 수 없다. 무릇 가계운용, 기업경영, 국가경영이 성공하려면 기본흐름을 역행하지 말아야 한다. 현실을 무시한 대책과 조치는 시차가 있을지는 모르지만 결국 무리수나 자충수로 변한다는 말이다. 조금만 생각한다면 한국경제 위험과 불확실성의 진원지는 잦은 경기부양으로 성장잠재력이 추락하고 있다는 사실을 인식해야 한다. 단기부양책은 조그만 성과는 몰라도 결국 성장동력을 해치기 마련이다. 기업이 이윤추구동기로 재화와 용역을 '더 싸게, 더 좋게, 더 빨리' 만들어 내는 과정에서 일자리도 생기고 나아가 성장잠재력도 자연스럽게 확충된다. 나랏돈으로 생산 없는 일자리를 만들어 내면 성장잠재력은 퇴락할 수밖에 없고 중장기에 있어 소득은 더 줄어들 수밖에 없는 자충수로 변한다. 경제위기는 날벼락처럼 오지 않고 곪고 곪은 문제들이 쌓였다가 터지는 법이다. 시장 가격기능을 무시한 특단의 조치는 중장기에 있어서는 효과보다 부작용이 크기 마련이다.

경제는 연출이 되어서는 안 된다. 2020년 2월 대통령은 아산시장에서 반찬가게 주인으로부터 경제가 "거지같아요" "너무 힘들어 못 살겠어요"라는 진솔한 호소를 들었다. 바로 다음 날 국무회의에서 "현 경기상황은 비상경제시국이니 전례를 따지지 말고 대처하라"고 지시했다는 보도가 있었다. 만약, 사람들을 미리 모아 경제가 잘 돌아간다고 말을 맞추는 꼼수를 연출했더라면 현장 상황을 생생하게 들을 수 없었을 터다. 사실 그 시장 아주머니는 일각에서 호도하는 것처럼 불평분자가 아니라 충정을 호소한 애국자다. 조선시대 성종 같은 군주들이 자주 벌인 미복잠행(微服潛行)은 재미가 아니라 백성들이 사는 모습을 꾸밈없이 그대로 보고 듣고 싶어서였다. 현실을 무시한 동떨어진 묘수나 꼼수는 단기에는 사람들의 응원을 받고 자그만 효과는 있을지 모르나 중장기로는 부작용이 생기고 조직과 사회에 불신풍조를 조성하는 악수로 변한다.

묘수가 자주 등장하는 조직이나 사회에서는 어느덧 불신풍조가 휩싸고 돈다. 사람들의 마음을 반죽해 내려는 '립 서비스'나 연출은 정보가 독점 · 왜곡 · 남용되는 '막힌사회'에서는 묘수로 통했는지 모른다.

정보전파속도가 빛처럼 빠른 열린사회에서는 헛웃음을 자아내게 하는 꼼수나 자충수로 변한다. 그로 말미암아 비롯되는 불신풍조와 그에 따른 심리위축은 경제순환에 장애를 일으키기 마련이다. 가계운용, 기업경영, 국가경영에서 임시변통의 묘수를 자주 쓰다 보면 조그만 성과는 거둘지 모르지만, 일도 그르치고 마침내 인심까지 잃게 되는 소탐대실(小貪大失)이 된다. 작은 것을 버릴 수 있어야 큰 것을 얻을 수 있다는 사소취대(捨小取大)는 세상살이 어디서나 통하는 변함없는 이치다.

모든 나뭇잎, 모든 돌 틈에 감춰 둔 교훈들을 배우게 하소서
제 형제들보다 더 위대해지기 위해서가 아니라
가장 큰 적인 제 자신과 싸울 수 있도록 힘을 주소서
저로 하여금 깨끗한 손, 똑바른 눈으로
언제라도 당신에게 갈 수 있도록 준비시켜 주소서
제 혼이 부끄럽지 않게 당신에게 갈 수 있게 하소서

— '인디언 기도문' 중에서

최선의 선택을 위한 기회비용

무슨 일을 하든지 적어도 비용보다는 높은 편익을 내는 선택을 해야 이기적이면서 합리적으로 행동하려는 경제적 인간(homo economicus)의 경제적 선택이다. 합리적 경제행위를 위한 선택의 바로미터가 기회비용이다. 기회비용은 재화나 용역이 부족한 상황에서, 합리적으로 결정한 최선의 선택에 따라 포기해야만 하는 다른 선택의 가치를 의미한다. 시장 경제 체제에서 저축과 투자, 생산과 소비를 선택하는 기준이 되는 대표적 기회비용(opportunity cost)이 금리다. 기업은 (조달)금리보다 높은 수익을 내는 사업은 확장하고, 낮은 수익을 내는 사업은 축소하거나 퇴출시켜야 이익은 크게, 손실은 적게 할 수 있다. 개인의 경우에는 저마다 가치관에 따라 소중하게 여기는 무엇이 각각 다르기 때문에 기회비용을 획일적으로 산정하기 어렵다.

오늘 당장은 만 원만 써야 할 주부가 그 돈으로 사과를 살까 아니면 삼겹살을 살까 고민하다 사과를 샀다면, 사과를 사기 위하여 포기한 삼겹살의 가치가 바로 기회비용이다. 더 정확하게 표현하면 사과 대신 삼겹살을 먹는다고 가정할 때, 가족들이 느끼게 될 미실현(unrealized) 만족감이 바로 사과에 대한 기회비용이다. 주부는 가족들에게 줄 사과의 효용가치가 삼겹살의 효용보다는 크다고 판단하기에 최선의 선택을 했다고 할 수 있다. 풍요로운 사회에서 기회비용의 개념은 덜 중요해진다. 부족함이 없는 유토피아의 세계에서는 사람들의 모든 수요를 무엇이든 다 충족시킬 수 있어서, 포기하거나 희생해야 할 기회나 선택이 없기 때문이다. 예컨대, 땅이 넓고 예산이 넉넉하다면 저수지를 팔까, 교실을 지을까, 경로당을 세울까 고민할 필요 없이 마을 사람들이 하고 싶은 대로 다 하면 된다. 현실세계에서 한정된 자원을 가지고 많은 사람들의 다양한 수요를 모두 충족시킬 수 없다. 먼저 할 일과 나중에 할 일을 구분해야 한다. 당장 먹고 살기에 급급하다면 우선적으로 저수지를 파야 하지만, 절대빈곤 상태를 벗어나 어느 정도 생계가 유지된다면 보다 나은 미래를 위하여 교실을 짓는 일이 합리적 인간의 경제적 선택이라고 할 수 있다.

기회비용의 크기는 그 사회 구성원들 사이에 무엇을 보다 더 중요하게 생각하느냐 하는 가치관에 따라 사뭇 달라질 수 있다. 당장 배가 고프더라도 어린이들의 미래를 생각해서 교실을 먼저 지어야 한다는 사람들도 있을 것이다. 반면에 아직까지는 배가 덜 부르니 더 많은 쌀 생산을 위하여 저수지를 먼저 파야 한다고 주장하는 경우도 있을 수 있다. 효자마을에서는 이것저것 따지지 말고 생이 얼마 남지 않은 노인들의 복지를 최우선적으로 고려할 것이다. 녹지가 주는 쾌적함을 선호하느냐 아니면 녹지에 공장을 지어 생산량을 늘리느냐의 선택도 기회비용을 어떻게 산출하느냐에 달려 있다. 조금만 생각해 보면 진정한 의미에서 보수와 진보의 차이 그리고 현실주의와 이상주의의 차이도 기회비용 산정에 대한 의견 차이에서 비롯됨을 알 수 있다. 기회비용의 크기는 주어진 상황에 따라 사람들의 가치관에 따라 사뭇 달라질 수 있다. 멀리 생각한다면 녹지에 아파트를 짓는 일은 수삼년이면 충분하지만 아파트를 녹지로 만드는 일은 수백년이 걸린다는 사실을 고민해야 한다.

기회비용은 기회주의자들에게는 엿가락처럼 늘어졌다 줄어들었다 한다. 그들은 교실과 경로당을 먼저 지어야 한다고 논리를 펴다가도 역학구조가 달라져 이해관계가 틀려지면 돌연 저수지를 파야 한다고 억지 논리를 편다. 물론 그들이 왔다 갔다 하며 벌이는 논리의 배경은 공익이 아닌 사적이해(private interest)에 있음은 말할 필요도 없다. 기회비용을 무시할 경우 경제성장과 사회발전이 조화를 이루지 못하게 되어 성장도 발전도 더디어질 수 있다. 예컨대, 백성들이 굶주리는데 식량생산을 외면하고 미사일을 만들겠다고 고집하는 사회에서 미사일의 기회비용은 수천 명 수만 명의 목숨만큼 늘어난다. 백성들이 도탄지경에 빠질 수밖에 없다. 대형 사업일수록 예비타당성 조사를 통하여 거시적 기회비용(機會費用)을 면밀히 검토하여야 한다는 이치다. 기회비용을 무시하고 사업을 추진하다가는 이미 지출한 비용을 그냥 버리게 되는 매몰비용(埋沒費用, sunk cost)을 크게 지불할 위험도 발생한다. 이를테면, 먼 생각 없이 그냥 뱃길을 만들다가 경제성이 없다고 판단되어 고속도로로 바꿔 만들 경우, 시간 손실에다 뱃길을 만들던 비용을 회수하지 못한다. 공사 시행 이전에 뱃길의 필요성과 기회비용을 충분히 검토하지 않았기 때문에 사회적 손실이 그만큼 발생하게 된다.

납세자가 내는 세금으로 시행하는 공공사업의 기회비용을 무시하면 불필요한 사업을 추진하여 국가의 손실을 초래할 가능성이 언제나 잠재한다. 쉽게 말해 납세자의 돈으로 생색을 내려다보면 국민적 합의 없이 힘센 인사들 마음대로 국토를 유린하고 돌이킬 수 없는 재정적자까지 유발한다. '잘못된 선택'의 대가를 미래세대가 대신하여 감당해야만 한다는 사실도 깊이 감안하여야 한다. 개인은 각자 기호에 따라 자신의 책임으로 선택하므로 저마다의 기회비용이 다를 수 있다. 공공부문은 납세자의 돈을 쓰기 때문에 사업시행 타당성에 대한 최대공약수를 찾아내야 예산낭비도 줄이고 자연도 보호할 수 있다. 다급한 전시상황이 아니라면 '예비타당성 면제' 조치는 이유 여하를 막론하고 금지해야 하는 까닭이다.

기회비용의 최대공약수를 찾는 조정과 합의가 합리적으로 진행될수록 그 사회의 갈등과 마찰은 줄어든다. 그래서 세금으로 시행하는 대형공사의 경우 예비타당성 조사가 필요한 까닭이다. 기회비용에 관한 의사결정이 다양한 가치관에 따라 조화와 균형을 이루는 사회를 민주사회라고 할 수 있다. 반대로 기회비용을 조정하고 결정하는 일이 힘 있는 몇몇 인사 멋대로 행해지면 권위주의 사회, 독재국가가 된다. 예컨대 고령사회를 맞이하여 의료시설을 확장하여야 하는데도 불구하고 힘센 사람이 자기 논에 물을 대기 위하여 막무가내 저수지를 파도록 강요하는 사회를 자유민주주의 국가라고 부르기 어렵다. 이러한 환경에서는 힘센 누군가가 자신의 탐욕 또는 공명심을 위하여 사회에 기회비용의 대가를 크게 치르도록 강요하기에 시민들은 부담이 커지고 피곤해진다.

저녁볕은 활활 타는 듯이 붉고(夕照紅於燒)

맑은 하늘은 쪽빛보다도 푸르다(晴空碧勝藍)

구름이 변해 온갖 짐승생김이요(獸形雲不日)

초승달은 굽어서 활의 모양새다(弓勢月初三)

― '가을 생각(秋思)' 중에서 / 백거이(白居易)

구성의 오류를 벗어나야

비용과 편익에 대한 개념
이 없으면 부분적으로 옳지만 전체적으로는 그릇된 방안을 선택하여
사회적 경제적 낭비를 초래하기 쉽다. 단기에 미시적으로는 옳을 수
있어도, 거시적이며 중장기로는 그릇된 구성의 오류(fallacy of
composition)를 범하게 되어 결국 막대한 기회비용을 지불하게 되어 배
보다 배꼽이 더 커질 위험이 있다. 이를테면, 물고기를 잡으려고 연못
의 물을 모두 퍼내면 물고기를 다 말라 죽게 하여 나중에는 한 마리도
잡지 못하는 갈택이어(竭澤而漁)의 어리석음을 저지른다. 단기 경기부
양에 매진하다 중장기 성장잠재력을 망치는 것과 다름없다. 단기에
미시적 이익을 보더라도 중장기에 거시적으로 치명적 손해를 보는
'구성의 오류'를 두려워해야 한다. 경제활동 방향을 가리는 비용과
편익에 대한 기본개념을 가져야 가계운용이나 기업경영은 물론 정부
정책도 낭비와 비효율을 초래하는 구성의 오류를 예방할 수 있다.

모든 생산요소는 무형유형의 비용을 지불해야 하기 때문에 비용과 편익을 비교하여 사업의 타당성과 우선순위를 정해야 한다. 비용과 편익 개념을 골프장 사례를 들어 생각해 보자.

어느 경제전문가는 "소득수준이 낮은 필리핀 사람들도 골프를 치는데, 선진국 문턱에 다다른 한국에서 골프치기가 어렵다는 것은 말이 되지 않는다"며 "도심 인근에도 골프장 건설을 쉽게 하여 대중화를 서둘러야 한다"고 했다. 언젠가 수해 현장 근처에서 골프를 친 선량에게 "큰 물난리가 났는데 지도자가 골프를 쳐도 되느냐?"고 농담 삼아 묻자, "내가 골프를 쳐야 캐디들이 먹고 살 것 아니냐?"며 화를 냈다. 또 언젠가는 석유 값이 요동쳐 골프장 야간조명을 금지하려 하자 "골프장에서 잡초 뽑는 아주머니들의 일자리가 줄어든다"며 흥분하는 고위인사도 있었다. 중량급 인사들이 하는 소리라 언뜻 들으면 그럴듯하기도 했다. 이들은 부분적으로는 옳더라도 전체적으로는 그른 구성의 오류를 범하고 있었다. 비용과 편익을 거시적으로 생각하지 못하고, 자신의 입장에서 근시안으로 바라보는 억지 우격다짐이다.

생각해 보자. 먼저, 필리핀에는 개발 엄두도 못내는 유휴지가 지천으로 널려있는 데다 그냥 놔둬도 잔디가 잘 자란다. 우리 금수강산은 땅이 모자라 산지를 깎거나 심지어 염전을 메워 골프장을 짓기도 한다. 거기다 잔디를 빨리 자라게 하려면 농약을 뿌려야 하니 그 부작용에 따른 환경오염도 감안해야 한다. 실제로 우리나라에서 전직 경제수석이 자랑하는 아파트 한 채를 팔면 필리핀에서 웬만한 골프장 하나를 건설하고도 돈이 남을 수 있다. 다음, 집에서 골프장까지 왕복 차량 휘발유 값이 야간조명 비용의 몇 십 배는 되고 차속에서 황금과 같은 시간을 보내야 하는 낭비도 보통이 아니다. 가정과 나라의 미래를 걸머진 가장들이 골프 한 번 치는데 그 소중한 시간(대략 12~14시간 내외)을 허비하는 것은 개인적으로나 사회적으로나 이만저만한 손실이 아니다. 시간을 포함한 기회비용을 따진다면 비행기 타고 필리핀에 가서 여러 날 집중적으로 골프 치는 편이 훨씬 경제적이다. 그 다음, 경기진행 요원들은 대부분 고학력 인력이다. 당장의 수입은 다른 직업에 비하여 어떨지 모르나, 캐디로 오래 일해도 전문성과 경력을 쌓기가 쉽지 않아 평생직장으로 여기기 어렵다. 고급인력이 보다 생산성 있는 숙련노동에 종사해야 자기계발도 되고 경제성장에도 이바지할 수 있다. 골프장 풀 뽑는 아주머니를 위해 골프를 쳐야 한다는 억지소리는 국민소득 3만 달러가 넘는 나라에서 싸구려 허드레 일자리를 많이 만들어야 한다는 개념 없는 소리다. 이처럼 '배부른 상전 배고픈 하인 사정 모르는' 사례는 우리 사회 곳곳에 널려 있다.

　무슨 일을 하든지 비용(cost)과 편익(benefit)을 고려하여 최선의 선택을 하지 않으면 그에 따르는 사회적비용을 누군가가 지출해야 한다. 모든 비용은 단순 금전이 아닌 기회비용을, 그리고 편익은 특정인만이 아닌 공공의 편익을 따져야 한다. 그렇지 않으면 부분적으로는 경제적이지만 전체적으로는 비경제적인 구성의 오류를 범할 수밖에 없다. 세상 이치를 크게 그리고 멀리 바라보아야 구성의 오류를 일으키지 않는다. 대부분 힘센 사람들은 자만심을 버리지 못하고 자신은 다 옳다며 세상을 마음대로 마름질하려다가 구성의 오류를 저지른다. 예컨대, 대도시 자투리땅에 고층건물 신축을 허용하면 사무실 공급은 늘어나고 땅 주인은 수지맞을지 모른다. 그러나 도심 집중에 따른 교통 혼잡과

도시사막화에 따르는 불쾌지수 같은 비용은 시민들이 부담하여야 한다. 장기적으로는 무계획 도시가 되어 기존 건물들의 가치까지 동반하락할 가능성이 커진다. 또 집값을 잡으려고 도심재개발을 막고 녹지를 훼손하면 중장기로 싸구려 환경을 조성하여 도시경쟁력을 약화시켜 국제기구 또는 외국회사의 한국이전을 막고 더 나아가 해외로 탈출시키는 우를 범하게 된다. 자투리땅에 쌈지공원 같은 녹지를 조성하여 휴식과 여유 공간을 마련하여야 사회적 비용을 줄일 수 있다. 그린벨트에 집을 지으려는 계획들은 좀 더 멀리 내다봐야만 한다.

비용과 편익을 따지는 일은 미시적 시각이 아니라 거시적 시각으로 멀리 내다보아야 효과가 있다. 부분으로 옳더라도 전체로는 틀리는 구성의 오류를 예방하려는 자세를 가계, 기업, 정부 모두 가져야 한다. 세상살이에서 당장 오늘 나만 산다고 생각하다가는 구성의 오류를 저지르기 쉽다. 가계는 제한된 수입으로 총효용을 높이며 저축을 도모해야 하고 기업은 더 싸게, 더 좋게 소비자가 원하는 상품을 고안해 내야 한다. 정부는 후세를 위해 꼭 필요한 만큼만 예산을 집행해야 재정적자를 막고 미래를 설계할 여력을 충전할 수 있다. 한국경제의 당면과제인 성장잠재력을 확충하는 길도 찾아갈 수 있다. 무슨 일이든 쇼나 속임수를 쓰면 당장은 모르지만 결국에는 신뢰를 상실하게 되어 몇 배의 대가를 치러야 한다. 허풍과 말치레와 거짓말은 구성의 오류를 저지르는 지름길이다.

저성장 · 저물가 · 저금리 시대의 선택

한국경제는 2008년 국
제금융위기 이후 고성장 단계를 지나 저성장 기조로 진입하기 시작
하였다. 경기순환에 따른 문제가 아니라 성장잠재력이 저하되는 구
조적 문제로 상당기간 성장률 회복을 기대하기 어렵다. 세계적 공급
과잉 현상이 심화되는데다 중산층이 얇아짐에 따른 총수요 부족으로
저물가 바탕에서 벗어나기 또한 어렵다. 물가상승률이 점차 낮아지
는 디스인플레이션 현상에서 물가가 하락하는 디플레이션으로 이어
질 가능성도 배제하지 못한다. 경제성장률과 물가상승률을 반영하여
결정되는 금리가 하락하는 저금리 추세 또한 피하기 어렵다. 일시적
등락은 있겠지만, 저금리 기조가 정착될 가능성이 뚜렷하다. 다만,
한국경제 불확실성이 커지면서 신용경색 상황이 벌어지면 위험의 대
가인 리스크 프리미엄이 상승하여 위험채권 금리는 어느 순간 갑자
기 상승할 가능성도 존재하고 있다.

저성장, 저물가, 저금리 시대에는 가계의 자산운용 패턴, 기업의 경영계획, 정부의 정책 방향도 기본적으로 달라져야 한다. 과거 고성장시대에는 수익성 있는 투자대상이 많은 데다 물가상승으로 돈의 가치가 어느 결에 하락하기 마련이었다. 그러나 저성장시대에는 수익을 낼 기회도 줄어드는 데다 물가안정 또는 하락으로 화폐가치가 떨어지지 않는다.

가계는 소득의 일부분을 '미래소비'를 위해 저축해야 하기 때문에 '평생 저축한 돈을 노후에 쪼개어 쓴다'는 발상의 전환이 필요하다. 고물가 상황에서는 고금리를 받더라도 돈의 가치가 크게 하락하여 남는 것이 없지만, 저물가 상황에서는 낮은 이자를 받더라도 돈의 가치가 보전되는 이점이 오히려 클 수 있다. 기업의 입장에서도 저금리 유혹을 뿌리치지 못하고 부채 경영을 선호하다가는 실패할 확률이 커진다. 섣부른 공격적 투자를 하다가 부채의 수렁에 빠지게 되면 빠져나오지 못할 가능성이 커진다. 저성장, 저물가 시대 화폐가치가 안정되는 상황에서 투기적 투자는 고금리시대보다 더 큰 위험이 도사린다. 정부도 성장 목표를 높게 책정하여 성장률을 무리하게 끌어올리려 욕심을 낼 경우, 정책효과보다 부작용이 커지고 결과적으로 가계와 기업을 피로증후군에 빠지게 할 우려가 있음을 경계하여야 한다. 단기 업적에 연연하지 말고 경제체질을 증대시켜 중장기 성장잠재력을 높이는 일에 주력하여야 마땅하다.

첫째, 가계는 금리가 낮다고 걱정할 필요가 없다. 금리가 낮아도 물가상승률이 더 낮아지면, 실질금리(명목금리 - 물가상승률)는 높아지고 저축한 돈의 가치가 떨어지지 않는다는 사실을 인식하여야 한다. 실제로 우리나라 금리추이를 살펴보면 과거에는 실질금리(시장금리-물가상승률)가 마이너스인 경우가 상당기간 존재하였다. 금리가 높아도 물가상승률이 더 높으면 이자까지 재투자하여도 돈의 가치를 보전할 수가 없다. 물가상승률이 높아 화폐가치가 큰 폭으로 하락하는 상황에서 금리가 높다고 좋아하는 것은 마치 제 살 깎아 먹으면서 '공짜 점심'을 얻어먹는 것으로 착각하는 화폐환상(money illusion)에 빠지는 일이다. 고성장·고물가 상황에서는 열심히 저축하여도 어느 사이에 화폐가치가 추락하여 헛수고로 변하는 경우가 많았다. 이런 상황에서는 열심히 노력하여 부가가치 창출을 통하여 재산을 형성하기보다는 여기저기 기웃거리는 투기적 행위가 기승을 부린다. 저성장 시대에는 일확천금을 노리다가는 실패할 확률이 더 커지는데다, 실패할 경우 만회하기 또한 더욱 어려워진다는 사실을 알아야 한다. 저물가 상황에서 화폐가치가 하락하지 않고 보전되니, 가계는 열심히 저축하여 노후에 이자생활이 아니라 저축한 돈을 나누어 쓴다는 자세를 가져야 한다.

둘째, 기업 경영에서 저성장, 저물가, 저금리 시대에 공격적 투자, 투기적 투자는 금물이다. 기업은 현금흐름이 어느 정도 보이지 않는다면 레버리지 경영을 자제하여야 한다. 저금리의 유혹을 뿌리치고 타인자본 사용을 되도록 억제하고 가능한 자기자본으로 안정적 수익이 예상되는 사업에 투자하는 것이 바람직하다. 저성장, 저물가 시대에 금리가 낮다고 해서 투기적 투자를 선호하다가는 위험과 불확실성의 대가를 고금리 시대보다 크게 치러야 한다. 고도성장 시대에는 이것저것 거둬들일 것들이 있었지만, 경제가 성숙기를 지나면 눈먼 돈도 없어지고 단번에 큰돈을 벌 수 있는 경로가 줄어든다. 저성장, 저물가 상황에서 현금흐름이 뚜렷이 보이지 않는데도 막연히 큰돈을 벌려고 레버리지 투자를 확대하다가 잘못될 경우 빚의 수렁에서 빠져나오지 못한다. 고성장, 고물가 시대에는 돈의 가치가 빠르게 하락하니 공격적 투자로 성공하면 수지가 맞고, 설사 실패하여도 시간이 지나면서 빚 부담이 흐지부지될 수도 있었다. 그러나 저성장, 저물가 시대에는 사회전체의 수익성은 낮아지며, 시간이 지나도 부채의 가치가 줄어들지 않는데다 수익이 줄어드니 상환능력은 더 악화할 우려가 있다. 저금리 시대에 가계나 기업이나 위험부담능력(risk tolerance)을 넘어선 과다부채 그리고 과잉투자를 하다가는 돌이키기 어려운 경제적 패자로 전락할 위험이 커진다.

셋째, 저성장, 저물가, 저금리 시대에 욕심을 내고 경기를 부양하려 소비 수요를 억지로 부추기는 정부의 단기대책은 국민들의 노후 시대를 빈곤의 낭떠러지로 이끄는 길이다. 한국경제의 위험과 불확실성의 커다란 원인으로 작용하고 있는 가계부채 누적은 각 경제주체들이 우리나라가 저성장 기조에 들어서고 있다는 상황을 인식하지 못한 결과라고도 할 수 있다. 정부는 고도성장 타성에 젖어 툭하면 경기를 부양하겠다고 소비가 미덕이라며 억지 과도소비를 유도하여 국민경제를 피로하게 만들었다. 이와 함께 가계도 저금리(저물가를 감안하면 실질 고금리 상황)를 틈타 큰돈을 벌어보려고 투기적 행태를 벌였던 까닭도 가계부채를 급증시킨 하나의 원인이었음을 부인하기 어렵다. 경제성장률과 물가상승률을 초과하는 재정적자 증가률은 미래 위험과 불확실성의 직·간접적 원인이다.

㉠고령 시대에 국리민복을 위한 길은 눈앞의 일시적 경기부양보다 중장기 경제안정을 위하여 현재소비보다는 미래소비를 위한 저축, 특히 장기저축을 유도하여야 한다. 경기가 일시적으로 위축되는 경기 침체기에는 현재소비를 해야 경기가 활발해지는 '절약의 역설(paradox of thrift)'이 들어맞을 수 있다. 그러나 구조적 저성장 시대에 과소비를 부추기다가는 중산층이하 국민들을 빈곤의 늪으로 유도하여 중장기에 있어 나라경제를 나락으로 빠트린다. 저성장, 저물가, 저금리 시대에 큰돈을 벌겠다고 두리번거리기보다 적은 수입이라도 쪼개어 미래소비를 위해 꾸준히 저축하는 경제주체는 실패하지 않는다. 금리가 낮아 양에 차지 않게 생각한다면 커다란 착각이다. 고금리, 저물가 시대에 높은 이자를 받고 돈의 가치가 더 크게 하락하기보다도 낮은 이자를 받고 돈의 '가치 보전'이라는 이점이 더 크다는 사실을 인식해야만 한다. 가계나 기업은 물론 정부가 욕심을 버리기가 생각하기는 쉬워도 실천하기는 어렵다는 점이 문제다.

나는 온 몸에 햇살을 받고 푸른 하늘 푸른 들이 맞붙은 곳으로
가르마 같은 논길을 따라 꿈속을 가듯 걸어만 간다.
바람은 내 귀에 속삭이며 한 자국도 섰지 마라 옷자락을 흔들고
종다리는 울타리 너머 아씨같이 구름 뒤에서 반갑다 웃네.

— '빼앗긴 들에도 봄은 오는가' 중에서 / 이상화

거품과 인플레이션을 구별해야

화폐가치 하락에 따라 일반 물가가 오르는 인플레이션과 비이성적 시장 과열에 따라 특정 자산가격이 급등하였다가 다시 급락하는 거품은 그 발생 원인부터 다르다. 이익을 극대화하고 손실을 최소화하려는 가계와 기업의 경제적 선택 또한 거품이냐 인플레이션이냐에 따라 정반대로 달라져야 한다. 만약 거품 현상이라면 거품이 터지기 전에 대상 자산을 처분하여야 이익은 극대화하고 손실을 최소화할 수 있다. 인플레이션이 진행되고 있다면 인내심을 가지고 기다려야 손실을 피할 수 있다. 정책대응도 각각의 상황에 따라 달라져야 국민경제의 폐해를 줄일 수 있다. 인플레이션은 통화긴축 같은 거시적 대응, 거품은 투기심리를 차단하는 미시적 대응이 필요하다.

물가가 오르거나 자산 가격이 상승할 때, 가계와 기업은 물론 정부도 인플레이션 현상인지 아니면 거품 현상인지를 구분하지 못하고 갈팡질팡하며 적정한 대책을 강구하지 못하여 허둥거리기 쉽다. 인플레이션(inflation)은 대체로 유동성이 확대되면서 일반 물가수준이 높아지고 일단 상승한 물가는 다시 제자리로 되돌리기 어려운 상황을 말한다. 예컨대, 막걸리에 맹물을 타면 타는 만큼 맛이 싱거워지듯이, 경제규모가 확대되지 않고 있는데도 유동성을 팽창시키다 보면 화폐의 구매력이 낮아지는 즉, 돈의 가치가 떨어지는 현상이 인플레이션이다. 거품은 자산의 내재가치(intrinsic value) 변동과 관계없이 일단 가격이 상승하기 시작하면 계속 상승할 것이라는 비이성적 기대심리가 커지며 투자자들이 몰려들어 가격이 상승하는 현상이다. 쏠림현상으로 말미암아 가격이 비정상적으로 상승하면서 대상자산의 내재가치와 시장가격(market price) 사이에 괴리가 확대되는 현상이 거품(bubbles)이다.

물가지수가 상승하는 인플레이션은 과거의 물가수준과 비교하여 그 크기를 바로 측정할 수 있지만 거품은 그 크기를 가늠하기가 쉽지 않다. 거품을 측정하려면 먼저 대상 자산의 내재가치를 측정하여야 하는데 사실상 불가능한 경우가 많다. 금리·주가·환율 같은 금융가격지표는 내재가치를 경제성장률, 물가상승률 등을 감안하여 측정할 수 있다. 그러나 부동산 같은 자산의 내재가치가 얼마인가를 평가할 객관적 기준을 마련하기가 쉽지 않다. 어떤 고위관료가 "우리나라 부동산 가격이 서민들의 기준으로서는 높다"고 하였는데, 자산 가격에 서민들의 기준이 따로 있고 부자들의 기준이 따로 있는지 황당한 장면이었다. 냉정하게 말해, 부동산 가격이 높거나 낮다는 무책임한 발언은 로마시대 네로 황제, 브르봉 왕조의 루이 16세, 제3제국 히틀러, 소비에트연방의 스탈린 같은 '절대권력자들'이나 지껄일 수 있는 말이다. 그들은 아무런 벌을 받지 않아도 되기 때문이다.

부동산 가격이 높다고 가정하더라도 유동성 확대에 의한 인플레이션 현상인지, 쏠림현상에 따르는 거품현상인지, 아니면 인플레이션과 거품이 혼재하는 결과인지 판단하기가 쉽지 않다. 이를 혼동하게 되면 섣부른 대책을 남발하여 시장의 내성을 키우는 경우가 종종 있다. 만약 특정지역 부동산에 쏠림현상이 나타나 투기적 거품이 크게 형성되어 있다면 시장심리를 진정시키는 가수요 억제대책이 필요할 것이다. 하지만 인플레이션 현상이라면 미시적 대책으로는 오름세를 잡지 못하고 잠시 주춤거리게만 할 뿐이다. 2004~6년대 초반에 부동산 가격 급상승이 그렇다. 그 당시 유동성을 이리저리 확대시켜 화폐가치를 하락시키면서 여러 가지 미시대책을 남발하여 시장심리를 더 자극하였다. 마치 불어나는 헐크의 몸을 이리저리 새끼줄로 묶으려는 것과 다름없었다.[4]

가계나 기업 입장에서는 주식이든 부동산이든 거품이 형성되었다고 판단하면 거품이 붕괴되기 전에 매각하여야 피해를 줄일 수 있다.

---

4) 유동성발작과 부동산 투기
유동성을 완화하면서 부동산가격 억제 대책을 남발하다 보면 효과를 내지 못하고 그저 투기심리만 부추길 수도 있다. 그런 상황에서 집이 없는 가계는 이럴 수도 저럴 수도 없이 절망에 빠질 수밖에 없었다. 자산 인플레이션 현상이 크게 벌어지는 상황에서 미시대책 남발은 달리는 버스가 급브레이크를 자주 밟는 것과 마찬가지다. 허약한 승객들은 멀미를 느끼고 구토까지 할 수밖에 없다. 그러나 브레이크를 밟는 운전자는 멀미를 직접 느끼지 못하니 수시로 브레이크를 밟아대는 우를 범하면서 시민들을 피곤하게 만든다.

거품이란 언제라고 단정할 수 없지만 반드시 터지기 마련이다. 그러나 인플레이션 현상이라면 현금보다는 실물자산을 보유하여야 화폐가치 하락에서 오는 손실을 피해 갈 수 있다. 쉽게 말해, 인플레이션열차를 탔을 때는 시베리아 대륙을 횡단하는 것처럼 물가가 진정될 때까지 끈기 있게 대상자산을 보유하여야 손실을 피해 갈 수 있다. 그러나 거품 열차를 탔을 때는 거품이 터지기 전에 내려야 이익을 극대화하거나 적어도 손실을 최소화할 수 있다. 경제적 승자가 되려면 거품과 인플레이션을 구분하여야만 한다. 정책대응도 마찬가지다. 거품인지 인플레이션인지 구분하지 못한 채 막무가내 가격을 잡겠다고 실물시장, 금융시장에서 가격을 끌어당기거나 억누르다가는 매매거래를 실종시켜 자칫 시장기능을 파괴하기 쉽다. 물이 고이지 않게 하려면 무엇보다도 물길을 터 줘 물이 흐르게 하여야 한다. 사해(死海)로 물이 흘러들어가도 나오지를 못하니 생물이 살아갈 수 없는 죽음의 바다가 된 것과 비슷한 이치다.

2008년 세계금융위기 이후 유동성이 많이 풀렸음에도 불구하고 일반물가수준은 오르지 못하고 안정되고 있다. 지속적 기술혁신에 따른 공급과잉 현상이 계속될 것으로 보아 생산 원가상승(cost-push) 인플레이션 가능성도 가까운 미래에는 그리 크지 않다. 심화되어 가는 빈부격차로 말미암은 소비수요기반 취약으로 수요견인(demand-pull) 인플레이션 압력도 기대하기 어려운 상황이다. 그러나 2008년 세계금융위기 이후의 지속적 금융완화로 말미암은 전 세계적 과잉유동성은 세계경제 전반에 복병으로 남아 있다. 코로나19로 세계 어디서나 유동성

고삐는 풀렸다. '미국 다음으로 빈부격차가 심하다'는 우리나라에서도 가계부채와 거꾸로 거대한 대기성자금이 부유하고 있어 투자할 데가 어디 없는가? 하고 노리고 있다. 돈이 돌기 시작할 경우 일반 물가는 모르지만 자산 인플레이션을 유발할 가능성이 커지고 있다. 동시에 특정 자산시장으로 몰려들어 거품이 생성될 가능성 또한 무시하지 못한다. 거시적 시각으로 인플레이션인지, 거품인지 구분하는 시각과 선택이 위험과 불확실성을 줄일 수 있다.

억지로 물을 끌어올리거나 물길을 막으려다 보면 더 큰 비용과 부작용이 기다리는 것이 변함없는 세상 이치다. 이 세상 누구라도 덮어놓고 비싸게 사려거나 생각 없이 싸게 팔려는 것은 절대 아니다. 모든 경제적 인간들의 한결같은 바람인 '더 싸게 사서, 더 비싸게 팔고 싶어 하면서' 시장이 형성된다. 이 같은 시장청산(market clearing) 기능이 반복되며 제 가격을 찾아가게 된다. 시장을 안정시키는 왕도는 시장가격기능을 보호하는 일이다. 까닭 없이 싸게 팔 바보도 없고, 이유없이 비싸게 살 멍청이도 없다. 시장을 마음대로 주무르다 망치려드는 그들이야말로 바보들이거나 심술쟁이들이 아닌가? 경제성장과 경제발전은 언제 어디서고 다수가 참여하는 시장 스스로 공급과 수요를 조절하고 그에 따른 가격기능에 따라 적정가격을 스스로 찾아내는 시장기능을 보호하는 데서 비롯되었다.

무서운 부채 올가미

부채는 솜옷을 입고 물에 빠지는 것과 마찬가지로 빚진 자의 행동을 점점 무겁게 한다. 개인, 기업, 국가를 막론하고 '부채 올가미'에 걸려들면 여간해서 헤어나기 어렵다. 저항 한 번 못했던 근세 조선의 멸망, 1997 외환·금융위기, 2008 세계금융위기도 부채가 야기한 혼란이었다. 빚을 무섭게 생각하지 않는 개인이나 사회가 머지않아 빚의 수렁에 빠지는 것은 하등 이상한 일이 아니다. 빚을 지기 시작하면, 빚이 빚을 부르기 때문에 짐이 가벼워지기보다 시간이 지날수록 빚의 비중이 더 무거워지기 쉽다. 더구나 저성장·저물가 시대에는 수익성 있는 사업이 그리 많지 않은데다 물가가 오르지 않으니 시간이 지나도 화폐가치가 떨어지지 않아 빚 갚기가 더욱 어려워진다는 사실을 망각하지 말아야 한다.

빚이 세상사를 어떻게 뒤엉켜 가는지 되돌아보자.

일제는 조선경제를 수렁에 빠트리기 위한 계략의 하나로 일본으로부터 차관도입을 종용하였다. 1900년 조선은 일제로부터 돈을 빌려 일본 거류민을 위한 편의시설, 일제가 조선을 억압하기 위한 경찰조직 확장 같은 조선침략을 위한 비용에 쓰도록 강요당했다. 영국이 인도에서 생산한 아편을 중국인들에게 비싼 값을 지불하고 피우게 하여 중국을 병들게 하는 동시에 부채의 함정에 빠트린 것처럼 '부채의 올가미'를 병든 조선의 목덜미에 씌웠다. 대한제국이 강제로 걸머지게 된 빚은 삽시간에 늘어나 1907년에는 도저히 감당할 수 없는 규모인 1,300만 원으로 늘어났다. 조선은 적으로부터 빚을 내서 적을 위해 사용한 부채의 마수에 걸려 옴짝달싹 못하는 지경이 되었다. 경제주권은 송두리째 일제에 넘어갔다. 의식 있는 사람들 사이에 국채보상운동이 일어나 안중근 의사 어머니 조 마리아 여사는 집안의 은붙이를 모두 내놨다. 반면에 일진회처럼 '애국의 이름'을 가장한 앞잡이들은 집요하게 방해공작을 펼쳐 국채보상운동을 무위로 만들었다.

확장을 거듭하였던 거대재벌들의 몰락도 빚을 무섭게 생각하지 않은 탓이었다. 과거 정경유착에 발 빠른 기업들은 '성장의 이름' 아래 사실상 제로금리로 대규모 구제금융과 정책금융을 지원받았다. 고성장, 고물가로 화폐가치 타락이 심한 상황에서 초저금리 대출은 빚이 아니라 시간이 지나기만 하면 저절로 없어진다. 공금리와 시장금리의 괴리가 큰 금융억압(financial repression) 상황에서 빚이란 두려운 것이 아니고 벼락부자로 가는 고속도로였다. 금리자유화가 진행되자 돈의 사용료를 제대로 지급해야 하는 환경으로 변한데다, 외환·금융위기로 금리가 치솟으며 부채의존 성장기업의 비극은 표면화되었다. 신용경색이 심화하면서 시중자금이 몇몇 재벌기업으로 몰리자 재앙이 본격화되었다. 돈이 돌지 않는 상황이 장기화될 것이라 오판하고 자금을 미리 확보하기 위하여 20% 내외의 고금리 회사채를 마구 발행한 결과 금융비용이 눈덩이처럼 커졌다. 초저금리로 돈을 빌려 손쉽게 기업을 확장하다가 돈의 값을 제대로 물어야 하는 환경이 되자 대출 받을 수 있는 능력은 과거와 달리 축복에서 저주로 변하였다.

군복무 후 대부업체에서 400만 원을 대출받은 한 대학생은 44%의 이자를 물어내다가 10개월 후에는 빚이 1,300만 원으로 불어나고 월 이자만 90여만 원을 물게 되었다. 이틀 공부하고, 사흘 일하는 이 학생은 빚의 함정에서 빠져나올 가망이 없어지자 우울증, 불면증으로 시달리다 결국 법원에 개인회생을 신청하였다. 2018년 말 현재 대학생 학자금 융자 연체자만 4만 6천 명, 연체금액은 2천 8백억 원에 달한다. 사회에 나서기도 전인 인생초반에 자칫 신용불량자로 전락할지 모를 빚의 공포가 '젊은 사자들' 가까이에 도사리고 있다.

빚을 지기 시작하면 시간이 흘러도 짐이 가벼워지기보다 되레 더 무거워지기 쉽다. 2020년 8월 현재, 시중은행 총 평균 대출금리(2.92%)는 수신금리(0.87%)의 무려 3배가 넘는다. 크나큰 예대금리차는 어쩔 수 없이 빚을 지게 되면 빚부터 먼저 갚아야 한다는 메시지다. 2020년 현재, 경제성장률 △2.7%, 물가상승률 0.7%의 의미는 수익성 있는 사업이나 장사는 없고 물가도 오르지 않아 돈의 가치도 떨어지지 않는다는 의미다. 개인이나 기업이나 빚을 지기 시작하면 금리 부담만큼 점점 빚이 늘어날 수밖에 없다. 더욱이 비은행 금융기관 예대

금리 차이는 가공할 정도여서 빚이 눈덩이처럼 불어나기 쉽다. 기업부채가 늘어나면 새로운 제품을 개발하고 새로운 시장을 개척하고도 자금조달이 어려워 절호의 기회를 놓치기도 한다. 그래서 기업을 평가할 때 다른 조건이 비슷하다면 부채비율이 업종 평균치보다 낮은 종목을 선택해야 위험을 줄일 수 있다.

기업부채도 두렵지만 가계부채와 재정적자는 더 두렵다. 가계부채를 상환하지 못하면 법인격이 아닌 개인은 목숨을 해체할 수도 없고, 개인부채를 탕감해 주기 시작한다면 너도나도 빚쟁이가 되려는 도덕적 해이에 빠져 경제 질서가 금방 와해된다. 마찬가지로 재정적자가 심각하더라도 빚을 탕감할 도리가 없다. 적자를 늘려간 정책 담당자는 어디론가 가면 그만이지만, 빚은 납세자 부담으로 남아 후손에게까지 짐을 지운다. 그래서 청년들일수록 개인 빚만 아니라 나라 빚 커가는 것도 남의 일이 아니라 자신의 일이라 여기며 무서워해야 한다.

우리나라는 2020년 현재, 민간부문은 물론 공공부문의 부채 증가속도가 경제성장률에 물가상승률을 더한 값보다 몇 배 이상 커지고 있다. 이 같은 상황이 계속되면 경제성장 즉, 돈을 벌어 빚을 상환하기는 불가능하다. 통화량을 팽창시켜 인플레이션조세(inflation tax)를 통하여 부채의 가치를 떨어트리는 선택이 남는다. 각국의 경험을 보면 재정적자가 비정상 수준에 이르면 뒤이어 높은 인플레이션이 뒤따르는 모양새가 전개되었다. 그런데 2000년대 이후에는 빈부격차에 따른 소비수요기반 부실과 생산성 향상으로 금융을 완화해도 일반물가가 안정되는 모습이 나타나고 있다. 다시말해 풀린 돈이 생산부문으로 흐르지 못하고 자산인플레이션(asset inflation)을 부추길 가능성이 커졌다. 2017~

2020년 경기하강기에 연속된 부동산 억제조치에도 불구하고 '서울 부동산 중위 가격이 52%나 상승'한 까닭은 무엇인가? 포퓰리즘 우려와 함께 그에 따른 재정적자 확대로 화폐가치 타락을 예상한 영향도 상당할 것이라 판단된다. 과잉 재정적자는 단기로는 몰라도 중장기로는 빈부격차를 확대시키는 결과를 초래함을 시사한다.

부채를 상환하지 못하는 사태가 어느 한쪽에서 일어나면 연쇄반응이 일어나 경제사회 전반으로 신용경색 상황이 벌어진다. 쉬운 예로, 2000년대 초 미국 경기호황과 저금리로 비우량등급(sub-prime) 주택금융이 방만하게 늘어났다. 경기침체로 한쪽에서 지불불능사태가 벌어지자, 전 금융기관으로 전염되고, 다시 전세계로 번진 재앙이 2008년 세계금융위기다. 이로 말미암아 대다수 국가들이 미증유의 마이너스 성장을 기록했다. 부채가 늘어나면 신용등급이 낮아져 리스크 프리미엄이 높아져 고금리를 지불해야 한다. 빚이 늘어나면 엎친 데 덮친 격으로 높은 이자까지 내야 하는 이중고통을 당한다. 미래를 생각하지 못하고 눈앞의 편안함만 생각하고 빚을 지다 보면 어느 결에 부채가 늘어나 인생을 그르치기 쉽다. 개인이나 기업이나 국가나 빚의 올가미가 가져올 위험과 불확실성을 두려워하는 자세를 가져야 당장은 어렵더라도 미래 희망을 기약할 수 있다. "외상이면 소도 잡아먹는다"는 속담은 수명이 짧은 옛날에도 멀리 생각하고 빚을 두려워해야 한다는 역설적 교훈이었다.

비상하려면 탈바꿈해야

불확실성 시대에 수시로 닥쳐오는 '위기를 기회로' 만들려면 과거의 타성에서 탈피하여 새로운 의사결정 자세를 정립하여야 한다. '부가가치 창출의 원천'이 빠르게 변해가는 상황에 적기에 능동적으로 대응하여야 경쟁력을 새롭게 확보할 수 있다. 개인이나 기업은 물론 국가도 새로운 기회를 포착하여야 지속적 성장과 발전을 기대할 수 있다. 새로운 기술이 어떤 방향으로 전개될지 모르는 '단절의 시대'에 과거에 집착하다가는 무한경쟁에서 살아남기 어렵다. 사양산업, 부실기업이 도태되지 못하면 인적, 물적 자원이 저부가가치 산업에 묶여서 고부가가치 산업으로 이동하지 못한다. 지금까지 많은 성과를 냈더라도 낡은 기술이 아깝다고 버리지 못하면 어느 순간에 경쟁력을 상실하고 무대에서 사라질 수 있다. 타성에 젖다 보면 버려야 할 것을 버리지 못하고 붙잡고 있기 쉽다.

비상하려면 허물을 벗어버리는 탈바꿈 과정을 거쳐야 한다. 저부가 가치 산업의 고용효과가 높다 하여 공장이 잘 돌아가도록 이리저리 지원하면 일시적 경영안정을 기할 수 있을지 모른다. 그러나 저생산성 저임금 산업이 계속 돌아가게 함으로서 나라 전체의 생산성은 침체되고 경쟁력은 뒤처져 불원간 기업도 근로자도 다 같이 어렵게 된다. 근로자는 생산성이 높은 산업에 종사할 기회를 잃고 낮은 임금을 감수하여야 한다. 결국에는 경쟁력을 빼앗기고 성장은 느려진다. 예컨대 어린이가 자라면서 체격에 맞게 옷을 바꿔 입어야 하는데 옛날에 입던 비단 옷이 비싸다고 그냥 입히면 마음껏 뛰놀지 못한다.

자본, 기술, 정보 같은 생산요소들이 고부가가치 산업으로 이동하지 못하고 저부가가치 산업에 묶이고도 높은 성장을 달성하게 된다면 인플레이션이나 거품 같은 부작용을 일으키게 된다. 당장은 어떨지 모르지만 중장기로는 생산성을 떨어뜨리고 경제 활력을 저하시켜 나라 경제는 피곤해진다. 미래 경쟁력이 없는 기업은 적기에 퇴출시켜야 유한한 자원이 고부가가치 산업으로 이동하게 만들어 결과적으로 중장기 성장잠재력을 높일 수 있다. 저용량 컴퓨터에 지워버릴 것은 지워야 속도가 빨라지는데 이것저것 옛날 것이 아깝다고 지워버리지 않으면 속도가 느려지기 마련이다. 버릴 것은 빨리 버려야 한다. 오늘날처럼 변화가 빠른 '뷰카(VUCA)' 시대, 즉 변동성(volatility), 불확실성(uncertainty), 복잡성(complexity), 애매모호성(ambiguity)이 혼재되어 불확실한 상황을 극복하려면 즉각적이고 유동적인 태세가 필요하다. 개인이나 기업이 '뷰카' 상태에서 살아남기 위해서는 기존 지식과 과거 경험에 얽매이지 말고 언제 밀려올지 모를 파도를 즉각 헤쳐 나가려는 자세가 필요하다.

'아시아 외환·금융위기'도 따지고 보면 대기업집단의 선단경영에 따른 폐해가 그 이점보다 큰 데도 성장초기의 타성을 버리지 못하고 우물쭈물하다가 벌어진 재앙이었다. 생각해 보자. 경쟁력을 잃은 부실기업이 도산하는 것을 놔두지 못하고 천문학적 규모의 구제금융을 퍼부어 지원하거나 건강한 기업에 억지로 인수시키는 과정이 반복되었는데 경쟁력 지속이 가능하겠는가? 일부 대기업집단은 대마불사 속설에 젖어서 선단(船團)경영을 하면서 이것저것 가리지 않고 끌어안으려 했다. 물에 빠져 허우적거리면서 부둥켜 잡고 있으면 다 죽는다. 버릴 것을 버리지 못하는 분위기에서 기업은 기업대로, 금융회사는 금융회사대로 깊은 멍이 들게 되었다. 놓지 못하고 서로 붙잡고 있었던 기업은 나라 경제에 큰 부담을 안기고 무너져 갔고, 미련을 버리고 재빨리 부실부문을 털어버린 기업은 더 큰 기회를 잡을 수 있었다.

우리는 오늘날 국민소득 3만 달러 시대를 맞이했다고 하면서도 1,000달러 시대의 낡은 관념과 규제의 틀에 얽매여 있는 경우가 여기저기 있다. 벌써 반세기 전에 쿠즈네츠(S. Kuznets)도 "경제성장은 쉬지 않고 버리는 과정"이라고 하였다. 이 세상 모든 환경과 문물은 끊임없이 변해가고 있으므로 낡은 생각의 틀, 낡은 관습에서 벗어나야 새로운 산업에 적응하여 더 큰 성장이 가능하다. 오늘날, 변화의 속도가 더욱 빨라졌으므로 개인이나 기업이나 버리는 과정도 한층 빨라져야 경쟁을 따라 갈 수 있다. 한국경제가 선진국 문턱에서 주춤거리는지 오래된 상황에서 정책목표를 달성하려고 시장을 억지로 끌어당기거나 막무가내 억누르려는 자세는 버려야 한다.

개발초기 단계에서는 설사 최종목표와 중간목표가 엇갈리는 정책을 펼쳐도 성장속도가 빨라 그 부작용이 빠른 시간 내에 덮어지거나 소멸될 수 있었다. 그러나 경제규모가 커지면서 경제흐름에 어긋나는 미봉책을 계속 쓰다 보면 기대효과보다 부작용이 더 커지게 됨은 말할 필요도 없다. 과거 산업화시대의 방식인 영역확장에 집착하는 발상에서 벗어나야 한다. 힘이 약한 기업이 가까스로 개척한 시장을 합병하고 잠식하여야 클 수 있다는 어긋난 생각을 버려야 한다. 기술혁신과 소비자의 기호가 어떻게 변해가는 바를 관찰하고 '더 싸게' '더 좋게' '더 빨리' 생산해 내는 데에 경쟁력을 집중하여야 한다.

세상에는 해야 할 일과 해서는 안 될 일이 있는데 그저 '하면 된다'는 자세가 자칫 모든 것을 망칠 수 있음을 잊지 말아야 한다. 한국경제가 선진국 문턱을 벗어나지 못하고 어려움을 겪는 까닭은 공명심이 넘쳐서 해야 할 일과 하지 말아야 할 바를 구분하지 못하고 덤벼들었기 때문도 하나의 원인이다. 그러다 보니 민간부문의 창의력을 북돋우기는커녕 오히려 저해하는 부작용이 쌓여가고 있음을 부인하기 어렵다. 개인과 기업이 시장기능에 따라 스스로 버릴 것은 버려가며 혁신을 이루고 정부는 그 분위기를 조성하여야 한다.

불확실성 대응 전략과 선택

불확실성이 현실화되는 경제 위기가 다가오기 이전과 이후의 자산운용 선택 방향은 정반대로 달려져야 한다. 위기의 그림자가 비치기 시작하면 방어적 자산운용, 위기의 뒤끝에서부터는 공격적 운용이 필요한데, 거꾸로 행동하다가는 이익은커녕 손실을 크게 입을 가능성이 커진다. 위기 그림자가 어른거리면 안전성 자산 비중을 높여야 한다. 반대로 경제위기가 지나가기 시작하면 새로운 성장산업이나 내재가치에 비하여 저평가된 수익성 자산을 골라내는 시각과 선택이 필요하다. 이와 같은 위기 대응방안은 누구라도 생각할 수 있지만, 위기가 어떻게 와서 어떻게 시장을 교란하다가 어떻게 극복될지는 상황에 따라 다르므로 시장을 멀리 보는 안목이 절대 필요하다. 평소에도 금융시장 가격지표와 거시경제 총량지표를 비교 분석하는 시각을 길러야 위기대응능력을 키울 수 있다.

경제위기 징후가 보이면 시장이 탐욕으로 넘치다가도 어느 사이에 두려움의 그림자가 어른거리기 시작한다. 먼저 시중에 돈의 흐름이 막히기 시작하면서 채권시장, 주식시장, 외환시장에 충격이 가해지면서 혼동상태에 이르게 된다.

채권시장에서는 상대방의 결제능력을 서로 믿지 못하여 리스크 프리미엄이 큰 폭으로 상승하며 신용등급이 낮은 위험채권 금리부터 급등하며 채권가격은 폭락한다. 시중자금이 안전한 곳으로 몰리며 국고채 같은 무위험채권 금리는 오히려 하락함에 따라 채권시장 리스크 스프레드(risk spread)가 급격하게 확대된다. 만약 대외지불능력이 충분치 못할 경우, 국가신인도 추락으로 무위험채권 금리도 상승할 우려가 있다. 위기가 본격화되면 돈은 더욱 돌지 않아 우량기업까지도 자금조달이 곤란해지는 신용경색(credit crunch) 상황이 벌어진다.

주식시장에서는 주가($P=E/r$) 형성의 바탕인 기업이윤(E) 하락이 예상되는 데다 리스크 프리미엄 상승으로 금리 즉, 할인율(r)이 높아지며 주식의 내재가치는 이중으로 하락압력을 받게 된다. 이를테면, 불황에 따른 소비수요 격감으로 기업매출 감소와 기업자금 조달비용인 금리까지 높아져 기업이윤이 떨어질 것으로 예상되기 때문에 주가는 하락할 수밖에 없다. 게다가 시장심리 불안으로 투자자들은 흑진주와 모래알을 구분하지 못하고 덮어 놓고 주식을 처분하려는 투매현상까지 벌어질 수 있다. 주가가 내재가치 아래로 추락하는 역거품(reverse bubbles) 현상도 발생한다.

외환시장에서 환율은 궁극적으로 화폐발행 상대국에 대한 경제체력을 반영한다. 불확실성이 커지는 환경에서는 안전자산 선호현상이 두드러지며 환율이 급변동할 가능성이 커진다. (외국인)투자자들이 위험자산보다는 안전자산인 기축통화(key currency)를 선호하게 되어 대외지불능력이 취약한 국가의 통화가치는 급락할 가능성이 높아진다. 경제위기가 닥치면 소규모 개방경제국가의 경제순환을 교란할 수 있어 대외지불능력이 넉넉하더라도 환율변동성이 확대될 가능성이 크다. 환율이 과대평가되어 내재가치와 괴리가 클수록 투기세력의 공격을 받기 쉬워 외환시장을 혼란에 빠트릴 수 있다. 위기상황에서 무리한 환율방어는 외화를 유출시키고 위기를 더욱 악화시켜 환율 급등을 초래한다(『불확실성 극복을 위한 금융투자』, 신세철 저, 제5장 14에서 자세히 설명).

　안전성 자산은 무엇보다 환금성이 높고 가격 변동성은 낮은 현금성 자산이다. 위기 상황에서 유동성 없는 자산을 다급하게 현금화하려면 커다란 손실을 입어야 한다. 경기침체기에 신용등급이 낮은 하이일드 채권은 지불불능위험이 커지며 가격이 급락한다. 평상시와 달리 경기침체기에 급전이 필요하여 부동산을 갑자기 팔아야 한다면 헐값에 팔 수밖에 없는 이치와 같다. 수익성자산은 현재가치보다 미래가치가 높을 것으로 예상할 수 있는 새로운 성장산업, 유망기업 주식이 대표적이다. 시장심리불안으로 비정상적인 과다한 리스크 프리미엄 탓에 금리가 높아지며 가격이 지나치게 하락한 채권, 내재가치에 비하여 형편없이 저평가된 주식은 높은 수익 기대를 쉽게 예상할 수 있다. 리스크 프리미엄이 형성되어 금리가 높은 채권은 지불불능위험의 대가이지 거저 얻는 불로소득이 아니다.

　위기의 그림자가 드리우면서 안전자산인 금값도 오르고 달러도 동요하는 모습이 언뜻 보이기도 한다. 그러나 중장기 가격 동향을 보면 투기자산 성격이 짙은 금은 각국 중앙은행까지도 최고점에 투자했다가 상당한 손실을 보는 경우가 많다. 과거 통화가치가 보장되지 못했던 봉건시대 중국이나 인도처럼 사회혼란기에 금을 생명줄처럼 여기던 시대는 지나갔다. 그리고 국제투자대조표(IIP)를 보면 미국의 실질 해외부채가 2020년 현재, 약10조 달러에 이르기 때문에 달러 강세를 장기간 용인하기 어려운 입장이다. 이를테면, 달러가치가 5% 절상되면 미국은 약 5천억 달러의 실질 대외부채가 늘어나는 셈이다. 금과 달러 투자비중은 보험에 가입하는 것처럼 자산의 일부에 그쳐야 한다.

자산 가격은 급등락하다가도 회복기는 경우에 따라 아주 오랜 시간이 소요되는 경우도 있다. 정부에 대한 불신과 시장 투명성이 결여되어 투자자의 신뢰를 잃게 되면 회복은 더욱 더뎌진다. 예컨대, 2000년 초반 코스닥 거품붕괴 후 코스닥 지수는 2018년 들어서야 가까스로 원래 수준으로 회복했다. 투자자들이 간과해서는 안 될 사항은 경제위기가 지나가고 나면 위기 극복을 위한 유동성 팽창으로 화폐가치 하락을 쉽게 예상할 수 있다. 대체로 디플레이션 뒤에는 하이퍼인플레이션이 도래하는 것이 보통이다. 그런데 2008 세계금융위기 이후 경기부양을 위해 돈을 많이 풀어도 일반 물가는 오르지 않는 현상이 보이고 있다. 기술혁신으로 생산성 향상에 따른 공급과잉현상 때문이다. 남아 돌아가는 유동성이 주식시장, 부동산시장 같은 자산시장으로 몰려들어 시장을 교란하는 경향이 있음을 주의 깊게 살펴야 한다.

위기 상황에서도 손실을 내지 않거나 나아가 초과수익을 내기 위한 기본 원칙은 무엇인가? 위기의 그림자가 어른거리면 안전자산을 선택하여 참을성 있게 기다리다가 위기가 지나가는 징후가 엿보이면 크게 저평가된 자산을 선택하는 길이다. 위기가 본격화되면 대부분 자산가격이 내재가치(intrinsic value) 이하로 크게 떨어진다. 위기 이후에는 저평가된 자산이 시차를 두고 내재가치 수준으로 회복하기 마련이다. 하락의 반작용에 더하여 위기대응에 따른 유동성 팽창으로 내재가치보다도 높이 상승할 수도 있다. 환율도 급락할 가능성이 크다. 예컨대, IMF 구제금융 사태가 진행되면서 갑자기 거주자외화예금이 그 당시로서는 엄청난 규모인 38억 달러나 증가하였다가 사태가 진정되면서 곧바로 줄어들었는데 누군가가 환율 급등 후 급락을 틈타 크게 '한탕' 했다는 의미다. 그들을 거부로 만든 내부자정보(inside information)도 밑천도 없었던 서민들에게는 그림의 떡이었다.

　경제위기 또는 금융위기는 경제적 패자와 승자를 뒤바뀌게 한다. 경제위기가 지나가고 나면 위기대응능력과 선택에 따라 부자와 빈자의 길이 엇갈린다. 집단본능에 빠지기 쉬운 인간의 심리는 오를 때는 더 오를 것 같고 내릴 때는 더 내릴 것 같아 조바심에 빠지기 쉽다. 매도매수 기회를 거꾸로 잡다가 손실을 이중으로 보는 경우가 비일비재하다. 가계와 기업이 합리적 대응을 한다면 위험과 불확실성의 대가를 적게 지불하고 위기를 극복하는 길이 저절로 열린다. 모든 투자자들이 각자도생을 위해 최선의 선택을 한다면 승자와 패자가 크게 엇갈릴 일도 없어져 결과적으로 국가 차원에서 불확실성을 극복하는 길이 된다. 한 가지 분명한 사실은 시장을 멀리 바라보며 기다리는 투자자에게 위기 뒤에는 어김없이 기회가 온다. 기회를 잡으려면 서두르지도 말고 때를 놓치지도 말아야 한다. 생각하기는 쉬워도 막상 실천하기는 어렵다. 위기 뒤에는 으레 새로운 성장산업이 등장하기 마련이므로 산업구조변화 방향을 눈여겨봐야 한다.

우리의 삶은 무엇을 손에 쥐고 있느냐 보다는
누가 곁에 있느냐가 더 중요하다.
우리의 삶은 무슨 일이 일어났는가에 달려 있기 보다는
일어난 일에 어떻게 대처했느냐가 더 중요하다.

— 무명씨

신뢰구축은 미래를 향한 투자

조직이나 사회에서 신뢰가 형성될수록 상대방의 자세를 살피고 따질 필요가 없어 시간과 비용을 절약할 수 있다. 경제활동의 편익(benefit)은 늘어나고 비용(cost)은 줄어들어 공동체 역량이 누수 없이 그대로 경제적 성과로 연결된다. 경제 역동성을 살리려면 우선하여 신뢰기반부터 구축해야 하는 까닭이다. 경제주체들이 서로 반목하는 불신풍토에서는 사회적 수용 능력이 부지불식간에 저하돼 생산성이 낙후되고 경쟁력은 차츰 떨어지기 마련이다. 말이 아닌 실천으로 신뢰를 쌓으려는 노력이 선행되어야 깊어가는 불신사회 함정에서 벗어나서 성장잠재력을 복원하는 첩경이 될 것이다. 신뢰구축은 원리원칙을 세우고 헛된 약속을 남발하지 않는 데서 시작된다. 무릇 책임 있는 자리에 있을수록 보여주기 '쇼'나 생색내는 말을 삼가야 한다.

신뢰기반이 건강하게 구축되어야 개인이나 기입이나 의욕을 북돋고 능률을 향상시킨다. 남을 믿지 못하는 환경이 지속되다 보면 급기야는 자신조차 믿지 못하는 지경에 이르러 스스로 '불신의 함정'에 빠지기도 한다. 믿지 못하는 데다 질시까지 한다면 조직과 사회는 의혹과 시기심의 도가니로 변해 간다. 국민소득 3만 달러에도 불구하고 우리나라 행복지수가 세계적으로 낮은 까닭의 하나는 뿌리 깊은 불신풍토에서도 찾을 수 있다. 불신사회에서는 사고와 행동반경이 혈연, 지연, 학연, 파벌 같은 끼리끼리 인연에 얽매이게 되므로 인재발굴이 불가능해져 올바른 성과를 기대할 수 없다. 우리나라에서 인재를 찾기 어렵다고 하는데, 이는 불신풍조가 잉태한 '코드 사회' 그늘의 한 단면이다. 남을 믿지 못하니 끼리끼리만 인재를 찾다가보면, 오염되고 무능한 인사가 주요 자리를 차지하기도 한다. 청렴하고 유능한 인재들이 조직과 사회에서 일할 기회를 갖지 못하면 나라의 밝은 앞날을 어떻게 기약할 수 있겠는가?

새로운 제안이나 사업을 놓고서도 조직사회의 신뢰가 두터우면 토론하며 장점을 찾아내 개선하는 긍정적 효과를 내지만, 믿음이 없으면 불필요한 대립과 갈등을 조성하며 오해를 일으켜 조직과 사회에 해를 끼치게 된다. 불신풍조가 퍼지면 의사결정 지연과 시행착오에 따른 비용은 물론 신용조사비용, 보험료, 리스크 프리미엄 따위 부대비용이 별도로 들어가야 한다. 금융시장 신뢰가 무너져 신용경색 (credit crunch) 상태가 벌어지면 리스크 프리미엄이 급격하게 높게 형성되어 평시보다 몇 배나 높은 금리를 지불하고도 자금조달이 어려워지는 것과 마찬가지다. 개발초기, 절대빈곤 상황에서는 경제구조가

단순한 데다가 뒤돌아볼 겨를이 없기 때문에 신뢰가 다소 부족하더라
도 그럭저럭 지나칠 수도 있다. 그러나 성숙단계에 접어들어서 얽히
고설키며 복잡해진 경제순환구조로 말미암아 그 부작용이 다방면으
로 스며들 수밖에 없다.

언뜻 생각하기에 불신의 대가가 미미할 것으로 착각할 수 있지만
불신이 일단 쌓여가기 시작하면 경제적 낭비와 비효율은 상상하기 어
려울 정도로 확대될 수 있다. 조직이든 사회든 외부요인에 의한 간난
신고(艱難辛苦)는 힘을 합쳐 극복할 수 있지만 공동체 내에서 신뢰관계
가 무너지면 좀처럼 헤어나기 어려운 것이 역사의 오랜 경험이다. 천
하를 통일한 진제국도, 고대 로마도, 부르봉 왕조도 그리고 근세조선
도 쇄락의 원인은 공동체 내의 신뢰가 무너져 내린 데서 비롯되었다.
옛날에는 신뢰가 무너지면 새로운 나라가 건국되어야 가까스로 신뢰
를 회복하였음을 미뤄볼 때 불신이 사회발전에 미치는 영향은 그만큼
치명적이라는 사실을 의미한다.

예로부터 "군자의 행동은 바람과 같고 백성들의 행동은 풀과 같다
(君子之德風 小人之德草, 논어 제12, 顏淵)"고 하였다. 풀은 바람이 부는 방향
으로 눕거나 일어선다. 이 말에는 사회풍조는 사회 분위기를 이끄는
지도층의 바람몰이에 큰 영향을 받는다는 의미가 내포되어 있다. 말과
행동을 달리하거나 멀리 내다보지 못하고 근시안으로 섣부른 판단을
시장에 강요하기 시작하면 조직이나 사회 전반으로 불신풍조가 번져
나가며 내성까지 생긴다. 이윤추구 동기에 따라 각 경제주체들이 움직
여야 성장하고 발전한다는 세상의 이치를 외면하고 무조건 투기로 몰
아가니 무엇이 무엇인지 모르는 상황이 되면서 부동산을 가진 사람이

나 못 가진 사람이나 다 같이 불안하고 초조하게 만들었다. 연구기관에서는 '2020 부동산 사태'는 중장기 과제로 심층 분석하여 훗날의 반면교사로 삼아야 할 것이다.

세상살이가 급하더라도 기본 원칙이 지켜져야 하는데, 임시변통의 묘수를 내려다보면 시행착오가 나고 어느덧 불신이 생성된다. 단기적에 급급하다 잘못하여 그저 덧칠로 감추려다가는 알게 모르게 불신이 확대되어 쌓여간다. 과거에도 크게 다를 바 없었지만, 새 정부가 공약으로 강조하였던 '5대 인사 원칙'에 많은 사람들이 기대를 걸었다. 시작부터 원칙에 배치되는 여러 의혹을 해명하지 못하여 국회 인준이 거부당한 인사에게 '국가백년대계'를 맡겼다. 게다가 대변인이 "국민들의 눈높이에 비춰 하자가 있다고 생각하지 않는다"고 아무렇지도 않은 듯이 말했다. 그가 말하는 국민이 누구인지 모르겠지만, 국민들의 눈높이는 그만큼 낮아지고 신뢰의 바탕은 얇아졌다.

사람들이 바른 소리를 하지 못하게 떼거지로 공격하면 오히려 유언비어가 쌓여가고 불신의 늪은 점점 더 깊어진다. 사람 사이의 관계, 그리고 의식세계는 자연스럽게 형성되어야지 인위적으로는 묶지 못한다. 일시적으로는 몰라도 중장기로는 불가능하다. 서로 믿으라고 하면서 눈초리를 다른 데로 돌리면 신뢰가 형성되기는커녕 속으로는 불안과 공포와 불신의 그림자가 겹쳐진다. 불신으로 말미암은 경제적 손실이 추정할 수 없을 정도로 막대하듯이, 신뢰가 쌓이고 쌓이면 계산할 수 없는 거대한 편익이 되어 돌아온다. 개인이나 사회나 신뢰를 쌓아가는 노력은 비용이 아니라 '미래를 위한 투자'다. 개인, 기업, 국가를 막론하고 성장과 발전을 지속하려면 이런저런 불신의 함정에서 벗어나야만 한다. 신뢰 사회를 구축하는 데 드는 비용과 그에 따른 편익을 근시안이 아닌 먼 시각으로 바라보아야 하는데 쉬운 일이 아니다.

변화의 속도가 빠른 사회에서 지속적 성장과 발전을 위한 필요조건은 경제사회의 불확실성을 최소화하는 데 있다. 그 실천방안의 처음이며 끝은 바로 조직과 사회 구성원간의 신뢰를 두텁게 하는 일이다. 중장기 경제 성장잠재력을 확충하려면 서두르지 말고 신뢰관계를 쌓아가는 일부터 선행되어야 한다. 트러스트(TRUST)를 쓴 후꾸야마(F. Fukuyama)는 "국가경영에서 경상적자, 재정적자보다도 '신뢰의 적자'가 한층 더 위태롭다"고 일찍부터 경고하고 있다. 신뢰사회 구축은 공과 사, 크고 작음을 막론하고 일관된 자세로 약속을 지키는 일에서 비롯되는 것이지 허공의 메아리 같은 선언이나 구호로 되는 것이 아니다. 가정에서는 부모부터, 사회에서는 지도층인사들부터 신뢰 받는 행동을 해야 함은 말할 필요도 없다. 살다 보면 일이 잘못될 수 있는데, 허망한 변명이 아니라 사실 그대로를 설명하고 이해를 구하는 자세가 신뢰를 두텁게 하는 길이다.

도리를 지키고, 귀신을 공경하되 멀리 해야만
지혜로운 사람이라 할만하다(務民之義 敬鬼神而遠之 可謂知矣)
어려운 일부터 먼저 한 다음, 얻는 것을 뒤에 하여야
어진 사람이라 할만하다(仁者先難而後獲 可謂仁矣)

– 논어 雍也 제6

투자와 투기와 도박을 구분해야

자산의 가치 변동에 따른 자본이익을 기대하는 투자와 시장심리 변화에 따른 가격변동 차익을 노리는 투기를 구분해야 손실을 피하고 나아가 초과수익을 기대할 수 있다. 우연과 운의 영향을 받는 도박은 이익은커녕 원금도 회수하기 어렵다. 가격변동성이 큰 불안정한 시장일수록 투자자산의 내재가치를 중시하는 시각을 가져야 성공투자를 기대할 수 있다. 실물시장에서도 마찬가지지만 금융시장에서는 투자와 투기의 경계가 모호해질 경우가 종종 있다. 조심스럽게 가치투자(value investing)를 하다가도 투자자 자신도 모르게 시장심리 변화에 덩달아 빠져들어 투기 행태를 벌일 가능성이 크기 때문이다. 투기와 도박의 경계도 명확하게 구분하기 어려울 때가 있다. 집단본능에 따라 휘둘리는 비이성적 뇌동매매는 투자는 물론 투기도 아닌 도박에 가깝다.

투자는 기업이윤이 늘어나 대상자산의 (미래)가치가 상승하여 투자자들이 이익을 기대할 수 있는 플러스섬(plus sum) 게임이며, 투기는 시장가격등락에 따라 누군가 이익을 내는 대신에 다른 누군가 손해를 봐야 하는 제로섬(zero sum) 게임이다. 그리고 도박은 대다수가 손해를 보는 마이너스섬(minus sum) 게임이다. 또한, 투자(investment)는 경기 변동이나 경영 환경 변화로 대상자산의 내재가치(intrinsic value) 변동에 따라 자본이익(capital gain)을 기대하여 사고파는 일이며, 투기(speculation)는 가치상승에 따른 이익이 아니라 시장심리 변화에 따른 가격변동을 노리고 매매차익을 기대하는 매매 행위다. 반면에 도박(gamble)은 우연과 확률에 바탕을 두지만 상대방의 심리변화를 이용하여 속임수를 쓰거나 상대의 과욕이나 실수를 유도하여 승부를 내는 것이다.

투자에 성공하려면 먼저, 대상자산의 (미래)가치와 (현재)가격을 냉정하게 비교분석하는 시각이 있어야 한다. 집단본능(herd instinct)이 강한 시장에서 투자자들이 그저 분위기에 휩쓸려 재빠르게 사고파는 뇌동매매는 투자도 아니고 투기도 아닌 도박과 같은 행위다. 이들은 가격이 오를 때는 더 올라갈 것으로 오판하고, 내릴 때는 더 내릴 것으로 착각하여 살 때와 팔 때를 거꾸로 하다가 손실을 입기 마련이다. 급등락이 심한 시장에서는 느릿느릿 행동하는 냉정한 가치투자자들이 오히려 초과수익을 올리기가 쉽다. 세상 어김없는 이치는 재화의 가격은 무한정 오를 것 같다가도 다시 내리고, 한없이 내릴 것 같다가도 다시 올라 결국 제자리를 찾아간다. 균형을 이탈하여 높게 올라가거나 지나치게 낮게 내려가는 비정상적 현상은 고착되는 것이 아니고 언젠가는 내재가치를 반영하여 원상회복되는 것이 자연스러운 이치다. 실제로 '블랙먼데이' 같은 패닉 상태에 빠져 대다수 투자자들이 큰 손실을 내는 상황에서 가치투자자들이 엄청난 부를 축적할 수 있는 까닭이다.

주식시장에서 기업가치 향상을 기대하고 투자하여 수익을 내는 일은 성장과실을 공유하는 일이다. 기업은 자금조달을 통하여 생산을 늘리고 투자자는 자본이익을 거두는 상호수혜 관계다. 그러나 투기거래에서 얻은 수익은 생산 활동과 관련 없이 얻는 과실이어서 누군가 차익을 거두면 다른 누군가의 손실로 귀결된다. 정보를 조작하여 시장을 교란하면서 매매차익을 거두는 일은 투기가 아니고 불특정다수에게 손실을 끼치는 중대한 범죄행위로 엄격하게 다뤄야 하는 까닭이다.

문제는 투자와 투기의 경계가 분명하지 않은 까닭에 많은 사람이 처음에는 신중한 투자를 하다가도 어느 사이에 투기적 행동을 벌이는 경우가 있다. 현실 세계에서 투자와 투기 행위는 동시에 벌어지거나 연속하여 나타나기 쉽다. 예컨대, 경기 저점에서 유동성을 완화하면 풍부한 유동성이 산업자금으로 유입되기 전에 먼저 주식시장으로 유입되어 소위 유동성장세가 벌어진다. 경기가 회복되고 주가가 오르기 시작하면 매매차익을 노리는 부동자금이 몰려들어 투기적 거품이 발생하기도 한다. 시중에 풀린 자금은 시차를 두고 실물시장으로 유입되어 투자를 활성화하고, 주가상승에 따른 부의 효과(wealth effect)가 소비 수요를 부추긴다. 결과적으로 기업의 본질가치도 높아질 수 있다. 이와 같은 장면에서 투자와 투기의 경계를 명확하게 구분하기가 사실상 어렵다.

투기와 도박의 차이를 확실하게 구분하기 어려운 것도 사실이다. 개미투자자들이 주식시장에서 손해를 보는 가장 큰 까닭은 처음에는 기업의 내재가치를 중시하는 투자를 하다가도 어느 사이에 투기적 행위를 선호하기 때문이다. 이리저리 부화뇌동하며 남을 따라 휩쓸리는 도박과 같은 행태를 보이는 것이다. 주식시장 동향과 관련하여 생각해 보자. 효율적 주식시장에서 실물경제를 반영하여 주가가 형성된다고 가정하면, 경제는 시간이 지남에 따라 성장하기에 개별 주가는 몰라도 종합주가지수는 중장기적으로 우상향(↗) 추세를 보여야 마땅하다. 그러나 실제 모습을 보면 경제여건과 상관없이 등락을 반복하여 종합주가지수는 기형적 W자 형태를 자주 보여 왔다. 주가가 내재가치 증대에 따라 상승하기보다 거품 형성과 소멸에 따른 널뛰기 현상이 자주 일어나고 있음을 시사하는 것이다. 합리적 판단에 의한 투자가 이루어지는 효율적 시장인지, 아니면 비이성적으로 움직이는 시장인지 의문이 갈 때가 있다. 예컨대, 별다른 경제적 충격이 없는 상황에서 2001년 9월 종합주가지수는 468p에서 출발하여 불과 7개월 만인 2002년 4월에는 937p까지 100% 이상 급상승하였다가, 11개월 후인 2003년 3월에는 515p로 45%가량 폭락하였다. 당시 주식시장은 바이 코리아(buy Korea) 바람을 타고 내재가치 변동과 관계없는 투기 장세를 보였는데 개미들이 부화뇌동하며 따라가다 큰 손해를 입었다. 어떤 작전세력이 개입하여 시장을 어지럽혔는지는 아직도 밝혀지지 않고 있다.

개인적 견해로는 뇌동매매나 도박은 알코올중독처럼 고치기가 쉽지 않은 일종의 마음의 병이라고 말하고 싶다. 도박은 자신이 실수하거나 상대방이 파놓은 함정에 빠질 가능성이 상존하고 있다. 게다가 도박장(house) 개설자가 일정 비율을 비용으로 떼기 때문에 게임자는 그만큼 손해를 보아야 한다. 카지노 룰렛게임의 배당확률은 35/37로 베팅 금액의 2/37는 '하우스 사용료'로 지급해야 하는 셈이다. 만약 악덕업자가 승부 확률을 조작하면 파친코에서 돈을 잃을 확률은 더욱 높아진다. 유명 도박사들 대부분이 인생 후반에 거의 빈털터리가 되는 경우가 허다한 까닭이다. 그래서 "도박을 즐기는 사람들은 불확실한 것을 얻기 위해 확실한 것을 걸고 내기를 한다"고 하였다. 심리학자들은 "사람들이 도박에 중독되는 까닭은 자신에 대한 믿음이 크고 낙관적이며 지기를 싫어하는 심리가 원인이다"고 하는데, 내기나 게임 같은 사소한 승부가 아닌 '인생'이라는 긴 승부를 이겨야 진정한 승부사가 아니겠는가? 1980년대 후반 나는 처음 방문한 라스베이거스에서 밤을 지새우며 룰렛게임으로 귀한 '달러'를 챙기고 의기양양한 적이 있었다. 그 후 한동안 외국에 갈 때마다 카지노에서 하룻밤을 허비하다 다음 날 중요한 자리에서 졸기도 하는 어리석은 바보가 되었다.

당해 상품의 가격변동폭이 크고 등락이 빈번한 시장에서 정보의 수집과 분석 능력에서 뒤지는 개미투자자들이 투기거래에 무리하게 휩쓸리다 초과손실 피해를 입는 사태가 빈번하게 벌어진다. 설사 내재가치를 중시하는 투자자라 하더라도 욕심이 앞서다 보면 더 낮은 가격에 사려다 매수기회를 놓치고, 더 높은 가격에 팔려다 매도 기회를 놓치기 쉽다. 어김없는 사실은 투기거래가 성행하는 시장이나 도박장에서 누군가의 즐거움은 반드시 다른 누군가의 아픔이 된다는 점이다.

조금만 냉철하게 시장을 들여다본다면, 급등락이 심한 시장에서 재빠른 단기 차익거래자들보다 느릿느릿 행동하는 가치투자자들이 초과

수익을 올리기가 쉬운 이치를 알 수 있다. 시장이 균형을 이탈하여 높게 올라가거나 지나치게 낮게 내려가는 비정상적 현상은 고착화되지 않는다. 더 비싸게 팔고, 더 싸게 사려는 시장청산(market clearing) 기능에 따라 시차가 있더라도 제자리로 환원하는 기능을 시장 스스로 수행하기 때문이다. 투자자들은 결국 자신의 책임 아래 자신의 돈으로 투자하면서 덮어놓고 비싼 가격으로 사들이거나 형편없이 싼 가격으로 파는 바보가 절대 아니다. 무릇 시장이란 실물시장이든 금융시장이든 단기에 있어서는 비효율적으로 움직이기도 하지만 중장기로는 내재가치로 환원하며 효율적으로 움직이기 마련이다. 그러므로 투자자들은 일시적으로 탐욕에 넘치다가도 갑자기 두려움에 떨며 비효율적으로 움직이기도 하지만 결국에는 냉정을 찾아간다. 외부의 힘이 시장을 억누르거나 끌어당기면 시장을 더욱 왜곡시켜 혼란을 초래하기 마련이다. 우리나라 부동산 시장의 질곡상황을 보면 금방 이해할 수 있는 장면이다.

시장은 궁극적으로 내재가치를 반영하며 움직인다는 사실을 인식하고 냉정한 시각으로 바라봐야 올바른 선택을 할 수 있다. 강조하건대, 수익을 내려면 서두르지도 말고 머뭇거리지도 말아야 한다는 이야기다. 다시 말해, 냉정한 시각을 배양하는 동시에 과단성 있는 선택이 성공투자의 필요조건이다. 물론 욕심 많은 인간으로서 쉽지 않은 이야기다. 투자자들 역시 시장을 이기려하기보다 순응하여야 기회가 온다. 무엇보다 먼저, 투자와 투기와 도박을 구분하는 시각을 갖춰야 비로소 중장기로 성공투자의 길이 열리기 시작한다. 정말이다.

PART 4

천민자본주의 인간군상

행운의 탈을 쓰고 오는 불행

힘 있을 때 기고만장하다가는 자칫하다 고꾸라지고 벌을 받게 되는 것이 세상 변함없는 이치다. 하늘은 욕심 사나운 인간을 벌주려 할 때 '인간 됨됨이에 비하여 감당할 수 없는 큰 재물이나 권력'을 미리 줘 보는 것 같다. 반대로 큰일을 시키기 전에 먼저 고난을 주어 의지와 역량을 시험해 본다고 한다. 다시 말해, 잘 나갈 때는 교만하지 말고 어려울 때는 의연해야 비로소 군자라 하겠다. 어리석은 인간이 갑자기 출세하거나 천금을 거머쥐었을 때 흔들리지 않는 항심(恒心)을 가지기란 어렵다. 선비는 지위가 높아질수록 마음을 낮추려 애쓰지만, 소인배가 어쩌다 힘을 얻으면 기고만장하다가 인심은 인심대로 잃고 죄는 죄대로 짓는다. 그럴진대, 벌은 하늘이 내리는 것이 아니라 오만한 인간이 스스로 자청해 받는다고 해야 옳을 것이다. 좀 멀리 보면, 인생살이에서 가장 무서운 적은 탐욕에 눈이 어두운 제 자신이라고 말할 수 있다.

뜻밖의 출세를 하거나 힘들이지 않고 큰돈을 벌면 공사(公私)를 혼동하다가 스스로 나락에 빠지는 경우가 곧잘 있다. 제4의 권력이라는 언론계에 무소불위의 영향력을 자랑하던 인사가 이 세상 모든 근심을 다 짊어진 것 같은 표정으로 검찰청 문 앞에 섰다. "뭔가 많이 잘못됐다고 생각한다"면서 "큰 시련이라 생각하고 그 시련을 잘 극복해 나가겠다"는 말을 남겼다. 잘못했다는 말인지, 억울하다는 말인지 헤아리기 어려운 광경이었다. 하여간 그의 불행인지 억울함은 갑자기 찾아든 크나큰 행운을 지키지 못하고 이리저리 남용하다가 말미암았다.

불행한 삶을 살면서 노벨문학상과 퓰리처상을 4회나 수상한 유진 오닐은 자전적 희곡 '밤으로의 긴 여로(Long day's Journey Into Night)'에서 예상치 못한 엉뚱한 행운을 조심하라고 경고한다. 피눈물 나는 노력 끝에 무지와 가난에서 벗어나 '셰익스피어 전문배우'로 성공한 '테론'은 유령에 홀린 듯 어느 날 갑자기 찾아든 돈에 집착하다 인생을 통째 망가트린다. "거저 얻다시피 한 그 넨장맞을 작품이 흥행에 큰 성공을 하는 바람에 내 손으로 무덤을 파고 만 거야. 몇 년 동안 아무 노력 없이 편안하게 한 배역만 하다 남다른 재능을 잃고 말았어. 그 작품을 하기 전에는 미국에서 서너 손가락 안에 드는 전도유망한 배우로 인정받았었는데… 〈중략〉 행운의 탈을 쓴 불행이 엄청난 돈벌이 기회를 가져다 준거야. 운명의 장난이 시작되었던 거야. 이제 와서 무슨 상관이야. 후회해도 때는 늦었는데…"

짧고도 길고, 다시 생각하면 길고도 짧은 인생에서 무엇이든 지나치게 힘을 주어 움켜쥐다 보면 정말 소중한 무엇을 놓치기 쉽다는 교훈을 주는 희곡이다. 어쩌다 거둔 성공에 겸손하고 감사하지 못하고 더 큰 욕심에 빠지다가는 뜻하지 않은 불행의 굴레에 매이기 쉽다. 자칭 타칭 수재들이 조금만 유명세를 타면 본업을 제쳐두고 말장난 재미에 빠지다가 사이비 소크라테스, 가짜 드래곤, 혹세무민 전도사로 전락하여 사람들을 우롱하려드는 모습도 보인다. 한 분야에 매진하면 업적을 남길지도 모르는 인재들이 잔재미에 빠져 결국에는 밥도 죽도 못 쑤는 경우다. 서경(書經)에 "처음에 조심하여도 끝을 생각하여야 마지막에도 어렵지 않게 될 것이며, 마지막을 생각하지 않다가는 끝에 가서 곤궁하게 된다(愼厥初 惟厥終 終以不困 不惟厥終 終以困窮; 書經 周書, 蔡仲之命 5)"고 경계하였다. 수천 년 동안 이어져 온 이 가르침을 외면하는 까닭은 무엇일까? 어찌하여 똑똑하고 많이 배웠다는 인사들이 '달이 차면 기운다'는 세상 이치를 모르는 것일까? 제 마음대로 세상을 주무를 수 있다는 착각인가? 남들을 무지렁이라고 착각하면서 저만은 다르다는 선민의식에 매몰된 탓일까?

"사람은 저마다 자기 욕망에 사로잡혀 꼬임에 넘어가는 바람에 유혹을 받는 것이다. 욕심이 잉태하여 죄를 낳고, 죄가 다 자라면 죽음을 낳는다(야고보서 1장, 14~15)"고 하였다. 인과응보 색채가 보이는 이 구절은 인종과 종교 그리고 시대를 넘어 변함없는 교훈을 준다. 어리석은 우리 인간이 허황된 욕심을 버리기가 얼마나 어려운 일인가? 욕망에서 벗어날 수 있다면, 이 세상 모든 성인과 현자들이 이 구절을 반복하여 강조할 까닭이 없지 않겠는가? 사람들을 유혹하여 불행으로 빠뜨리는 헛된 욕심을 조금이라도 덜어내려면 마음속으로 다짐하고 또 다짐하라는 이야기가 아니겠는가? 생각하기는 쉬워도 실천하기는 쉽지 않다는 말인가? 한때는 겸양지덕을 갖춘 듯했던 인사들이 어느 날 재물이나 권력을 잡고나면 왜 야박해지고 거들먹거릴까? 무엇인가 거머쥘수록 더욱 겸손해져야 더 큰 것을 얻을 수 있는 평범한 이치를 왜 외면하는 것일까?

어쩌다 잡은 행운이 불행의 올가미로 변해가는 까닭은 무엇인가? 제 몸에 슬그머니 씌워진 '행운의 탈'이 불행의 원인임을 깨닫지 못하고 탐욕의 세계로 계속 내달았기 때문이다. 평소에 행운을 받아드릴 겸허한 자세를 갈고 닦지 못한 까닭이다. 역으로 "하늘이 큰 임무를 사람에게 내리려 할 때는 먼저 심지를 괴롭게 하며 그 근골을 수고롭게 만든다(天將降大任於是人也 心先苦其心志 勞其筋骨, 맹자, 告子章句下 15)"고 하였다. 어려운 지경에서 분발하는 마음과 참을성을 기르고 능력을 키워주기 위함이라고 한다. 인생사 고단할 때나 편안할 때나 흔들리지 말고 사람의 도리를 다하라는 뜻이 아니겠는가? 그래서 "군자는 태연하되 교만하지 않고, 소인은 교만하되 태연하지 못하다(君子 泰而不驕 小人 驕而不泰, 논어, 자로 제13)"고 하였나 보다.

우리 인생이 이르는 곳이 어디인가(人生到處知何似)
기러기 눈길 밟음과 같지 아니한가(應似飛鴻踏雪泥)
어쩌다 눈 위에 발자국을 남기지만(雪上偶然留爪印)
기러기 날아간 행방을 어찌 알리요(鴻飛那復計東西)

― '설니홍조' 중에서 / 소동파

천민자본주의 인간군상

절대빈곤을 벗어나면 생존 그 이상의 여유를 찾고 싶은 것이 '경제적 인간'의 거스를 수 없는 심성이다. 욕심에 매달리다 보면 세속적인 부가 허기진 내면세계를 채우지 못하고 점점 더 공허하게 만들기도 한다. 경우에 따라서는 쥘 만큼 거머쥐고서도 이웃과 사회에 감사하기는커녕 더 목말라 두리번거리는 경우가 상당하다. 물질적 가난은 몰라도 정신적 가난을 벗어나지 못하고 물신주의에 얽매여 있는 '부자거지'들의 모습이다. 그들이 사회를 오염시키고 있나? 아니면 사회가 타락하여 그들을 욕망의 노예로 붙들어 매고 있나? 예로부터 "군자가 부유해지면 덕을 베풀고, 소인이 부유해지면 힘을 휘두르려다가 일을 그르친다"고 하였다. 행복의 바탕인 정신적 풍요는 밖에서 주어지는 것이 아니라 저마다의 가슴속에서 피어오른다.

개개인의 이윤추구가 공공의 이익이 아닌 비용으로 귀결되어 사익과 공익이 충돌되는 천민자본주의(賤民資本主義) 그늘에서 고장난 인간군상(人間群像)은 크게 세 가지로 나뉜다.

첫째, 가난을 벗어나면서 비인간적 모습으로 변하는 경우가 있다. 그럭저럭 사람 괜찮다는 말을 듣다가도 어느 정도 재물을 축적하거나 권력을 잡으면 제정신을 잃고 주변 사람들에게 냉혹해지는 경우다. "광에서 인심난다"는 옛 속담이 있듯이 살기가 넉넉해지면 인심도 후해지는 것이 보통인데도 가난을 벗어나면서 오히려 더 인색해지는 무리가 있다. 돈푼이나 거머쥐고 오만해지면서 주변사람들을 까닭 없이 무시하면서 기고만장한다. 이들의 심리 상태를 어떻게 헤아릴까? 자신이 살아온 소중한 과거, 즉 자기 자신의 모습을 스스로 부인하려는 까닭일까? 이들의 면모를 들여다보면 정당치 못한 방법으로 돈이나 권력을 얻은 경우가 상당하다. 아슬아슬했던 순간에 대한 보상심리 때문일까? '돈으로만 고칠 수 있는 마음의 병'에 걸리면 모든 것들을 저세상까지 쥐고 갈 것처럼 착각하다가 돈이 불어날수록 '돈으로도 고칠 수 없는 불치병'으로 변하기 쉽다.

둘째, 부자가 되고도 더 큰 부자가 되려고 몸부림치다 얼굴에 먹칠을 하며 부끄러운 줄을 모른다. 거머쥘 만큼 다 거머쥐고서도 더더욱 부와 권력을 향해 몸부림치다가 인생을 스스로 수렁에 빠트린다. 가난을 벗어나서도 가치 있는 일에 관심을 기울이기보다 더욱 부를 향하여 물불 가리지 않고 마구 달리다가 고꾸라진다. 부와 권력을 두 손에 거머쥐고도 잔돈푼 챙기기에 골몰하다가 마침내 파렴치 잡범이 되어 뭇사람들의 조롱을 받으면서도 입으로는 정의와 하느님을 외친다.

몸에 배인 거지근성을 끝끝내 버리지 못하고 조갈증에 시달리는 '부자거지'들의 비명이다. 바다에 빠져 허우적거리면서 바닷물을 다 마실 것 같은 욕망에서 벗어나지 못하는 인간들이다. 거물이 되고 거부가 되어도 푼돈을 긁어내려고 이리저리 두리번거린다. '부자거지'들은 쌓아 놓은 돈의 주인이 아니라 돈에게 기도하는 돈의 노예로 전락하고 만다.

셋째, 부자가 되어서는 가난했던 과거를 지워버리려고 안간힘을 다한다. 그 가운데는 부를 거머쥐기 전에는 인간적 면모를 보이는 경우도 있었다. 사회적 지위가 올라가고 부를 축적하면서부터 옛날 어려웠던 시절을 덧칠하며 숨기려 안간힘을 다한다. 가난한 과거가 부끄러움이 아니고 인간성을 상실하고 사는 현재가 수치라는 사실을 깨닫지 못하는 까닭이다. 어려웠던 시절을 뒤돌아보기 싫어하는 심리를 어떻게 해석하여야 할까? 돈과 권력을 거머쥐는 대신에 인간성은 내동댕이치고 그저 동물적 본능으로 허우적거리기 때문인가? 자신의 과거를 부정하면 자신의 실체는 어디론가 버리고 돈이나 권력 같은 껍데기에 얽매어 사는 셈이다. 돈을 긁어모을수록 자신의 참모습을 잃어가는 그들이 벽장 속에 남몰래 모셔둔 현금다발은 자신을 옭아매는 악귀라고 해야 옳은 말이다.

이 세 부류의 고장난 인간군상은 가난을 끝내 이기지 못하고 '돈으로만 고칠 수 있는 마음의 병'이 '돈으로는 절대 고치지 못할 불치병'으로 진행될 가능성이 높다. 자신의 영혼을 신나게 만들어 춤추게 하는 것이 진정한 행복이라고 한다면, 그 돈은 그들의 영혼을 옴짝달싹 못하게 옭아매는 올가미인 셈이다. 물질적 가난보다 정신적 빈곤을 극복하지 못할 때 인간은 한층 외롭다는 사실을 깨닫지 못한 걸까? 열심히 연구 노력하는 만큼 사회에 공헌하는 대가로 보상을 받아 개인도 같이 잘 살게 되는 동기양립시스템이 훼손될수록 '부자거지'들의 외침은 요란하다. 떳떳하지 못한 수단과 방법으로 쌓아올린 부와 권세 그리고 명성이 삶을 풍요롭게 하지 못하고 오히려 더욱 메마르게 만든다. 돈이라는 사슬에 묶여져 신음하는 그들은 아마도 천민자본주의의 수혜자가 아니라 희생자들인지 모른다. 한때 고속성장을 이루면서 과정이야 어떻게 되던 결과에 집착하며 '하면 된다'는 사고방식으로 물불가리지 않고 더 잘살기에 급급하였음을 부인하기 어렵다. 그러나 어쩌다 재물을 거머쥐고 사회적 지위를 차지한 사람들 중에는 그 이전보다도 더욱 목말라하며 전전긍긍하는 안쓰러운 광경을 볼 수 있다. 쪼들리던 마음 자세를 지워버리기는커녕 더 욕심을 내다가 진짜 스스로 거지가 되어 가는 인간들이다. 저만 살겠다는 천민자본주의 찌꺼기가 한국경제 불확실성을 극복하는 데 장애가 되고 있다. 물질적 성과를 달성하고도 정신적으로는 더 피폐해지는 사람들이 늘어날수록, 한국경제가 지금까지 일궈낸 성과들은 물거품이 될 가능성이 커지고 있다.

세상에는 물질은 넉넉치 않아도 마음은 따뜻하게 살아가는 사람들이 많다. 서민아파트와 옆 근린공원 숲 그늘에서 삼복더위를 식히는 노인들에게 요구르트를 나눠주는 아주머니 등이 많이 흰 모습을 보는 순간 값을 대신 치러주고 싶었다. "저쪽 어른이 벌써 내셨다" 해서 가까이 가서 뵈니 검소한 차림새에 넉넉한 모습이었다. "행복은 선행에 대한 보상이 아니라 선행 그 자체가 바로 행복이다"라는 스피노자(B.

Spinoza)의 말이 떠올랐다. 그 여유로운 모습들이 나에게도 전파되어 행복한 느낌이 들었다. 한때의 어려움을 당당하게 이겨냈던 사람들 중에는 어려운 시대를 흐트러짐 없이 극복했다는 자부심 때문인지는 몰라도 어려운 이웃에 대한 두터운 애정을 가지는 경우가 많다. 이들이야말로 물질지상주의에 매몰되지 않고 넉넉한 마음으로 살아가는 사람들이다. 자신을 이겨내고 자신과 이웃을 같이 사랑하는 행복한 사람들이라고 할 수 있겠다. '부자거지'들과 달리 '마음부자'인 이들에게는 물질적 풍요와 행복지수는 비례한다고 말할 수 있다. 많을수록 더 많이 베풀 수 있으니까 말이다.

돈은 아첨꾼이지만 나중에는 배신자가 되고
구두쇠들이 꿈꾸고 욕심쟁이들은 탐낸다.
돈은 밤하늘에 반짝이는 별보다 많은 도둑을 만들고
어디를 가든 결국에는 돈이 군림하며 다스린다.
지혜가 있어야 돈에서 빠져나와 돈을 무색하게 만든다.

— '궁극의 리스트' 중에서 / 움베르토 에코(Umberto Eco)

경계해야 할 확증편향성

불완전지식을 가진 인

사가 권위주의에 빠져 왜곡되고 편협한 생각을 밀어붙이면 조직과
사회는 혼란에 빠져 무기력해진다. 확증편향은 아집에 사로잡혀
자신의 선입견이나 신념에 맞지 않는 정보는 배척하거나 조작하려
는 심리불안에서 시작된다. 확증편향은 실체적 진실을 외면하면서
보고 싶은 것만 보고, 듣고 싶은 것만 듣겠다는 '마음의 병'이다.
옳고 그른 것을 구분하지 못하여 엉뚱한 선택을 하게 되어 재앙이
닥치기 쉽다. 확증편향성에 빠지면 실패를 학습효과로 삼지 못하
고 자신이나 패거리들의 억지 주장에 더더욱 집착하다가 더 큰 시
행착오를 일으켜 갈피를 잡기 어려운 사회가 된다. 집단본능이 강
한 사회에서는 대중이 부화뇌동하여 몰려다니다 스스로 판단력을
잃고 가짜 뉴스에 중독되어 어느 결에 집단 확증편향에 사로잡히
기도 한다.

확증편향 현상을 불완전한 증거의 오류(the fallacy of incomplete evidence)라고 한다. 확증편향에 빠지면 자기주장에 집착하다가 비현실적 시각으로 세상을 보며 스스로 통제력을 잃고 억지주장을 펼치는 인지부조화(cognitive dissonance) 현상을 보이며 조직과 사회를 어지럽히기 때문이다. 잘못을 부인할 수 없는 상황에서도 이런저런 핑계를 대면서 자기 합리화에 빠지거나 누구나 알아차릴 수 있는 뻔한 거짓말을 하면서도 아무렇지도 않은 듯 태연하다. 대체로 폴리페서(polifessor)들이 확증편향성을 보이는 경향이 있다. 학생들에게서 절대 권위를 누리고 분에 넘치는 대우를 받다 보면 자만심이 높아져 확증편향 함정에 빠지기 쉽다. 우물쭈물하다 줄을 잡아 높은 자리를 차지하고서 세상을 마음대로 마름질하려다 보니 사회에 해악을 끼치기 쉽다. 사실 염불보다 잿밥에 눈독을 들이기 때문에 관련 지식이 어설픈데다 아집까지 있으니 주변사람들을 피곤하게 만드는 확증편향에 빠지기 쉽다. 여기저기 엉터리 훈수를 두다 잘못되어도 아무런 책임감을 느끼지 못하는 까닭에 스스로의 잘못을 끝내 깨닫지 못한다.

변화의 속도가 빠르고 다양한 가치관이 존재하는 현실 세계에서 확증편향(confirmation bias)에 빠지면 자신의 선입견이나 뜻에 거슬리는 통계는 배척하거나 덧칠하다가 질서를 어지럽히고 혼란에 빠뜨린다. 물론 자신의 의견과 주장을 뒷받침할 수 있는 자료와 정보를 찾고 싶어하는 것이 인지상정이다. 자신만이 옳다는 편향성이 지나치다 보면 자신의 의지에 부합되는 지엽적 정보만 골라내서 꿰맞추거나 궤변으로 진실을 호도하려 한다. 확증편향에 빠진 인사가 조직이나 사회에서 큰 힘을 거머쥐면 논리근거나 통계바탕과 배치되는 자신의 관점을 조직과 사회에 강요하다가 갈등을 유발한다. 결과적으로 가계와 기업과 정부 사이에 불신이 조장되는 원인으로 작용하여 커다란 사회적 비용(social cost)을 지불하게 만든다. 불완전 지식으로 자만심에 빠진 권위주의자들이 확증편향성(確證偏向性)을 가지게 되면 자신의 의견은 침소봉대하면서 남의 의견은 물론 인격까지도 무시하려드는 오만함을 보인다.

눈앞에 나타나는 엄연한 현실도 무시하다 보면 자신의 의견을 뒷받침하지 못하는 통계는 덧칠하거나 걸러내려 한다. '현실을 무시한다고 해서 객관적 진실이 바뀌는 것은 아님'을 인지하지 못하다 보니 불신을 부추기고 불확실성을 가중시킨다. 웨이슨(P. Wason)에 따르면 확증편향은 복잡하고 불분명한 정보가 대량으로 생산되고 유통되는 현실에서 "자기 신념에 들어맞는 (부분적이고 미세한) 정보 또한 찾아내기 쉽다"는 전제에서 출발한다고 한다. 그러다 보면 옳고 그름을 총체적으로 판단할 거시 정보보다 자신이나 집단의 선입견이나 (거짓)신념에 부응하는 미시 정보를 찾아내서 이를 근거로 삼기도 한다. 남을 헐뜯기 좋아하는 사람들은 아주 작은 검불 하나를 보고 전체를 판단하고 재단하면서 상대방을 비난하며 궁지에 몰아넣으려는 경향이 있다.

확증편향에 치우치다 보면 기본원칙보다는 맹목적 아집과 고집에 둘러싸여 논리의 결핍 현상은 물론 눈앞에 펼쳐진 엄연한 통계까지 부정하려 들면서 분란을 일으킨다. 다양한 가치관이 존중되어야 하는 미래지향 사회에서 여러 가지 관점과 의견을 조화시키지 못하고 막무가내 옹고집을 부린다면 주변은 물론 사회에 해악을 끼치지 않을 도리가 없다. 확증편향은 자신만이 아니라 조직과 사회를 병들게 하는 '마음의 병리 현상'이다. 원리원칙이 없다 보니 옳고 그름의 경계가 분명하지 않은 환경에서 확증편향성은 자리를 잡는다. 개인이나 조직이나 큰 힘을 가질수록 확증편향성에 사로잡힌 인사나 그 추종세력은 없는지 살펴보는 자체 정화장치, 견제장치를 마련하여야만 한다. 조직이나 사회가 균형감각을 유지하여야 조직이나 사회를 수렁에 빠트리는 비극을 막을 수 있기 때문이다.

마찬가지로 금융시장에서도 집단 확증편향 현상이 종종 발생하여 시장을 교란시키기도 하며 개미투자자들을 혼란에 빠트리기도 한다. 투자자가 확증편향에 빠지면 스스로 손실을 입고 끝나지만, 남의 재산을 관리하는 펀드 매니저가 확증편향성에 빠지면 점점 더 남의 재산에 손을 대기 때문에 수많은 위탁자에게 치명적 손실을 입힐 가능성이 크다. 특히 파생상품시장에서 갖가지 다양한 변수들이 가격에 영향을 미치는데 거시적 자료가 아닌 극히 작은 부분에 그치는 미시적 데이터를 침소봉대하여 확신하고 집중투자하다가는 큰 손실을 입기 쉽다. 투자자와 투자회사는 펀드 매니저가 확증편향성이 있는가를 눈여겨봐야 한다. 노인시대, 후기청춘시대에 자산관리가 한번 꼬이기 시작하면 걷잡을 수 없는 사태가 초래될 수 있기 때문이다.

포퓰리즘 길목에서

자본주의 위기는 자본주의 자체에 내재하는 모순 때문이기도 하다. 자본주의(資本主義)라는 용어 자체에는 정신세계보다는 물질세계를 보다 중시하는 의미가 내포되어 있다. 물질에 치우치다 보면 조직과 사회가 어떻게 되던 돈만 벌면 된다는 천민자본주의(pariah capitalism)가 번질 우려가 있다. 돈을 삶의 최고 가치로 여기는 배금주의(拜金主義)가 만연하면 공동체의식이 파괴되며 도덕과 윤리는 거추장스러운 장식으로 변하기 쉽다. 부의 편재 현상이 계속 진행된다면 생산과 소비의 불균형 현상이 심화되어 자본주의의 미래를 보장할 수 없다. 이미 제42회 세계경제포럼(WEF)에서도 자본주의가 중태에 빠졌다고 걱정하는 전문가가 늘어나 미래가 불투명하다는 의견이 지배적이었다. 자본주의 질서는 위기를 맞고 미래희망을 사라지게 하는 포퓰리즘이 고개를 들 우려가 커지고 있다.

빅토르 위고(V. Hugo)가 쓴 '레미제라블(Les Miserables)'의 요약판 '장발장'을 어려서 읽었을 때, '죄를 짓고도 뉘우치면 용서받는다'는 메시지를 받았다. 실제로는 제1차 산업혁명 이후 빈부격차가 극심해져 그 이전보다 더욱 곤궁해진 빈민들의 비극적 삶을 고발하고 있다. 당시 대다수 빈곤층은 아무리 노력해도 인간의 존엄성을 지킬 수 없는 상황이었다. 생산은 넘쳐나는데 소비수요가 턱없이 부족하자 공황이 발생하고 중상주의, 군국주의가 대두하고 결국 1차, 2차 세계대전이 촉발되었다. 냉정하게 생각하면 히틀러가 인플레이션의 양자라면, 마르크스–레닌은 빈부격차의 제자들이다. 당시 유럽의 빈부격차가 공산주의를 배태시켜 비극적 한국동란의 먼 원인으로도 작용한 셈이다. 자본주의가 꽃핀 영국이 아니라 자본주의 씨앗이 뿌려지기도 전에 빈부격차가 더욱 극심했던 러시아에서 공산주의가 발호했던 사실에서 교훈을 얻어야 한다.

기업가의 야수적 충동(animal spirits)에 의하여 성장하고 발전하는 자본주의의 발달은 획기적 생산성 향상을 통해 인류를 기아에서 탈출시키고 상당수 국가들이 여유롭고 풍요로운 시대를 구가하게 하였다. 우여곡절 끝에 노동과 자본이 대립을 극복하고 밀월이 이어지는 동안 자본주의는 민주주의와 상승작용을 하며 인류문화 발전에 지대하게 공헌해 왔다. 자본주의의 강점이자 약점인 욕심이 지나치기 시작하면 자본주의 사회를 지탱하는 먹이사슬이 차츰 붕괴되기 시작한다. 먹이사슬이 끊어지면 정글도 황폐화되고 결국 백수의 왕조차 먹잇감을 구할 수 없다. 약육강식 논리의 성장지상주의자들이 간과하기 쉬운 사실은 소비수요기반이 약화되면 아무리 좋은 상품을 생산해 봤자 소용없다는 점이다. 조금만 생각하면 분배가 효율적으로 분산되어야 구매력이 살아나서 상품이 팔리고 다시 투자와 생산으로 연결되어 경제순환이 순조롭다. 1차 산업혁명 이후 생산은 늘어나는데 반하여 부의 균형이 무너지고 구매력은 급감하면서 불황이 반복되어 왔다. 오늘날 자본주의 위기론은 1%가 아닌 0.01% 이하의 극소수 사람들에게 소득과 소유가 몰려가는 데서 비롯된다. 세계화로 그리고 정보화로 1등만이 살아남는 승자독식의 세상에서 글로벌 대기업이 전 세계 시장을 휩쓰는 경향이 짙어지면서 20세기 초반 대공황(Great Depression)의 원인이었던 경제력집중 현상은 21세기 들어 더욱 심각해지고 있다.

우리나라에서도 이미 2011년에 10대 대기업집단 상장기업 매출액이 전 상장기업 매출액의 50%가 넘어서며 경제력 집중현상이 심각한 상황이 이르렀다. 2018년에 10대 재벌비중이 상장기업 시가 총액의 50%를 넘어섰다. 붕어빵이든 눈깔사탕이든 특정 품목에 전념하여 최고 품질로 세계시장을 장악한다면 오히려 바람직한 일이다. 문제는 몇몇 기업이 생산활동, 소비활동, 문화·여가생활에 필요한 모든 산업에 다 관여하는 상황이다. 대기업집단이 의식주는 물론 체육, 오락, 문화까지 거의 전 방위에 걸쳐 지배하고 있다. 심지어 일부 대기업집단 계열사는 순대와 떡볶이까지 팔며 영세 상인들이 허덕이는 막다른 골목까지 누비는 마구잡이 천민자본주의 행태가 나타나고 있다. 이와 같은 어지러운 상황이 앞으로도 계속된다면 어떻게 될까? 정보수집과 분석, 자금융통, 판매조직, 언론관리, 대정부 교섭능력(bargaining power)이 뛰어난 몇몇 대기업집단이 모든 생산수단과 유통경로를 장악하게 될 것이다. 더 심각하게 진행되면 끝내는 먹이사슬이 끊어지는 후기

공룡시대가 도래할지도 모른다. 그때 대기업집단들은 생필품을 만들어도 살 사람이 없으니까 도리 없이 저들끼리 사고팔고, 팔고사야 하는 지경에 이르지 않는다고 장담하지 못한다.

극심한 빈부격차의 반작용으로 포퓰리즘이 발호하게 되면 일하지 않아도 먹고 살려는 '공짜 심리'가 성행하면서 성장잠재력이 급격하게 추락할 수 있다. 놀고먹으려는 공짜 심리나 탐관오리의 '도둑심보'나 모두 나라를 망치게 하는 길이다. 생산 없이는 아무것도 되는 일이 없다. 어떠한 경우에도 나눌 것을 먼저 만들어 내야 그 다음 나눌 수 있다. 생산을 무시하고 나누기만 열중하다가는 모든 것을 송두리째 망칠 수 있다. 포퓰리즘은 남미나 남유럽 국가들의 예에서 나타나듯이 성장잠재력을 어느 결에 잠식시키면서 재정적자를 불러와 무기력한 빚더미 경제구조로 추락시킨다. 문제는 먼 미래보다 눈앞의 이해타산을 먼저 따지는 정치인들에게 대중영합주의는 저소득층을 유인하는 좋은 미끼로 작용한다는 사실이다. 시장기능을 파괴하면서 포퓰리즘의 길을 가기 시작하면 나라살림이 파탄나기 전에는 되돌리기가 불가능하다는 사례를 '베네수엘라 비극'이 증언하고 있다. 남미, 남유럽 일부 국가들이 포퓰리즘 악령을 뿌리치지 못하고 허덕이는 까닭은 무엇인가 곰곰 생각해 봐야 한다.

성장과 분배는 톱니바퀴와 같다. 성장 없는 분배도 불가능하지만 분배 없는 성장 또한 있을 수 없다. 성장이 분배의 아버지라면, 분배는 성장의 어머니다. 노를 한쪽으로만 계속 저으면 나아가지 못하고 제자리에서 뺑뺑 돌다가 자칫 엎어질 수도 있다. 배를 양쪽에서 균형 있게 저어 주어야 물을 헤치고 목적지를 향해서 나아갈 수 있는 것과 같은 이치다. 경쟁을 유도하여 생산성을 극대화하는 동시에 (한계효용체감 법칙에 따라) 총효용을 최대화하는 방향으로 분배가 이뤄져야 '최대 다수의 최대 행복'이 실천된다. 경쟁질서를 파괴하지 않는 범위에서 분배가 이뤄지고, 형평을 해치지 않으면서 생산활동이 진행돼야 자본주의는 번창하고 시민들은 행복할 수 있다. 사회보장제도 확충은 사회 안정은 물론이고 부당경쟁, 과당경쟁을 예방함으로써 성장잠재력을 확충하기 위해서도 반드시 필요하다. 자본주의는 인류의 미래를 번영으로 이끌기 위한 필요악인지 모른다. 단점이나 장점 어느 한 부분을 강조하지 말고, 단점은 적게 하고 장점은 살리는 길을 찾아가야 한다. 물론 어려운 일이다. 무지막지한 상황을 예방하려면 다함께 대가를 치러야만 한다.

도둑고양이처럼 조금씩
우리의 영혼을 갉아먹는다
결코 치유되지 않는 중독성
아무런 죄의식이나 통증도 없이

— '탐욕' 중에서 / 김건섭

불로소득과 성장 피로감

누군가의 희생을 대가로
얻게 되는 불로소득은 공동체 의식을 무너지게 하며 나라경제를 무
기력증후군에 빠트린다. 부가가치 창출 능력보다 이권경쟁에서 경
제적 승패가 갈려지는 불로소득이 창궐하면 패배주의(defeatism)가
사회 전반으로 전염된다. 자신이 잘 살지 못하는 까닭을 자신의 게
으름이나 판단착오라고 반성하기보다 남을 탓하고 사회를 원망하
는 풍조가 퍼진다. 불로소득이 문제가 되는 까닭은 하늘에서 떨어
진 것을 그냥 줍는 것이 아니라 직간접으로 남의 것을 가로 채는 결
과를 초래하기 때문이다. 한국경제가 마주친 '성장피로증후군'은
동기양립(動機兩立) 프레임을 해치는 불로소득이 커다란 원인이었다.
불로소득은 예나 지금이나 백성을 신음하게 하고 나라를 망치는 화
국병민(禍國病民)의 근본원인이다. 특권층이 아닌 보통사람들이 살기
좋은 나라는 '불로소득이 없는 나라' 다.

불로소득이란 글자 그대로 땀도 흘리지 않는 데다 위험도 부담하지 않고 거저 챙기는 소득이다(혹자는 뇌물은 옥살이 할 위험이 도사리기 때문에 불로소득이 아니라고 억지를 부리기도 한다). 누군가가 땀 흘려 이룩한 대가를 가만히 앉아서 거저 챙기는 불로소득(unearned income)은 시나브로 경제 활력을 갉아먹는다. 후진사회일수록 재화와 용역의 가치를 높이는 부가가치 창출보다 사실상 빼앗는 것과 마찬가지인 불로소득으로 부자가 되는 경우가 많아진다. 누군가 생산과정에 참여하지 않고 아무런 대가를 지불하지 않고 재화를 차지하면, 다른 누군가는 그 몇 배 이상의 손해를 봐야 하는 것이 어김없는 세상 이치다. 내부정보를 이용하여 남다른 초과이익을 챙기거나, 이리저리 줄을 대야 좋은 자리에 앉을 수 있는 풍토에서는 군데군데 불로소득이 도사리고 있다. 그러다 보면 사람들이 본원적 부가가치를 창출하려는 노력보다 쉽게 돈을 버는 가짜 연금술에 열중하려 든다. 물밑경쟁을 통하여 이권과 특혜를 받거나 내부자거래를 이용하여 일확천금을 거머쥔다. 그 눈먼 돈은 보이든 보이지 않던 누군가 아픔의 대가다.

'서울도시계획이야기'에서 저자는 금융억압과 개발정보 악용을 통한 천문학적 불로소득 사례를 용기 있게 증언하였다. 예컨대, 서울 강남을 개발하면서 당시 권부의 실력자들은 은행에서 사실상 제로금리로 대출 받아 요지의 땅을 사들인 뒤에 도시개발 계획을 발표하도록 하였다. 은행에서 공짜나 다름없이 돈을 빌려 헐값으로 사들인 땅을 개발계획 시행으로 값이 몇 배, 몇 십 배로 오른 뒤에 되파는데 거부가 되지 않을 방법이 없었다. 그 당시 정치란 허업(虛業)이 아니라 노다지가 한없이 쏟아지는 일확천금의 비즈니스였다. 거대 건설회사의 경영자도 같은 수법으로 거금을 꿀꺽했다. 공장이나 아파트 건설계획을 세우고 발표 전에 먼저 개인 땅을 사들였으니 떼돈 벌기가 삼복더위에 냉수 한잔 마시기보다 쉬웠다. 그렇지 않다면 머슴을 자청하면서 그 많은 재산을 어떻게 축적할 수 있겠는가? 어떤 인터넷 증권분석가는 외국인 명의의 계좌를 이용하여 소형 주식을 미리 매수한 다음 분위기를 조성하였다. 인터넷 방송 또는 소위 '전문가 사이트'를 통하여 동 주식 매수추천을 반복했다. '추가상승가능' '차트우량' 등 임의의 정보를 생산하여 객관적 정보처럼 전파하였다. 외국인 매수 종목임을 강조하며 허수주문 등을 통하여 일반인의 매수를 유도하였다. 여러 종목을 번갈아가며 단기에 주가를 조작하고 빠져나가는 속칭 '번개작전'을 통하여 개미투자자들에게 골탕을 먹이며 불로소득을 거두다가 걸려들었다.

누군가 불로소득을 크게 올리면 올릴수록 다른 누군가는 진땀 흘리며 일해도 살기 어려운 위험에 처한다. 부패, 담합, 내부자거래로 발생하는 불로소득이 커질수록 보통사람들의 행복의 원천이 되는 땀의 가치, 삶의 보람은 줄어든다. 우리나라가 한때나마 괄목할 경제성장을 이룩하고도 세계에서 행복지수가 하위 수준이고 자살률이 높은 까닭이다. 누군가에게 피해를 끼치며 공짜로 얻어먹는 불로소득이 사회 곳곳에서 그치지 않고 있다는 반증이기도 하다. 이러한 병폐가 쌓이고 쌓이다 보니 성장잠재력이 마모되지 않을 수 없다. 불로소득은 하늘에서 떨어진 것이 아니고 제조원가에 포함되어 결국 소비자부담으로 전가된다. 불로소득은 제품단가를 높여 소비자로부터 돈을 빼앗거나 국고를 축나게 하면서 결국 납세자의 돈을 빼앗는 결과를 초래한다. 불로소득이 반복되면 남이야 어떻게 되든 나만 배부르면 된다는 천민자본주의가 극성을 부려 기업가 정신, 장인정신이 위축되고 인적자원을 소홀히 하는 환경이 조성된다. 기술혁신보다는 여기저기 힘 있는 곳에 줄을 대려는 교섭능력(bargaining power) 확장에만 힘을 쏟는 기업이 번창하는 나라가 어떻게 될까? 세상은 노동집약에서 자본축적으로 다시 기술·정보 융합산업으로 부가가치 창출 원천이 이동하고 있는데, '공짜 심리'가 팽배한 사회의 미래가 어떻게 될지는 불을 보듯 빤한 일이다.

이 세상 언제, 어디서나 무위도식하려는 무리들이 있기 마련이어서 불로소득을 근절하기는 어렵다. 예방하려는 노력부터 시작돼야 한다. 먼저, 투명성을 확보하는 일이 중요하다. 투명성은 어떤 일의 결과는 물론 과정 모두를 남김없이 보여주는 것이다. 기업경영이든 정부행정이든 정보가 누군가에게 독점되고 왜곡되고 남용되는 것을 막으면 불로소득, 초과이익이 발생할 소지가 줄어든다. 정보공유는 내부자거래, 부패, 거품으로 발생하는 불로소득을 제거하는 첫걸음이 된다. 다음, 여러 법규에 으레 따라 붙는 누더기 같은 단서 조항을 정리하여 단순화하거나 폐지하여야 한다. 후진국 증상의 하나는 규제는 이리저리 뒤엉켜 있지만 이를 빠져나가는 방법 또한 여기저기 구멍이 나 있다는 점이다. 그물을 촘촘하게 엮어도 구멍이 여기 저기 뚫려 있으면 재수 없는 고기만 잡힌다. 경제 관련법규에 나열된 그 많은 예외와 단서 조항을 정리하면 불필요한 재량행위가 축소되고 불로소득을 상당히 줄일 수 있다. 예컨대, 대형 공사 '예비타당성 면제조치' 같은 것들이다. 그 다음, 탕평인사제도가 정립되어 낙하산 인사가 없어져야 불로소득을 뿌리뽑는 계기가 될 것임은 이미 언급하였다.

　바울이 '데살로니카 사람들에게 보낸 둘째 편지'에서 무위도식하며 공짜로 먹고 사는 자들을 '악하고 게으른 종'이라고 했다. "일하지 않는 자는 먹지도 못하게 해야 한다"고 하였다. 가만히 앉아서 불로소득을 노리는 인간들 주변에 스며든 악의 전염을 경계하라는 의미라고 해석하기도 한다. 조금만 먼 시각으로 세상을 관찰하면 빼앗는 자가 결국에는 빼앗기는 사람보다 더 불행해지는 것이 동서양의 공통된 경험이다. 생각건대, 불로소득 원천을 차단하면 열심히 일하게 하는 동기부여뿐만 아니라 사이비 보수와 가짜 진보의 그 진흙탕 싸움 같은 막장 대립까지 누그러트리는 묘약도 될 수 있다. 우리사회에 존경하는 사람이 많지 않은 까닭은 부가가치 창출에 참여하지 않고도 그럭저럭 부를 축적한 인사들이 득실거리기 때문이기도 하다. 가정이나 조직이나 사회를 막론하고 존경할 인물들이 많아져야 자라나는 청소년들이 은연중에 그들을 본받아 미래가 밝아진다. 건강하고 활기찬 나라가 되려면 불로소득의 원천을 예방하는 조치들이 치열하게 강구되어야 한다.

황금만능사회의 멍에

돈 없이는 살아가기 어려운 자본주의 사회에서 가장 경계해야 할 아이러니는 '자본(資本)'이란 말 자체에 내포되고 있는 배금주의일 것이다. 인격 없는 돈을 최고의 가치로 여기며, 돈을 위하여, 돈만 있으면 무엇이든 할 수 있다는 사고가 극에 달하면 그 사회는 어느 순간 무기력해지기 쉽다. 돈이면 다 된다는 황금만능주의가 횡행하면 남의 불행을 틈타서라도 이익을 추구하려는 천민자본주의 의식이 곳곳으로 번져간다. 돈을 신격화하다 보니 사람이 돈의 주인이 되지 못하고 오히려 '돈의 노예'가 되는 주객전도 현상이 흔하게 벌어진다. 돈을 벌수록 더 벌려는 강박관념에 사로잡히면 잡힐수록 정신세계는 갈수록 황폐해지기 마련이다. 돈이 사람들의 삶을 편하게 해주는 수단이기는커녕 자칫 사람의 주인이 되어 행동을 옥쥐는 멍에로 변해 간다.

사람 살아가는 세상에서 돈이 주인인지 사람이 주인인지 헷갈리는 두 가지 대조되는 장면을 되돌아보자. 어떤 택시운전사는 운전 부주의로 일으킨 사고로 700만 원의 벌금형을 받고, 벌금 낼 형편이 되지 않자, 하루에 5만 원씩 벌금을 감해 주는 감방노역 140일을 자청하였다. 하루에 '벌금 5만 원을 감해 주고 세끼 식사 3,000원씩 9,000원과 24시 찜질방 입장료를 포함하면 강제노역이 하루에 그럭저럭 6~7만 원 정도의 벌이는 되는 셈이니 할 만 하다'는 뜻이다. 그 얼마 후 감방노역으로 하루에 5만 원이 아니라 5억 원의 벌금을 감해 주는 판결이 있었다는 뉴스를 듣고 황당하면서 당황스러웠다. 그 판결에 두드려진 방망이가 다름 아닌 '미다스의 황금 손(golden touch)'인 셈이다. 5억 원은 하루 5만 원씩 주 5일 근무로 41년 이상 일해야 벌 수 있다는 무서운 의미가 있다. 거의 일생 동안 먹지 않고, 입지 않고 일해도 5억 원을 벌지 못하는 사람들이 수두룩하다는 사실을 담당 법관은 알았을까? 우리 헌법에서 강조하고 있는 인간의 존엄성은 특정인이 아닌 모든 국민에게 해당되는지 의문이 가는 장면이었다. 누구는 너그러운 법의 관용을 받거나 특별사면을 받아 죄가 흐지부지 되고, 다른 누구는 냉엄한 법의 심판을 받아야 하는 사회에서 어떻게 정의를 말할 수 있겠는가? 인간이 살아가는데 필요한 재화와 서비스를 얻기 위한 수단으로 돈을 버는 것인데, 황금만능 사회에서는 수단이 아니라 돈 그 자체가 생의 최종 목표가 된다.

물신주의 사회에서 큰돈을 벌게 되면 그 부자가 되기 전보다 여유롭기는커녕 오히려 더 각박하게 사는 모습을 종종 볼 수 있다. 쓸데없이 거들먹거리며 사람들의 눈살을 찌푸리게 하다가 남들을 공연히 피곤하게 한다. 돈이 여유로운 삶을 살기 위한 하나의 방편이 아니라 인간성을 말살시켜 삶을 더 쪼들리게 하거나 아예 망가트리는 불행의 씨앗으로 변할 수 있다는 이야기다. 사람들이 부자들 앞에서는 굽실거리다가 뒤돌아서서는 질시하고 욕을 퍼붓는 장면도 눈에 띈다. 반대로 돈 많은 사람을 속으로는 부러워하면서도 겉으로는 애써 얕잡아 보는 일그러진 장면도 엿보인다. 어떤 때는 돈푼이나 있고 힘깨나 쓰는 인사들 앞에서는 샥스핀 값을 서로 내겠다고 화까지 내는 척하다가도 가난한 옛 친구들과 만나면 국밥 값도 아까워하며 꽁무니를 빼는 행실도 보인다. 사실, 수양이 덜된 자를 대접하면 저 잘났다고 거들먹거리며 더 깔보기도 한다. 그들에게 돈이란 편리한 도구가 아니라 마음을 옭아매는 사슬이 아닌가?

돈은 사용하기에 따라 그 가치가 얼마든지 커지거나 작아지기 마련이다. 한계효용체감의 법칙에 따라 효용을 극대화하는 것이 경제적 인간의 합리적 선택이라는 사실을 외면하기에 비극이 일어난다. 오래 생각하지 않더라도 돈을 천당이나 극락으로 짊어지고 갈 수 있는 사람은 없다. 정복자 알렉산더 대왕도 저 세상에 갈 때는 두 손을 편 모습을 보여주지 않았는가? 물신주의 경향이 날이 갈수록 심해지고 있는 까닭은 무엇인가? 무엇보다도 먼저, 끝없는 탐욕의 늪에 빠져 허우적거리기 때문이다. 더하여 사회 환경 변화에 대응하기 어렵기 때문이기도 하다. 수명이 길어지면서 피할 수 없는 미래의 불안을 뿌리치기가 쉽지 않다. 핵가족 시대 자식에게 노후를 의지할 수도 없는데 수명이 늘어나면서 몇 살까지 살지 모르기에 더 돈에 집착하는지도 모른다. 급속한 산업화로 미래에 대한 예측이 점점 더 어려워지는 때문이기도 하다. 넘어지면 다시 일어나기 어려운, 다시 말해 패자부활이 점점 불가능해지는 과당경쟁, 부당경쟁 사회의 부작용도 하나의 원인임을 부인하기 어렵다. 국민소득 수준에 걸맞게 사회안전망을 점진적으로 확충해가는 사회적 합의가 이 사회를 짓누르는 배금주의로부터 잉태된 불안 심리를 조금씩이라도 해소하는 길이다.

배금주의가 판치는 사회에서는 어느 누구 혼자만이 아니라 결국에는 더불어 다 같이 불행해지기 쉽다.

첫째, 천민자본주의 관행이 확산되어 사람들 사이에 부의 축적 경로가 바람직하지 못하다고 여기는 분위기가 형성되면, 사회구성원들이 생산 활동을 외면하고 두리번거리며 이권을 쫓으려 한다. 이 세상에 축적된 부는 누군가의 생산 활동의 열매이지 어디서 그냥 생겨난 것이 아니다. 이권경쟁이나 투기행위에 의하여 번 돈은 다른 이의 노력의 성과가 무상으로 이전된 것임을 알아야 한다.

둘째, 과정의 중요성을 생각하지 않게 되어 사람들이 자기 일에 대한 자부심이나 애정을 가지지 못한다. 과정이 어떻게 되었던 결과에만 집착하게 되는 풍토에서는 수단 방법을 가리지 않고 무조건 치닫게 된다. 전후좌우 돌볼 여유 없는 삶을 두고 법정스님은 '죽음을 향한 질주'라고 비유하였다. 시시비비를 제대로 가리지 못하고 사리분별이 어려운 환경이 조성되면 사회는 어지럽고 퇴락의 길을 걷게 된다.

셋째, 축적된 부를 올바르게 사용하지 않게 되어 사회문제를 잉태한다. 우리 속담에 "개같이 벌어 정승처럼 쓴다"는 말도 있지만, 깨끗하지 못하게 번 돈을 깨끗하게 쓰기란 쉬운 일이 아니다. 힘 안들이고 번 돈을 나쁜 일을 하는 데 쓰기 쉽다. 과도소비 행위는 사람들 사이에 위화감과 함께 모방소비를 조장한다는 가설은 이미 검증되었다. 오늘날 우리사회를 짓누르고 있는 가계 부실은 부유층의 사치가 서민들의 소비를 조장한 것도 부분적 원인이다.

우리나라가 한때 눈부신 경제성장을 이루었다고 자랑하지만 천민자본주의 뿌리도 함께 키워가다가 치유하기 어려운 사회병리현상이 되었다. 물불가리지 않는 과속성장 과정에서 파생되고 침전된 황금만능주의 파편과 찌꺼기를 걸러내지 못하면 선진국 문턱을 넘기 어렵다. 국민소득이 우리나라보다 몇 배나 낮은 나라의 행복지수가 우리보다 훨씬 높다는 사실은 무엇을 뜻하는가? 마음먹기 따라 부자가 아니라도 더 행복해질 수 있다는 뜻이다. 지속적 성장과 발전을 이룩하려면 정당한 노력의 대가를 존중하고 열심히 일한 사람을 존경하는 사회 분위기가 전제되어야 함은 말할 필요가 없다. 황금만능사회 멍에를 벗어버리고 '욕망으로부터의 자유'를 추구하려는 마음 자세야말로 정말 소중한 자산이다. 마음대로 되지 않기에 더욱 값진 일인지 모른다.

어릴 적 앞마당 날마다 싱싱했던 꽃
도심 속 그 꽃이 희미해진 까닭은
가만히 들여다보는 이가 멀리 갔기 때문이다.

— 분꽃 / 이일숙

성장과 법의 사각지대

기업과 국가가 다른 점은
무엇인가? 기업은 경쟁력을 확보하기 위하여 조직에 도움이 되지
않는 무능력자, 나아가 조직에 해가 되는 인력을 제때에 솎아내야
일류기업이 될 수 있다. 생산성이 없는 무능력자를 억지로 붙잡고
있다가는 경쟁력을 잃고 무대에서 퇴출되어야 한다. 그러나 모든
국민들의 생명과 재산을 보호해야 하는 국가는 힘없는 사람, 이상
한 사람, 나쁜 사람, 미운 사람까지 다 껴안아 주어야 한다. 그래서
어린이집도 학교도 병원도 교도소도 양로원도 필요하다. 국가다운
국가가 되려면 능력이 있거나 없거나 그 어떤 국민도 모두 보호해
야 마땅하다. 사회안전망이 모자라지도 넘치지도 않게 작동하여야
하는 까닭이다. 그리스 법철학자 솔론(Solon)은 "짱돌이 날아가면 힘
없이 뚫리고 잠자리나 나비가 날아가면 걸려 죽는 거미줄처럼 법이
운용되는 사회는 위태롭다"고 하였다.

상당한 시간이 흐른 얘기지만, 강남의 유명백화점에서 참기름 2병을 '슬쩍' 한 의지할 데 없는 70대 노인이 무려 2년의 실형을 선고받았다는 소식을 듣고 혀를 찬 적이 있었다. 전과가 있는 그 노인에게 "3년 이상의 징역형이 선고되어야 했지만, 사정이 참작되어 2년으로 감형했다"는 담당법관의 변이 보도되어 실망감을 넘어 분노가 치밀어 올랐다. 만약 그 노인이 '커넥션'이 튼튼하거나 유능한 변호사를 고용할 수 있었다면 그런 참극을 피해 갔을 것이다. 그처럼 약육강식이 제도적으로 판치는 사회가 어찌 타락하지 않을 수 있겠는가? 안진사(雁進士)나 서생원(鼠生員)이나 다 똑같은 법의 잣대를 들이대야 정의로운 나라가 된다. 2020년에도 "며칠을 굶다가 달걀 18개를 몰래 가져다 먹은 사람에게 징역 18개월을 구형하였다"는 울적한 보도가 나왔다. 한편에서는 파렴치한 범죄자들에게 "국가발전과 경제성장에 기여할 기회를 주겠다"면서 형량을 유예하거나 흐지부지하는 아량이 베풀어지고 있다. 그런데 "먹을 것을 마련하려 충동적으로 참기름과 달걀을 슬쩍했다"는 오갈 데 없는 노인, 실직자가 쓴 법의 굴레는 인정사정없이 냉엄하다.

법에 대한 무지의 소치로 상반되는 현상을 이해하지 못하는 나의 뇌리에는 군대생활 한 장면이 떠올랐다. 엄동설한에 추위와 배고픔으로 시달리던 말단 졸병 시절이었다. 운전병으로 복무하던 수송부대에서는 공포의 위계질서를 이기지 못하고 탈영과 자해에다 목을 맨 병사도 있었다. 그런 환경에서 신병들에게 고참병은 염라대왕 조카님처럼 이유 없이 무섭고 훌륭하신 분들이었다. 어느 날 모처럼 닭고기 급식이 있었던 날 저녁 왕고참병이 닭 세 마리를 주면서 담 넘어 민가에 가서 닭볶음탕을 해오라는 명령을 내렸다. 희미한 호롱불 아래 이글거리는 장작불과 보글보글 끓는 탕을 보다가 나도 모르게 국물을 떠먹고, 얼떨결에 닭고기 한 점을 우물우물 집어 삼키고 말았다. 내 입술 언저리에 빨간 국물이 묻은 것도 모르고 닭볶음 들통을 들고 조심스럽게 내무반에 들어갔을 때 어느 누구도 그 귀한 닭고기를 먹은 죄를 묻지 않았다. 다만, 졸병시절 배고픔을 참지 못하고 짬밥 통에 버려진 돼지먹이 비지를 거둬 먹었다는 '전설'을 가지고 있었던 먹성 좋은 고참병이 으스스한 농담을 했을 뿐이다. "이 졸병 새끼 주둥이 좀 봐라! 혼자처먹다가 입술이 빨개졌다." 상대적 가치로 말하자면 그때 그 배고픈 상황에서 닭고기 한 점은 아무리 낮게 쳐도 지금의 참기름 열 되 이상의 효용가치(效用價値)를 지녔다. 많이 배고파 본 나는 지금도 먹을 때는 언제나 행복해져서 라면이든 순대국이든 무엇이든 입맛을 다시며 먹는다. 그러다 보니 내가 밥을 살 때는 그냥 기분이 좋다.

　그때 수송부대에서 있었던 공포의 '상하질서'와 오늘날 그 노인에게 적용된 '징벌기준'을 대비하여 생각해 봤다. 하늘처럼 높은 고참병들이 드실 귀한 음식을 정말 '겁도 없이' 그냥 먹은 죄는 당시의 표현을 그대로 빌리자면 '뒈지게 맞고 피똥을 싸야' 마땅했다. 동방예의지국이라 그런지 몰라도 "먹는 죄는 없다"며 "먹을 때는 개도 안 건드린다"라는 우리 속담이 내려온다. 하찮은 짐승일지라도 설사 잘못한 것이 있더라도 음식을 먹고 있을 때는 꾸짖지 말라는 뜻이다. 춥고 배고픈 사회에서도 최소한 먹는 것 가지고는 이렇다 저렇다 따지지 않는 체면 같은 것이 있었다. 당시 까막눈을 가까스로 벗어난 병사들 사이에서도 자부심이랄까 아니면 수치심 같은 인간세계 밑바닥 자존심 같은 그 무엇을 잃지 않고 있었다. 그런데 어찌된 셈인지 요즘에도 식탁에 앉아 까닭 없이 짜증을 내거나 쓸데없는 잔소리를 해대는 인사들이 있다. 스스로 대단하다는 자만심에 젖어 상대방을 하찮게 여기는 태도지만, 실상은 가정교육을 제대로 받지 못했음을 고백하며 제 부모를 욕먹이는 행동거지다.

신체나 정신이나 인생 막바지에 처한 노인이 살기 위하여 참기름 2병을 훔친 죄로 황혼기 삶 2년을 감방에서 지내야 하는 우리의 현주소는 어디인가? 나의 졸병 시절 1인당 국민소득은 지금의 1/150가량 정도인 200달러 내외였다. 그런데 그때보다도 사람들이 수치심을 더 잃어가고 있는 까닭은 무엇일까? 성장과 발전을 이룩한 오늘날 참기름을 슬쩍한 그 노인이 맞닥뜨린 질곡의 무대는 성장의 사각지대인가? 아니면 인권의 사각지대인가? 이도 저도 아니라면 법의 사각지대인가? 현실세계에서 억울한 사람이 마지막에 가서 호소할 데는 교회나 절도 아니고 결국 법이어야 한다. 법의 사각지대를 그대로 놔둔 채 어찌 선진사회를 내다볼 수 있을까? 아주 오래전, 몽테스키외의 '법의 정신' 요약본을 읽고 나서 법이란 "흐트러진 뜰을 쓸어 꽃씨를 심도록 도와주는 기능을 해야 한다"는 누군가의 말에 깊이 공감하였다.

아시타비 자찬훼타

나는 막무가내 옳고 너는 어찌됐든 그르다는 아시타비(我是他非)와 자신의 공은 덧칠하여 뽐내고, 남의 실수는 먹칠해서 욕하는 자찬훼타(自讚毁他) 의식이 우리 사회에 넘쳐나는 광경을 자주 볼 수 있다. 그 같은 의식이 팽배하다 보면 잘못을 저지르고도 잘못했다고 생각하지 못하거나, 잘못을 인정하지 않으려 들기에 잘못을 고치지 못하여 비리나 부패가 반복되는 사회로 전락하기 쉽다. 사회지도층 인사들이 그런 모습을 보이면, 무엇이 옳고 무엇이 그른지 몰라 허둥거리는 난장판 막장 사회(brutal society)가 된다. 똑같은 잘못을 저지르고 유력인사들이 아무렇지도 않은 듯이 호기를 부리는데, 보통사람들이 어찌 죄의식이나 수치심을 느끼겠는가? 보다 밝은 미래는 나만이 아닌 '너와 나의' 입장에서 먼 시각으로 잘잘못을 서로 고쳐나가려는 자세에서 열린다.

저만 잘났다는 허위의식에 젖어 궤변을 일삼으며 때에 따라 다른 잣대를 들이대는 사회에서는 부지불식간에 대립과 갈등이 야기되고 신뢰기반이 무너진다. 어쩌다가 소설의 허구(虛構)와 정상 모리배의 헛소리조차 구분하지 못하는 지경까지 이르렀다. 잘못을 저질렀을 경우 잘못을 반성하고 고치려들지 않고 막무가내 부인하거나, 기억이 나지 않는다거나, 그저 남 탓으로 돌리려는 논리를 개발하려다 보니 같은 잘못이 마냥 되풀이될 수밖에 없다. 이치에 맞지 않는 억지논리를 우격다짐으로 전개하며 웃음거리가 된 줄도 모르고 이론과 실천이 분열되어 의식세계와 무의식세계를 넘나든다. '예루살렘의 아이히만'의 저자 아렌트(H. Arendt)는 누구나 죄책감 없이 악행을 저지를 수 있다며 '악의 평범성'을 해부하였다. 아이히만(A. Eichmann)은 예루살렘 전범 재판소에서 수백만 유대인 학살 사건에 대하여 담담하게 변명하였다. "신 앞에서는 죄가 있을지 모르지만 법 앞에서는 죄가 없다." 시키는 대로 일하며 아무런 죄의식 없이 죄를 저질렀다는 의미다.

'유례를 찾기 힘들다'는 고도성장을 자랑하던 한국에서 사람들의 행복지수가 아주 낮은 수준이라는 조사결과가 반복되어 발표되었다. 불균형성장의 폐해, 절벽으로 가는 고령사회의 불안 같은 여러 가지가 있겠지만, 남을 탓하는 사회분위기에서 존경하고 우러를 지도층 인사를 찾아보기 어렵다는 사실도 커다란 원인으로 지적된다. 지도층 인사들이 책임을 다하기보다 남다른 특권만을 누리며 변칙과 탈법을 저지르고도 천연덕스러운 광경을 보면서 보통사람들이 행복을 느끼기가 쉽지 않다. 낯 두꺼운 인사들이 꿩 먹고 알 먹고, 더하여 훈장까지 달고 다니는 사회에서 보통사람들이 행복감을 어찌 느끼겠는가?

출세 못하고 가난하게 된 까닭은 자신이 게으른 탓이 아니라 비리를 저지를 지식이나 '커넥션'이 없기 때문이라고 낙담하기 때문일까?

사회에 대한 의무와 도리는 하지 아니하고 '커넥션'을 통하여 혜택만 챙기려는 의식이야말로 '거지본능'이라고 할밖에 도리가 없다. 자신이 져야 할 짐을 대신 져주는 무지렁이들이 있다고 오판하다 보니 자신에게는 한 없이 관대하고 남에게는 서릿발처럼 매서운 '이중인격' 소유자가 되었다. 남들이 땀 흘려 가꾼 수확을 저들은 막무가내 거저 가져가도 좋다는 특권의식과 '공짜 심리'가 스며들었기 때문이다. 자신의 도리는 지키지 않고 남의 권리를 무시하려 들면서 무엇이든 챙기려는 '도둑심보'를 가지고 있다. 세상 사람들이 저를 위하여 존재한다고 착각하다 보니 돈과 권력과 명성을 한꺼번에 차지하려 드는 욕망의 노예가 되어 있다. 망나니가 애국자로 둔갑하고, 애국자가 불평분자로 매도되는 환경에서 죄진 자가 더 크게 소리지른다.

제 할 일은 하지 않고 무엇이든 공짜로 먹으려는 거지들이 들끓을수록 나라살림은 어지러워진다. 편법이나 변칙을 통해 이것저것 챙긴 파렴치범들이 거드름을 피우는 상황이 계속되면 사회는 난장판이 되다가 무기력해지기 마련이다. 내가 세금을 탈루하면 다른 누군가가 그만큼 더 부담해야 한다. 나와 내 자식이 국방의무를 다하지 않으면 누군가가 하루라도 더 해야 한다. 내 자식이 부정한 방법으로 합격하면 남의 자식 누군가가 아픔의 눈물을 흘려야 한다. 그런데도 변칙과 편법을 저지를 수 있는 '남다른 능력'을 자랑하려 드는 파렴치 의식이 사회 곳곳으로 전염되고 있다. 가치관을 혼란에 빠트리고 사회적 적응능력을 마모시켜 중장기에 있어 성장잠재력을 잠식시킨다. 특권의식을 가진 지저분한 인사들이 발호하면 시민들 사이에 패배의식이나 억하심정이 싹터 대립과 갈등이 일어나고 사회는 무기력해진다.

우리나라는 오랫동안 이런저런 질곡의 역사를 겪어서인지 모르지만 일반시민들이 질서를 어기면 엄하게 처벌해야 하지만, 유력인사들은 이런저런 이유로 흐지부지하려는 노예사상, 거지의식이 꿈틀거려 왔다. 도둑심보를 품고 있는 인사들이 큰일을 맡게 되면 무엇을 본받겠는가? 사람들, 특히 청소년들의 본보기가 되어야 하는 지도층 인사들이 가면을 벗고 진면목을 보여야 한다. 마음속으로 존경할 윗사람이 많이 나타나야 너도 나도 삶에 대한 자부심도 갖게 되고 건강한 사회로 가는 길이 넓어질 것이다. 미래를 짊어진 청소년들이 도덕성과 정의감을 가질 때에 나라의 미래는 자연스럽게 밝아 온다. 미래를 바라보려면 제 자랑이 아닌 제 잘못부터 허심탄회하게 인정할 수 있는 도량을 가진 지도자들이 나타나야 한다. 자신의 잘못을 인정하는 자세, 그것이 바로 진정한 용기다.

빈부격차 말기증상

사회가 혼탁해지면서 나타나는 세기말 증상(decadence)은 크게 나눠, 종교의 극성과 타락, 도덕성 마비, 부의 격차 심화 같은 세 가지 원인에서 비롯된다. 사회가 어지러워지면 사람들은 불안과 번민을 초월적 대상에 매달려 씻으려 하기에 기복종교가 기승을 부린다. 인간으로서 밑바닥 수치심까지 저버리고 비인간적 행위를 거리낌 없이 자행하여 사회질서를 교란한다. 그 공허한 마음을 물질로 채우려 끝없는 욕심을 내다가 정말 소중한 그 무엇들을 망쳐버린다. 우리 사회는 세 가지 증상이 동시에 나타나며 성장잠재력을 잠식해 가고 있다. 한국경제의 미래는 세기말 증상을 시장기능에 따라 큰 충격 없이 어떻게 해소하느냐에 달려 있다고 해도 지나치지 않는다. 정상적 부가가치 창출을 통한 부의 형성은 적극 유도하여야 하지만 부정부패, 거품 같은 비정상적 부의 이동을 차단하여야 한다.

고려 말 몽고 침입과 그 앞잡이들이 나라를 휘저으며 불교는 기복 신앙 성격이 강해졌다. 그 와중에서 우왕을 옹립하고 권력을 잡은 이인임은 나라 살림을 전횡하며 염흥방 같은 충복들을 요직에 앉히고 매관매직을 일삼았다. 백성들의 삶은 아랑곳하지 않고 그치지 않는 토지 겸병을 통하여 제 땅을 넓혀 갔다. 최영 장군에 의하여 실각되기 전에는 차령산맥과 노령산맥 사이의 엄청나게 큰 땅을 다 차지하였다. 청조 번영의 뒤끝, 건륭제 시대의 간신 화신(和珅)은 "충신이 아니라 충견(忠犬)이 되겠다"고 맹서하며 총신이 되었다. 매관매직을 일삼으며 당시 청나라 1년 세수 12~18배에 달하는 상상하기 어려운 크기의 재물을 긁어모았다고 한다. 그들의 그치지 않는 탐욕이 나라를 망하게 하였는지, 아니면 혼탁한 사회가 그들을 타락시켰는지 분간하기 어렵다. 그들의 끝없는 욕심보다도 더 높이 쌓아 올린 재물이 하나뿐인 목숨을 재촉하고 나아가 나라의 명줄까지 가늘게 만들었다. 세상은 눈앞에서 아첨하는 자들이 모든 것을 다 망치니 경계하여야 한다.

　부의 집중은 대체로 부가가치 창출을 통한 정상적 축적과 함께 거품과 이권경쟁으로 비롯된 비정상적 이동이 있다. 새로운 기술과 산업의 부가가치 창출이 기하급수로 확대되면서 부의 편중현상이 일어난다. 지구촌 전체로 수요가 동시에 파급되는 세계화시대에 선도 기업으로 한꺼번에 돈이 몰리는 가능성이 커졌다. 거품이 지나가면서 비정상적 부의 이동이 진행된다. 거품의 형성과 소멸과정에서 누군가 특별이익을 얻는 대신에 다른 누군가는 특별손실을 입게 되어 부자는 더욱 부자가 되게 하고 가난한 자는 더욱 가난하게 한다. 과잉 유동성이 과거에는 일반 물가 인플레이션을 유발하였지만, 공급과잉시대에는 특정 자산 가격을 올려 거품(bubbles)을 확대시킨다. 정경유착에 따른 부패가 부의 비정상적 이동을 유발한다. 조세, 인·허가, 금융 등 이권경쟁에서 승리한 자가 부를 차지하며 부의 비정상 이동이 초래된다. 그 과정에서 탐관오리들이 떡고물을 챙기고 그 대가는 최종적으로 소비자들이 치른다.

과거에는 특정산업을 지원하는 불균형성장 정책과 그에 따르는 특혜와 부정부패에서 경제력 집중현상이 초래되었다. 권력실세, 정경유착기업과 대중사이에 부의 격차가 벌어졌다. IMF 사태 이후에는 잦은 경기부양으로 유동성 과잉에 따른 빈번한 거품 형성과 파열과정에서 부의 편재현상이 두드러졌다. 기술혁신은 인류 진화와 성장의 원동력이 되므로 얼마간의 부작용이 있어도 최대한 유인하여야 한다. 부정부패나 거품으로 초래되는 부의 편재는 결과만이 아니라 그 과정에서 파생되는 폐해도 경계하여야 한다. 경제 질서를 교란하여 시장가격기구를 파괴하고 자원배분을 왜곡시키기 때문이다.

부의 편재는 크게 보아 두 경로로 사회적 경제적 혼란을 초래한다. 먼저, 소비수요를 감소시켜 생산과 소비의 순환을 방해한다. 소수의 성공한 사람에게 집중된 부는 소비로 연결되지 못하여 경제 순환을 방해한다. 라틴 아메리카에서 유동성을 팽창시키는 경제정책이 반짝 효과에 그치는 까닭은 다름 아닌 지나친 부의 편중으로 소비수요 확산이 불가능했던 까닭이다. 세계대공황의 원인도 부의 집중으로 초래된 유효수요부족 문제로 말미암았다. 다음, 위기관리능력이 훼손된다. 중산층은 사회의 갈등과 대립을 완충하는 기능을 한다. 그런데 중산층이 엷어지고 '부익부 빈익빈' 현상이 심화되면 상대적 빈곤감이 확대되면서 마찰도 커진다. 사회구조가 양극화되면 다양한 가치관이 침몰되면서 사람들의 사고가 경직되는 후유증이 심각해지며, 창의력이 최강의 자산이 되는 미래 사회에 대응하기 어려워진다. 땀 흘린 대가보다는 줄서기나 투기대열에 합류할 수 있느냐에 따라 경제적 위치가 갈려진다면 앞을 내다보기 어려운 사회가 된다.

한쪽에서는 대규모 대기성자금이, 다른 한쪽에서는 아무리해도 부채를 청산할 길이 보이지 않는 가계가 늘어나고 있다. 2020년 6월 한국은행 금융안정보고서를 인용하면, 만기가 도래한 차입금 상환에 어려움을 겪는 가구 수가 47만 3000~75만 9000곳에 이를 것으로 산출됐다. 상황이 악화되면 약 70만가구가 유동성 위기를 겪고, 이들에게 대출해 준 금융회사 건전성도 타격을 입을 것으로 내다봤다. 2008년의 세계금융위기는 가계부실이 도화선이 되어 금융부실로 연결되어 전 세계로 확산되었음을 교훈으로 삼아야 한다.

도를 넘는 빈부격차는 보통사람들의 신분 이동 제약이 깊어졌음을 의미한다. 조금만 멀리 생각하면 '그들만의 상황'이 아니고 모두의 문제다. 사람들이 단순히 게으르거나 낭비하기 때문에 발생한 것이 아니라 한국경제의 위기 증상이 커가고 있다는 신호이기 때문이다. 극심한 빈부격차는 빈자가 부자를 도저히 따라가지 못하는 '격차효과'(distant effect)를 유발하여 끊기 어려운 빈곤의 사슬이 형성된다. 본래 자유·민주주주의가 주창하는 기회균등이란 성공이 아닌 성공할 수 있는 가능성, 즉 기회를 모든 사람들에게 부여하는 것을 의미한다. 정상적 방법으로는 아무리 노력해도 올라가지 못할 언덕이 형성되면 젊은이들이 앞날을 바라볼 수 없어 좌절하며 흐트러지는 사회가 된다.

이 질곡의 상황을 탈피하기 위한 선행조건은 무엇일까? 먼저, 지식산업사회에서 빈곤탈출의 시발점은 교육의 기회균등에서 시작된다. 부모가 가난한 동네에 살기 때문에 가고 싶은 학교에 지원조차 할 수 없는 환경에서 진정한 의미의 기회균등을 외칠 수 있는가? 학군제 폐지나 개선은 부수효과로 부동산시장의 기형적 상황도 개선할 수 있다. 누구나 가고 싶은 학교에 지원하도록 하는 동시에 찍기 선수가 아닌 창조력을 가진 인재를 기르는 교육제도가 강구되어야 한다. 다음, 구석구석을 죄다 뒤집어 보이는 투명성을 확보하여 신뢰를 구축하는 방안이 요구됨은 다시 말할 필요도 없다. 투명성은 조세·인허가·금융 같은 이권경쟁의 요소를 없애기 위한 필요조건이다. 사회가 투명해지면 비정상적 부의 이동을 시장 스스로 예방하는 효과가 있다. 그 다음, 적어도 근검절약하려는 사람들에게 기초 생활을 보장하는 연구를 진행하여야 한다. 노력해도 최소한의 '인간의 존엄성'을 보장하는 기초 생활을 근심해야 한다면 소득 3만 달러 선진국 구호가 아무 의미도 없다. 정당한 노력에 의하여 빈부격차를 따라 잡을 기회와 가능성을 찾아야 한다.

기적도 신화도 없었다

자본금 500만 원, 직원 5
명으로 10평 남짓한 사무실에서 어패럴 제품 판매로 시작하여 30
여년 만에 계열사 41개, 해외법인 396개에다 임직원만 30만 명이
넘게 성장하는 기적(奇蹟)을 D그룹은 세웠다. 수출주도성장국가인
한국에서 1998년 우리나라 전체 수출의 14%를 차지하는 신화(神話)
를 기록했다. 게다가 "세계는 넓고 할 일은 많다"며 "이 세상 어디
를 가도 널려 있는 돈이 보인다"고 하니 유수의 청년들을 꿈꾸게 하
고 외경심을 가지게 만드는 '기적의 신화'를 일궈냈다. 문제의 발
단은 세계화가 진행되면서 승자독식 경향이 강해져가는 상황에서
음식료품 외에 산업 전분야에 거의 다 진입하다시피 한 동 그룹이
나라 안팎을 통털어 경쟁력 1위를 차지한 기술은 어디에도 존재하
지 않은 데서 비롯되었다.

압축성장, 수출지원 시대를 숨 가쁘게 달리다 보니 동 그룹은 어느덧 41조 원의 분식회계에다가 약 91조 원의 부채를 짊어지고 도산하였다. 금융기관과 수많은 회사채 개인소유자들에게 깊고 붉은 상처를 입혔다. 혹자는 동 그룹 도산은 정부와의 갈등이 원인이라고 추측하지만 모르는 소리다. 기본적으로 새로운 부가가치를 창출할 기술개발이 거의 없이 경쟁력 없는 기업 인수·합병을 통하여 그룹의 덩치만을 키웠기 때문이었다.

시장이 아닌 권력이 마음대로 금리를 정하고 자금을 배분하는 금융억압(financial repression) 상황에서 '초저금리 구제금융(bailout)'은 사실상 공짜로 엄청난 보조금을 받는 혜택이나 마찬가지였다. 구제 금융을 많이 받을수록 땀 흘려 연구개발 노력을 하지 않아도 쉽게 거부가 되는 길이 있었으니 구태여 불확실성이 큰 기술개발 필요성이 없었다. 과거 시중실세 금리가 보통 10~15%인 상황에서 0.5~2%로 특별금융, 구제금융을 받아 기업을 인수·합병하면 순식간에 떼돈을 벌지 않을 도리가 없었다. 예컨대, 당시 부실기업을 인수하는 조건으로 연리 1%로 1조 원만 구제 금융을 받아 채권시장에 투자한다고 가정해 보자. 부실기업 인수를 기화로 하여 간단히 1,100억 원(=1조 원×(0.12-0.01))의 불로소득을 매년 벌어들일 수 있었다. 구제금융은 기업에 대한 정부(사실은 납세자가 부담하는) 지원금이나 다름없었기 때문에 '기적 아닌 기적'과 '신화 아닌 신화' 연출이 가능했었다.

땅 짚고 헤엄치는 쉬운 노름을 하다가 금리자유화가 진행되면서 돈의 가격인 이자를 시장 실세금리로 지불해야 하는 상황이 전개되면서 그룹은 무너지기 시작했다. 설상가상으로 아시아 외환금융위기가 닥치면서 한국경제가 모라토리움 사태에 처하게 되었다. IMF에서 구조조정 방안으로 무지막지한 고금리 정책을 권유하자 시장금리가 20%선에 육박하였다. 부채를 늘려가며 문어발 확장을 한 선단경영(船團經營) 기업들의 목줄을 한순간에 조여 옴짝달싹 못하게 만들었다.

그런데다 국내 채권시장에 신용경색(credit crunch) 상황이 벌어져 일반기업이 발행한 회사채는 소화되지 않고 4대 그룹 회사채만이 소화되는 현상이 전개되자, 동 그룹은 회사채를 한도껏 발행하여 부채 규모는 순식간에 불어났다. 주식시장을 통하여 주식 발행차익으로 운영자금을 조달하다 보니 지불불능 그림자가 눈앞에 어른거리는 상황에서 언론 플레이를 펼치기도 하였다. "우리나라 주가가 저평가되었다"며 아닌 밤중에 홍두깨 같은 소리를 하며 주식시장에서 저렴한 비용으로 자금을 조달하려는 무리수를 두기도 하였다. "주가가 저평가되었다"는 경제 관료나 대기업 총수의 발언은 예나 지금이나 문제가 매우 심각해졌다는 신호니 투자자들은 조심해야 한다.

동 그룹은 자산규모가 외환위기 이전 5위권 내외에서 아시아 외환금융위기가 진행되면서 2위로 올라섰다. 물이 새고 배가 기우러지는데 짐을 빨리 줄여 배를 가볍게 만들기커녕 오히려 짐을 더 실어 배를 더 무겁게 한 셈이었다. 초고금리 상황에서도 큰 기업은 망하게 놔두지 않을 것이라는 대마불사(too big to fail) 프레임을 신봉하고 외형확장에 주력했던 탓이라고 짐작할 수 있을까? 사람들은 "위기 뒤에 기회가 온다"고 쉽게 말하지만, 기회를 잡으려면 먼저 살아남아야 한다. 정경유착으로 무섭게 몸집이 불어난 동 그룹의 부실이 심화되어가는 상황을 관계자들은 외면하고 있다가 상황을 악화시킬 대로 악화시켰다. 생각건대, 수많은 사람들에게 피해를 입힌 대형부도사태는 대부분 시장실패(market failure)보다는 정부실패(government failure)가 더 크게 작용하였다. 당시 정부가 부가가치 창출 능력은 떨어져 가는데 기하급수로 부채가 쌓여가는 동 그룹 동향을 파악하고 일찍 부채조정 방안을 마련하였더라면 부채규모가 그리 가공할 정도까지 확대되지 않았을 것이다. 당시 외환금융위기로 황당하게 퇴직당하고 퇴직위로금으로 동 그룹의 회사채를 샀다가 날벼락을 맞은 황퇴자(荒退者)들의 시름을 조금이라도 덜어주었을지도 모른다.

기적은 현실세계에서 일어날 수 없는 기이한 사건이다. 신화는 신비스러운 불가사의로 이 세상과 동 떨어진 먼 곳의 허상이다. "경제에는 공짜 점심이 없다"고 하듯이 기적도 신화도 현실세계에서는 절대 일어날 수가 없다. 당시와 같은 '최악의 금융억압(金融抑壓)' 상황에서 권력자와 통할 수만 있으면 떼돈 벌기가 식은 죽 먹기보다 더 쉽다 보니 정부가 만들어준 '가짜 기적'과 '거짓 신화'였다. 부가가치 창출 능력이 취약한 상황에서 정경유착에 의존하거나 비정상 금융기법으로 그 신화를 이루었다. 나라를 뒤흔든 최악의 부도사태 돌발은 사실상 미리부터 예정된 일이었다. 동 그룹 사태는 가계운용과 기업경영은 물론 국가경영에서 무엇보다 '기본에 충실하여야 한다'는 값비싼 교훈을 주고 있다. 아시아 외환금융위기 직전 폴 크루그먼은 "과거의 위기 사례가 '배우지 못할 교훈(unlearnt lesson)'으로 버려진다면 위기는 다시 반복된다"고 하였다. 수많은 소시민들을 울리면서 한국경제를 뒤흔든 그 미증유의 불상사가 다시는 이 땅에서 재현되지 말아야 하겠다.

돈으로만 고칠 수 있는 마음의 병

아즈택 문명을 파괴하며 황금을 찾아 헤매던 코르테스(E. Cortes)가 황금덩이를 움켜쥐고 울부짖었다. "나와 내 친구들은 '금으로만 고칠 수 있는 마음의 병'을 앓고 있다." 죄 없는 인디오를 학살하면서 황금을 더 많이 거머쥘수록 코르테스는 '마음의 병'이 치유되기는커녕 갈수록 악화되어 돈으로도 고치지 못하는 불치병을 앓다가 세상을 하직하였다. 세상에 그 몹쓸 병에 걸려 방황하다 소중한 인생을 망가뜨리는 인간들이 어디 코르테스뿐이겠는가? 금덩어리는 들어왔다가 나가고 나갔다가 다시 돌아오지만, 인생은 지나가면 결코 되돌릴 수 없다는 사실을 깨닫기가 쉽지 않은 탓일까? '돈으로만 고칠 수 있는 마음의 병'으로 신음하는 인간에게 돈은 한때는 무엇이든 할 수 있는 홍두깨 방망이였는지 모르지만 결국에는 육체는 물론 정신까지 옭아매는 쇠사슬로 변해간다.

상견례에서 사돈되실 '어르신'은 무일푼으로 미국으로 도망가다시 피 하였지만, 신용을 지키고 근검절약하며 재산을 축적한 무용담을 두 어 시간 동안 늘어놓았다. 이역만리 낯선 땅에서 남다르게 기울인 초 인적 노력이 대단하다는 생각에 A는 존경심이 갔다고 했다. 그러나 "돈 많은 집으로 시집오는 며느리가 운이 좋다"는 말을 되뇌는 모습을 보니 아마도 돈을 살아가는 수단이 아닌 인생의 목적으로 여기는 것 같다는 쓸쓸한 생각도 스쳐 지나갔다. 그러나 결혼 후 5년 만에 얻어 목숨보다 소중히 키워 온 딸이 상심할까 염려되어 가족들에게 속내를 드러내지 못했다. 얼마 후, 딸의 신성한 결혼식을 앞두고 '사둔 댁'에 서 예단 비용으로 1억 4천만 원을 보내라는 분부가 와서 A는 황당했 다. 그때까지만 해도 사위의 아버님이자 딸의 시아버님이 되실 어르신 의 말씀은 저 세상을 호령하는 옥황상제만큼 지엄하다고 생각하고 있 었던 터다.

세상인심이 바뀌었다 하더라도 소중한 딸의 시아버님만큼 더 어려 운 분이 세상 어디에 계시다는 말인가? 어쩌다 평생토록 예의를 지켜 야 할 사돈에게 돈을 보내라는 마구잡이 세상으로 변했단 말인가? A 는 존경심과 실망감이 교차되어 갈피를 잡기 어려웠다고 했다. 오죽하 면 사돈끼리는 이 다음 저승에서 반드시 만난다는 옛 어른들 말씀이 있었던가? 우리나라는 한때나마 해동성국, 동방예의지국으로 불리지 않았던가? 하여간 큰돈을 모았다는 사돈에게는 푼돈이나 마찬가지였 겠지만 평생 월급쟁이였던 A에게는 매월 100만 원씩을 저축하더라도 무려 12년 이상을 꼬박꼬박 모아야 하는 거금이었다. 그러나 A는 애 지중지 기른 딸에게 마음의 상처를 주기 싫었다. 대출을 받아 도장과 통장을 만들어 보냈다. 인륜대사를 코앞에 두고서 '돈을 가지고 이렇다 저렇다 따지고 시비하는 일'은 A의 자존심이 허락하지 않았다. 돈에 관해서는 흐트러짐 없이 살아온 그였기에 적어도 정신적으로는 쪼들리지 않고 살아왔다고 자부하였었다. 소중한 딸에게 어떠한 뒷바라지든 다 해주고 싶은 것이 인지상정이다. A는 뒤 굽이 닳아빠진 구두를 신고 다녔지만, 가난하게 자란 보상심리 때문이었는지 "적어도 자식들에게 드는 돈을 아낀 기억은 없었다" 한다.

혼인식을 치르고 예단인지 선물인지 사돈댁에서 이태리제 허리띠를 하나 보내 왔는데 내복을 입으면 맬 수가 없이 짧고, 포장도 없는 것으로 보아 '막장 세일'에서 줍다시피 해서 보냈다는 짐작이 들었다고 했다. 돈 자랑을 일삼는 사돈이 싸구려 허리띠를 찾기 위하여 여기저기 살피느라 얼마나 시간을 낭비하였을까? 허리띠를 매어 보면서 A의 뇌리에는 '혼인을 하면서 돈을 따지는 일은 오랑캐들이나 하는 천박한 짓이다'라는 옛말이 뇌리에 스쳤다. 중국 수나라 유학자 문중자 (文仲子)가 저술한 사례(四禮)에 있는 말이다. 여기서 오랑캐는 남만북적 (南蠻北狄), 동이서융(東夷西戎)이 아니라 사람의 도리를 모르고, 돈이 많으면 행실이 개차반이더라도 굽실거리는 '인간'의 자식을 의미한다. 고대 중국에서는 자신이 염치없다는 것보다 조상이 염치없다는 사실을 더욱 부끄러워했었기 때문에 이런 말이 나왔나 보다. 하여간 그 반사효과로 A는 인간으로서 지켜야 할 최소한 도리와 체면은 무엇인지 다시금 생각해 보는 타산지석 효과를 얻었다.

상당히 시간이 흐른 후에 사돈이 A에게 1억 2천만 원을 경기도 어느 농협지점 직원에게서 현금으로 받아다 보관하라고 분부했다. A는 그 큰돈이 무슨 돈인지는 생각하지 못하고 '현금으로 갖고 있다가 잃어버리면 어떻게 하나?' 걱정이 앞섰다. 할 수 없이 은행에 예금을 했다. "가령 집을 살 때 가방에 가득한 지폐로 지불하는 것은 범죄자 밖에 없다"는 유발 하라리(Y. N. Harari)가 쓴 '사피엔스'의 한 구절이 떠올랐다. 또 어느 대통령 형님께서 "장롱에 넣어두었던 현찰을 가져다가 집을 샀다"는 일화도 떠올랐다. A는 "어쩌다가 돈다발을 둘러메고 쩔쩔매고 다니는 하수인 꼬락서니가 되었는지 한동안 자괴감에 시달렸다"고 하였다. 약 1년이 흐른 후 그 돈을 두 구좌로 나누어 입금시키라는 사돈의 명령을 실행하고 이자는 딸 계좌로 입금시켰다.

"창고가 가득하면 예절을 알게 되고, 의식이 만족하면 영욕을 생각하게 된다"는 관자(管子)의 말이 세상 사람들 아무에게나 다 맞는 말은 아니다. 돈냥이나 있다는 집으로 시집간 A의 딸도 '돈으로만 고칠 수 있는 마음의 병'에 전염될까 걱정스러웠다. 밉든 곱든 소중하기만 한 딸이라는 불변의 사실 앞에서 마음은 약해질 수밖에 없었다. 얼마 후 A에게 딸이 전화를 해서 "시아버지께서 10억 원을 제 이름으로 예금하였는데 세무조사를 받고 있다"며 자금 출처를 대야 한다기에 예단 명목으로 준 1억 4천만 원의 출금은행과 출금일자를 알려주고 보관하고 있었던 결혼축의금 봉투들을 보냈다.

중세 말기 독일에서, 항상 이기는 쪽에 서며 무자비하게 재물을 긁어모아 인류 역사상 최대의 부와 권력을 향유한 푸거(Jacob Fugger)도 죽기 얼마 전부터는 지옥에 떨어질까 두려워 전전긍긍했다. 뒤늦게 자선 사업을 벌이고 성당도 지었지만, 돈을 주체하지 못했던 아내는 젊은 남자와 눈이 맞아 푸거의 임종을 지키지 못했다. 평소 '가난했던 사람들이 부자가 되거나 권력을 움켜쥔 뒤에도 더욱 돈과 권력에 매달리는 모습을 보면 그들은 세상을 이겼다고 착각할지 모르지만, 막상 제 자신을 이기지 못했다는 생각이 든다. 돈으로 권력과 명성을 살 수 있었던 사례는 많았지만, 행복을 살 수 있었던 예는 세상 어디에서도 지금까지는 찾을 수 없다는 사실을 알아야 한다. 오히려 돈을 긁어모으려다 돈에 짓눌려 인간다운 삶을 상실하고 돈의 노예가 되어 이리저리 헤매는 인생을 살기 쉽다. 그런 비극은 인류의 역사가 시작된 이래 그치지 않고 반복되고 있다. 사람이 미래를 생각하며 살고 싶다면 그 교훈을 더욱 마음에 새겨야 한다.

미련한 자는 이익을 탐하며(愚人貪利養)
이름과 명예를 구하려들지만(求望名譽稱)
저들 집안끼리는 시기하면서(在家自與嫉)
남에게 항시 구걸하려든다(常求他供養)

- 법구경 제5. 73

'부자거지' 랩소디

사마천은 사기(史記)에서
사람은 "부자가 되기 전에 먼저 인간의 그릇부터 키워야 번 돈을 올바
르게 사용하고 오래 지킬 수 있다"고 하였다. 지나친 물욕에서 비롯되
는 마음의 병으로부터 벗어나야 사회적 동물로서 사람다운 삶을 꾸릴
수 있다. 자신도 모르게 '돈의 주인'이 아닌 '돈의 노예'로 전락하게
되는 까닭은 세상이 험해진 탓도 있겠지만 결국 인성교육을 받지 못
한 탓이다. 큰 부자였던 쇼펜하우어(A. Schopenhauer)는 '의지와 표상으
로의 세계'에서 "참된 행복은 우리 자신 속에 있지 곁에 잠가둔 재물
에 있는 것이 결코 아니다"고 했다. 인간은 "자기의 올바른 이성과 양
심을 닦기 위하여 노력할 때 행복해지는데, 돈에 몰입하여 이성을 잃
다 보면 그 간단한 이치를 외면한다. 재물만을 탐하는 일에 몰두하여
머리를 싸매고 귀중한 시간을 허비하면 겉모습은 무엇인가 그늘지고
속마음은 피폐해질 수밖에 없다."

유한한 능력을 가진 인간이 뭣이 중요한지 깨닫지 못하다 보면 '욕망의 노예'가 되어 돈과 권력을 찾아 헤매다가 자칫 수렁으로 곤두박질치기 쉽다. 돈을 움켜쥐고도 더 가지려고 몸부림치는 '부자거지'들은 입으로 돈 자랑을 하면서 행동은 구걸하는 꼬락서니를 보인다. 천당이나 극락으로 가져 갈 수 없는 돈에 매몰되다 보면 자신도 모르게 정신이 흐려져 사리판단을 못하기 때문일까? 사람은 신체, 정신, 사회, 경제 4가지 수명이 균형을 이뤄야 하는데, 어느 한쪽에 치우치다 보면 단절된 인간관계, 공허한 정신세계에 부딪치고 만다. 자칫하다 반의 반 토막 삶을 사는 것과 마찬가지인 적자인생을 살아가야 한다. 디킨스(C. Dickens)의 소설 '크리스마스 캐럴'에서 스크루지 영감이 탐욕과 인색한 행동을 뉘우치면서, 육신과 영혼을 얽어맨 사슬에서 풀려나는 결말은 가상세계였기에 가능했다. 현실세계에서 '돈으로만 고칠 수 있는 마음의 병'에 걸려들면, 다시 정상으로 되돌아오기가 사실상 불가능하기에 세상에는 하고 많은 비극이 반복되는 까닭이다.

미국 맨해튼에 산다는 A의 사돈이 한국에 들어와 A와 처를 불러 이런저런 돈 자랑을 늘어놓은 다음, 올림픽공원 근처에 소유하고 있는 땅에다 대형 주차타워 법인을 세워서 A의 이름을 걸어놓고 노후를 편하게 해주겠다고 했다. 또 "아들과 며느리에게 용돈을 후하게 드리도록 하겠다"는 말을 연신 되풀이했다. A의 처는 고마워서 눈이 뒤집히도록 감격해 하는 눈치를 보였지만 A는 '송충이를 씹는 기분이었다.' 적어도 돈과 관련해서는 한 점 부끄럼 없이 살아왔다고 자부하던 그였다. 사실대로 말해, 월급쟁이 소시민에게 예단인지 뭔지 그리 큰돈을 달래서 먹는 인물이 어찌 그런 아량을 베풀 수 있겠는가? 심지어 예단비를 받은 적이 없다고 하는 그 사돈의 말과 행동거지를 종합해 볼 때, A가 재력이 있는 줄 착각하고 주차타워 건립비용을 상당 부분 부담시킨 후 흐지부지해 버릴 심사였는지도 모른다. 얼마 지나지 않아 군 제대 후 복학한 아들에게 딸과 사위가 용돈으로 월 50만 원씩 주겠다고 해서 그냥 있기가 꺼림칙한 A가 보고했더니 사돈은 말문을 열지 못했다고 했다. 얼굴을 볼 수 없는 전화로서도 무엇인가 기분 나빠 쩔쩔매는 모습이 훤히 전해졌다. 용돈을 충분히 드리도록 하겠다는 말을 반복했던 때와는 달리 어찌 그리 표변할 수 있을까? 인간이라면 오히려 "너무 적지 않으냐?" 반문하며 치례하였을 것이다. 하여간 A는 딸과 사위가 사돈한테 혼날까 봐 적이 걱정하면서도 그 후로는 사돈으로부터 "도와주겠다"는 립 서비스를 듣지 않아 다행이라고 했다.

어찌하여 돈이 많을수록 마음의 여유는 더 없어질까? 사람이 됨됨이에 비하여 큰돈이나 권력을 쥐게 되면 인간으로서의 정상적인 사고가 흐려지기 때문이 아닐까? 수단 방법 가리지 않고 부자가 되거나 출세한 사람들이 행복해하기는커녕 결국에는 '불행의 심연'으로 추락하는 까닭이 아닌가? 그들의 정신적, 사회적 수명은 돈에 걸신이 들린 그때부터 사실상 끝나는지 모른다. 그 얼마 후에 사돈이 A에게 전화를 걸어 느닷없이 "장사하는 사람들이 머리가 좋다"는 말을 하였다고 한다. 처음에는 무슨 말인지 모르고 A도 "그렇다면 학교는 뭘 하러 보냅니까? 장사부터 시키지요?" 하고 반문했다. 전화를 끊고 나서야 사돈이 "당신 머리가 나쁘다"고 말한 까닭을 짐작할 수 있었다. 돈이 많다는 사돈은 예단비로 강요한 1억 4천만 원의 출처를 마련하기 위해 얼마를 떼어 놓고 A에게 일단 현금으로 가지고 있으라 했는데, A는 제

돈인지 모르고 들고 다니며 가슴을 졸였으니 바보는 바보다. A는 사람이 모자라는지 멍청한지 모르겠다. 그때서야 사돈과 고향이 같은 결혼식 하객이 무엇인가 의문을 가지며, "자네 사돈은 왜 그리 그늘져 보이냐?"는 질문이 떠올랐다고 한다. A는 "그분은 열심히 살면서 어려운 친척들을 돕느라 힘이 들었기 때문인지 모른다"고 상견례 때 얼추 들은 말로 얼버무렸다. 남을 도와가며 열심히 산다면 나이나 용모에 관계없이 은은한 화기가 부지불식간에 비치는데 말이다. 하여간 A의 사돈 인생 파노라마가 어땠는지 짐작할 수 있을 것 같았다.

개인이나 기업의 인적자산에 더하여 지적자산이 든든해야 물적자산도 풍부해진다. 이들 3가지가 조화를 이루어야 진정한 의미에서 부와 여유를 누릴 수 있다. 사람 사는 것이 무엇인지를 모르고 물질에 몰두하다 보면 어느덧 인적자본, 지적자본이 황폐해진다. 변화에 적응하지 못하면 물적자산도 언젠가는 날아가고 세상을 탓하기 쉽다. 돈을 잘못 다루면 자칫하다 이중으로 불행해지는 까닭이다. 아무리 녹슨 철판을 뒤집어쓴 파렴치한이라도 남의 돈을 뜯어 먹는 그 자체가 심장을 조여 가지만, 남을 아프게 한 만큼 이승이 아니라도 저승 가서 벌을 받기 때문이다. 써보지 못하고 오직 돈 모으는 재미로 살다가 가는 사람들도 있다고 하지만, 돈은 써야 할 곳에, 써야 할 때에 써야 비로소 가치를 가지기 시작한다. 재물을 쌓아 놓아도 재물의 가치를 모르면 인간다운 인간이 될 도리가 없다.

돈이란 요물 같아서 지나치게 가까이 다가가다가는 반드시 탈이 나고 변고의 원인이 되는 것은 동서고금을 막론하고 변함없는 경험칙이다. 돈에 얽매이면 정상적 사고와 사람다운 행동을 하지 못하도록 하여 비극을 낳는다. 돈이 사회적 관계를 단절시키고 정신적 수명은 물론 나아가 육체적 수명까지 단절시킨다. 돈은 어떤 사람들에게는 행복의 도구가 될 수도 있겠지만 또 어떤 사람들에게는 마음과 몸을 옭아매는 쇠사슬로 변하기 쉽다. 순수한 마음으로 예의를 갖추려는 사람들에게 고마워하기보다 오히려 얕잡아보는 비인간적 행동거지가 바로 '부자거지들의 광시곡(rhaphsody)'이다. '거지본성'을 버리지 못하는 이들은 평소 사탕발림으로 굽실거리다가 상대가 곤경에 빠지면 바로 등을 돌리기도 한다.

한의학에서는 무슨 수를 써도 치료가 불가능하여 '자꾸 정신이 흐려지는 병'을 만사(萬死)라고 부른다. 더 무서운 '돈으로만 고칠 수 있는 마음의 병'은 세상만사를 꼬이고 얽매이게 하며 사람을 고통스럽게 하는 만사휴의(萬事休矣)가 되기 쉽다. 생각건대, 자식의 장인인 사돈을 함부로 대하는 것은 결국 제 자식을 하찮게 여기는 것과 다르지 않다. 어찌하여 돈이라는 심술쟁이는 사돈과 제 자식도 몰라보게 만드는 것일까? 인간을 인간답게 만들고 행동반경을 넓혀 줘야 할 돈이 사람 됨됨이에 비하여 많다 보면, 그 돈에 짓눌리기 때문에 의식구조는 물론 행동까지도 제약 받는다. 말할 것도 없이 엉뚱하게 많은 돈은 희극이 아닌 비극의 원천이 되는 까닭이다. 토스토에프스키가 쓴 '카라마조프가의 형제들'에서 부모자식, 형제, 연인들이 돈과 치정에 얽혀 원수가 되어 가는 까닭은 쓸데없이 넘치는 돈 때문이었다.

어떤 젊은이가 보석덩이를 지고 강을 건너다가 보석이 무거워 자꾸 가라앉더니 깊은 곳에서는 몸이 다 잠기다시피 했다. 강가에 있던 사람이 그 광경을 보고 "짐을 버리지 않으면 물에 빠져 죽는다"고 소리쳐도 보석을 버리지 못하고 목숨도 보석도 다 잃었다(선과 악을 다루는 35가지 방법, D. Manuel). 돈에 걸신이 들려 돌이키기 어려운 '마음의 병' 으로부터의 탈출전략은 무엇일까? 사마천의 교훈처럼 어릴 때부터 마음가짐을 튼튼하게 하는 교육을 꾸준히 받아야 한다. 돈의 주인이 아닌 돈의 노예로 전락하지 않으려면 물질세계의 변하는 가격과 정신세계의 변하지 않는 가치를 구분할 수 있는 판단력과 의지를 꾸준히 길러야 한다. 사람과 사람이 더불어 사는 사회에서 뭣이 중요한지를 모르고 '돈으로만 고칠 수 있는 마음의 병' 에 걸려들지 않도록 경계하여야 한다. 어려운 일이지만 참된 삶을 위하여 반드시 가야 할 길이다.

이들은 서로 머리를 들이받으며 영원히 왈왈거릴 것이다.
어떤 이들은 주먹을 꼭 쥐고 어떤 이들은
머리를 풀어 헤치고 무덤에서 일어날 것이다.
달 아래 언제나 있었던 황금을 전부 바쳐도
이 지친 영혼들 중에 하나라도 쉬게 할 수 있더냐!

– '신곡 7곡' 중에서 / 단테

차라투스트라는 어떻게 말할까?

세계경제는 '신중상주의' 파고가 거세지며 국가 간 적대행위가 1, 2차 세계대전 이전과 흡사해지고 있다. 한국경제는 역동성을 잃어 가며 성장잠재력이 시나브로 떨어지는 모양새를 보이고 있다. 신종역병은 어디에서 어디로 어떻게 튈지 알 수 없다. 예측할 수 없는 남북문제를 차치하고라도 한국경제를 둘러싼 주변 환경은 한 치 앞을 볼 수 없이 험난하지만 더 큰 문제는 우리 내부에 있다. 내 편과 네 편을 갈라 '편 가르기'에 열중하며 옳고 그름을 도외시하는 분위기가 위기대응 능력, 나아가 성장잠재력을 저하시키는 또 하나의 위험과 불확실성이다. 성과는 조그만 것도 내 덕으로, 과실은 크고 작고를 막론하고 남 탓으로 미루려다 보니 개선 방향을 찾기는커녕 갈수록 악화된다. 근시안으로 미세한 문제에 얽혀 허둥지둥하면 앞을 내다볼 수 없어 위기관리능력이 붕괴되기 쉽다.

한 치 앞을 내다볼 수 없는 '삼각파도(三角波濤)'에 휩싸여 위기의 그림자가 사방에서 어른거리고 있다. 중지를 모아 해결방안을 모색하기보다 "내 덕분이다. 네 탓이다"라며 '편 가르기'에 골몰하니 사회적 자본인 '신뢰의 적자(deficit of trust)'가 점점 커지며 불확실성이 증폭되고 있다. 사람마다 그 위치에 따라 각기 책임이 있는데, '편 가르기' 사회에서는 전문가들이 소신을 가지고 전문지식을 활용하기 어렵다. 정확한 상황 파악을 하지 못하는 인사들이 생색을 내려고 이래라 저래라 하니 매사가 엉킬 수밖에 없다. 수동적으로 일하는 분위기가 되면 책임지는 사람들이 위험과 불확실성의 그림자를 인식하지 못한다. 사람들 사이에 신뢰가 깨지면 잘못을 저지르고도 수치심을 느끼기는커녕 책임을 무조건 남의 탓으로 돌리려는 수작이 넘쳐난다. 원리원칙이 없어지다 보니 아귀다툼을 하다가도 시간이 조금만 지나면 흐지부지되어 '만수산 드렁칡'처럼 얽혀가는 세상이 된다. 오십 보 도망친 자가 백 보 도망간 자를 비겁하다 꾸짖거나, 백 보 도망간 자가 오십 보 도망간 자를 겁쟁이라고 몰아세우는 참극이 벌어진다.

맹자가 위나라 양혜왕(梁惠王)에게 나라를 편안하게 다스리는 길을 아뢰었다. "백성들이 먹을 것이 없어 길에서 굶어 죽는데, 왕이 '내 탓이 아니라 연사(年事, 흉년) 때문(塗有餓莩而不知發, 非我也, 歲也, 맹자, 양혜왕3)'이라고 변명하면, 마치 사람을 찔러 죽이고 나서 '내가 죽인 것이 아니고 창칼이 그랬다(人而殺之曰 非我也 兵也)'고 하는 바와 다르지 않습니다. 백성들이 고통당하는 모습을 연사에 핑계대지 않으시면 천하 백성들의 인심을 다 얻을 것입니다." 지도층 인사들이 잘못을 저지르고도 남을 탓하기 시작하면 세상인심이 뿔뿔이 흩어져 부지불식간에 공동체는 무기력해진다는 이야기다.

'잘되면 내 탓 못되면 조상 탓'이라는 말이 유행할 정도로 스스로 노력하기보다 세상을 탓하는 풍조가 풍미하자, 1980년대 후반인가 '내 탓이오' 운동이 일어났다. '제 탓이요, 제 탓이요, 저의 큰 탓이옵니다' 하며 회개하는 '고백기도'가 많은 호응을 받았다. 그런데 '내 탓이오' 표어를 자신이 볼 수 있는 운전석에 달지 않고 차 꽁무니에 달고 다녔다. 표어를 읽는 사람들을 향하여 '네 탓이다'라고 꾸짖는 꼴이 되었다. 무릇, 반성과 속죄는 제 마음속으로 해야지 남에게 보이기 위해서 하면 안 된다.

돌고 돌면서 내성을 일으키는 변종 바이러스같은 궤변가들은 해괴한 논리로 멀쩡한 사람들을 선동하고 있다. 진흙탕 말장난을 진리와 정의로 둔갑시키려드는 변설가들은 사람들의 사리분별력을 마비시켜 한국경제 잠재능력을 슬겅슬겅 갉아먹고 있다. 선동가들은 사이비 교주들처럼 대중들의 비합리적 집단사고(spreadthink)를 교모하게 이용하는 재주가 있다. 혹세무민하는 변설가들이 판치는 까닭은 시민들의 의식 수준이 편향된 때문이기도 하다. 다시 말해, 속이는 자만이 아니라 속는 우리들에게도 잘못이 있음을 직시하여야 한다.

만약, 차라투스트라가 환생한다면 이 질곡의 상황을 어떻게 설명할까? 파렴치가 주특기인 궤변가들에 의해 '이론과 실천이 분열'되어 세상을 어지럽히고 있다. 그들은 '의식세계에서 무의식세계'를 떠도는지? '무의식세계에서 의식세계'를 헤매는지? 선과 악의 세계를 제멋대로 넘나들고 있다. "무엇이 옳고 그른지 판단이 되지 않는다"며 "거짓과 위선의 세계에서 벗어나야만 그들과 그 주변의 미래가 밝아올

것"이라고 탄식할 게다. 말장난에 끌려다니다 보면 불의에 분노할 줄 모르고, 정의에 투정부리는 막장 사회로 갈 수밖에 없다. 원칙을 저버리며 뛰다가는 당장에는 작은 이익을 볼지 모른다. 그러나 수치심을 잃은 채로 억지논리를 전개하는 행각은 많은 사람들 뇌리에서 사라지지 않기에 결국 소탐대실이 된다. 대중은 당장의 승리에 박수치기도 하지만 시간이 지나 이성을 찾고 정의감이 살아나면서 승패보다는 페어플레이를 칭송한다. 당대에 힘을 쓰는 무뢰배들이 시간이 지나면 간신이나 무항배(無恒輩)가 되어 지탄을 받기 마련이다. 독립투사의 칼을 맞은 을사오적 이완용이 온양으로 요양 가자, 눈도장을 찍겠다는 유력 인사들이 구름처럼 몰려들어 인산인해를 이뤘던 사실을 상기해 보자.

한국경제에 밀려드는 내우외환에다가 신종역병까지 무서운 삼각파도가 빚어낼 불확실성을 감안할 때 한가하게 '네 탓, 내 탓' 할 때가 아니다. 실제 성장률 추세치만 봐도 성장잠재력이 내리막길에 들어서 있음을 금방 짐작할 수 있다. 코로나19 사태가 아니더라도 불원간에 0%대 성장으로 다가갈 가능성이 컸었다. 마이너스 성장을 우려하는 전문가들도 상당하였었다. '제로성장' 늪에 빠져들면 한계가구, 한계기업들이 기댈 언덕이 없어져 어느 순간에 닥쳐올지 모를 위기에 대응하지 못한다. 이를 극복하려면 생산성 높은 일자리를 기업이 만들도록 유도하여야 한다. 돈을 풀며 생산 없는 일자리를 만들다가는 재정적자를 가속시키는데다 공짜 심리를 부추기며 경제체질을 갈수록 허약하게 만든다.

불신이 감도는 시대상황에서 외생적 위기보다도 내생적 위기를 이겨나가기가 더 어렵다. 2020 현재 한국경제는 무엇보다도 공동체 역동성의 밑바탕인 신뢰회복이 우선되어야 한다. "제 얼굴 더러운 줄 모르고 거울만 나무란다"고 하였듯이 자신부터 먼저 바른 자세를 갖춰야 한다. 부족한 인간이기에 누구나 실수할 수 있지만, 남 탓하기 전에 제 얼굴부터 닦으려는 자세가 너나없이 필요하다. 개인, 기업, 정부를 막론하고 어떤 실책도 남의 탓으로 돌리지 말고 사실을 그대로 인정하여야 개선 방안을 찾을 수 있고 조직과 사회에 신뢰기반도 다져진다. 변명하지 않고 자신의 잘못부터 인정하는 사람의 본심을 믿으려는 자세는 감정의 동물인 인간의 숨길 수 없는 성정이다. 혼자서만 살려다 보면 결국 다 같이 못살게 되는 것은 유사 이래 결코 변치 않고 내려오는 이치다. 사회가 어지러워지면 돈이고 벼슬이고 명성이고 그 무슨 가치가 있겠는가?

허물을 벗어야 뱀이 살 수 있듯이
사람도 낡은 생각의 허물에 갇히다보면
안에서부터 썩어가다 급기야 생명까지 잃는다.
나아가려면 '사유의 신진대사'를 새롭게 분출하라.

- '아침노을' 중에서 / 니체

300

PART 5

마음의 연금술사

마음 연금술사가 되자

정신세계를 미래로도 과거로도, 위로도 아래로도 항해할 수 있는 인간이 궁극적으로 지향해야 할 가치는 마음의 평화일 것이다. 현실과 이상의 세계를 넘나들며 살아가는 인간에게 행불행은 부귀공명보다 마음의 평화가 보다 중요하기 때문에 세상은 마음먹기 달렸다. 고려시대부터 우리 선조들이 마음에 새겨 왔던 명심보감에도 "만족할 줄 아는 사람은 가난하고 미천하더라도 즐겁고, 만족할 줄 모르는 사람은 부자가 되고 귀하게 되어서도 근심한다(知足者 貧賤亦樂, 不知足者 富貴亦憂)"고 하였다. 자신에 대한 긍지와 사회적 신뢰를 두텁게 쌓을수록 긍정적 자세로 세상을 보게 되어 삶의 향기를 향유하는 '마음의 연금술사'가 될 수 있다. 우리들 가슴속에 기다리고 있는 능동적 에너지를 꺼내어 마음의 연금술을 펼치고 누구나 행복할 수 있다.

주변에서 보면 근검절약하는 소시민들이 한꺼번에 뭉칫돈을 벌거나 갑자기 출세를 한 유력인사들보다 더 여유로운 자세, 행복한 모습으로 알찬 인생을 항해한다. 조금만 멀리 생각하면 절대빈곤을 벗어난 다음부터는 소유하는 재물의 많고 적음은 사람들의 성취감 또는 행복감에 절대적 가치와 결정적 영향을 미치지 않는다. 자신보다 더 많이 가지거나 더 성공했다고 생각되는 사람을 시샘하거나, 덜 가졌다고 여기는 이들을 깔보는 헛된 자만심이 스스로를 불행하게 만들기 쉽다. 돈과 권력에 매달리는 인사들일수록 허위의식에 사로잡혀 겉으로는 미사여구와 호언장담을 하며 우월감을 과시하려는 모습이 보인다. 그러나 그 뒤안길에는 삭막한 가을바람결에 흩어지는 낙엽처럼 쓸쓸한 장면들이 스쳐지나간다. 물질적 풍요 속에서 벌어지는 정신적 빈곤의 원인은 말할 것도 없이 인간으로서 뿌리치기 어려운 욕망이다. 끝없는 물질적 욕망을 추스르지 못하고 정작 소중한 인간으로서 의지와 자세를 저버리고서 어찌 진정한 행복을 누릴 수 있겠는가?

　　'사람들이 부자가 되어서도 더 많은 돈을 거머쥐려고 하는 까닭은 다른 사람들도 더 많이 돈을 가지려 한다'고 여기고 남들과 비교하려는 '모방적 경쟁 심리'가 큰 원인이다. 계속 비교해 나가다 보면 세상에는 오직 마지막 한 사람만이 행복할 수밖에 없지 않은가? 상대와 비교해 가면서 막무가내 물질을 쫓아가다 보면 마음이 메말라 갈 수밖에 없어 크든 작든 '마음의 병'이 들 수밖에 없다. 우리에게 과연 얼마만큼 재물이 필요한지를 톨스토이(L. M Tolstoy)의 단편 '사람은 무엇으로 사는가?'의 한 장면이 조금은 설명해 줄지 모르겠다. 소작농으로 성실한 인생을 살아온 바흠은 어느 날 "동쪽 바시키르 지역에 가면 땅을 싼 값으로 무제한 살 수 있다"는 소문을 듣고 나선다. 1,000루블이나 되는 큰돈을 지불하고, 해 뜰 때부터 걸어갔다 해 질 때까지 돌아오면 밟은 땅을 모두 가질 수 있다는 계약을 했다. 제때 돌아오지 못하면 땅을 하나도 못 받는 조건이다. 바흠은 동이 트자마자 길을 떠났다. 걸으면 걸을수록 비옥한 땅이 펼쳐지자 그 망할 놈의 욕심이 발길을 돌리지 못하게 했다. 해가 기울기 시작해서야 숨을 몰아쉬며 헐레벌떡 출발점에 돌아와 쓰러져 허사가 되고 말았다.

저마다 가슴속에 담겨 있는 절대가치를 소중히 할수록 마음의 평화가 가까이 다가온다. 소득수준, 소유수준과 관계없이 저마다 가치관에 따라 행복의 크기가 사뭇 달라지는 까닭은 무엇일까? 돈은 삶의 목적이 아니라 여유롭게 살아가기 위한 수단이기 때문이다. 인생을 항해하는 수단과 목적이 뒤바뀌면 겉모습과 달리 엉뚱한 불안과 번민에 시달린다. 사람은 사회적 동물이어서 공동체를 떠나서는 생존이 불가능하다. 그런데도 저 혼자 허둥지둥하다 보면 이성을 잃고 인간으로서 가야 할 길을 가지 못하게 되어 공허해지기 마련이다. 공익을 해치면서 사리사욕을 취하려는 천민자본주의에 물들다 보면 오랫동안 쌓아 온 신뢰를 어느 한순간에 무너트리기도 한다. 평범하더라도 근검절약하며 마음의 평화를 누리며 여유 있는 인생이 보람찰까? 편법과 변칙으로 부와 권력을 높이 쌓아올리고 전전긍긍하는 인생이 대단할까?

'경제는 심리'라고 하였듯이 가계와 기업의 심리가 호전되면 실물경제 상황도 호전되는 사실은 실증적으로 증명되고 있다. 개인 생활도 다르지 않아 마음이 밝아지면 골치 아픈 일들이 어느덧 멀어져 간다. 같이 감동하고 기뻐하며 웃으려는 마음 자세는 마음 연금술을 다지는 첫걸음이다. 자신이 하고 싶은 일, 맡은 일에 최선을 다하려는 마음가짐은 자부심을 쌓이게 하여 마음의 부자로 만든다. 조그만 것이라도 베풀고 싶어 하는 '선한 의지'는 마음의 연금술을 닦는 지름길이다. 만족할 줄 알면 나아가고 물러설 줄을 알게 되어 마음의 평화를 누릴 수 있다. 웃는 일도 마음의 부자가 되는 일이다. 혼자서라도 빙그레 미소 짓거나 하하, 호호, 히히 웃으면 마음이 가벼워지는 까닭은 무엇일까? 자신만의 소중한 가치를 귀하게 여기는 자세를 가지는 순간부터 우리를 에워 쌓던 근심걱정 그림자는 점점 멀리 사라져간다.

어떠한 물질적 부자도, 절대 권력자도 욕심과 미련 때문에 마음에 먹구름이 휩싸고 돌면 행복을 느끼지 못한다. 순간순간 변하는 물질세계가 아닌 오래도록 변하지 않는 정신세계에서 마음의 부자부터 되자. 세상일들은 대부분 마음먹기에 달렸다. 중세시대 일확천금을 노리고 쇠를 황금으로 바꾸려는 연금술(鍊金術, alchemy)은 인간의 탐욕이 빚어낸 허황된 꿈이어서 헛바퀴 돌리는데 많은 사람들의 땀방울을 흘리게 만들었다. '마음의 연금술'은 남들이 분칠해 주는 명성이 아니라 자신의 세계를 스스로 가꾸는 명예와 같은 것이다. 저마다의 가치를 소중하게 여길수록 정신세계를 맑고 풍요롭게 하여 마음의 부자로 이끌어간다. 우리 가슴속에 잠재하고 있는 긍정적 에너지를 마음껏 발산하여 마음의 연금술을 활짝 펼치자! 가슴에 기쁨이 넘치면 하는 일이 순조롭게 풀리기 마련이어서 누구나 행복으로 다가갈 수 있다.

행복은 물질로 따지며 계산할 수 없고 오로지 가슴속으로 느껴야 비로소 제 것이 될 수 있다. 마음 연금술을 펼쳐 마음을 정화시키고 마음의 부자가 되겠다고 다짐하면 행복의 나래가 저절로 펴진다. 꼬이고 어렵다고 여겼던 일들이 풀려가는 느낌이 들다가 어느 순간 사방이 환해진다. 때때로 어깨를 뒤로 펴고 마음을 활짝 열자. 마음이 튼튼해지면 어느새 몸도 건강해지고 사회적 관계도 두터워지며 경제적 여유도 슬그머니 다가온다. '욕망으로부터의 자유'를 찾으면 정말로 인간적이며 참 경제적 삶을 누릴 수 있다. 우리 곁을 스쳐지나가기 마련인 것들에 얽매이지 않으려고 노력하면 '마음의 연금술'을 닦을 수 있다. 우리는 행복하기 위해 이 땅에 태어났으니 다 같이 행복할 수 있다.

모두 다 꽃이야
산에 피어도 들에 피어도 모두다 꽃이야
아무데나 피어도 생긴 대로 피어도 이름 없이 피어도 꽃이야
봄에 피어도 꽃이야 여름에 피어도 꽃이고
몰래 피어도 꽃이고 모두 다 꽃이야
— '모두 다 꽃이야' / 김남주 아기(91세), 시집 '할매들은 시방' 서문에서

행복과 행운 사이

행운을 거머쥐거나 행복해지기 싫다는 사람은 이 세상 어디에도 없을 것이다. 그런데 상당수 사람들이 행운과 행복을 마치 같은 것으로 착각하고 스스로 행복을 찾으려 노력하지 않고 행운이 저절로 오기만을 기다린다. 급기야 운이 없다며 쓸데없는 신세타령을 하다가는 행복은 멀리 떠나버린다. 스스로 노력해 이룩하는 행복은 저마다 가슴속에 오래도록 남아 반짝이지만 행운은 살별처럼 어느 결에 나타났다가 별똥별처럼 그냥 사라지고 만다. 행운은 어쩌면 사막의 공중누각 같은 것이어서 갑자기 찾아왔다가도 어느 결에 사라지기 쉬워, 많은 사람들이 그 행운 때문에 마음고생을 하기도 한다. 행복으로 다가가려는 '바른 의지와 정직한 실천'이야말로 삶의 빛나는 결정체다. 행운은 몰라도 행복은 준비하고 노력하는 사람만이 누려야 할 의무이며 권리라고 말할 수 있다.

우연히 찾아왔다 얼떨결에 사라지는 행운은 대개 물질적이라면, 스스로 찾아가야 하는 행복은 보다 정신적이어서 저마다 가슴속에 오래오래 남는다. 물질세계는 어느새 변해가거나 없어지지만, 정신세계를 지배하는 사단(四端)과 칠정(七情)의 흔적들은 살아 있는 순간까지 우리 뇌리에 차곡차곡 쌓여간다. 바른 자세로 보람차게 살려고 노력하면 할수록 머릿속이 아름다운 기억들로 채워져 자부심이 쌓여가며 자신도 모르는 사이에 마음 든든함을 느끼게 된다. 어느 친구는 자기 아들이 머리도 뛰어 나고 큰 인물이 되려는 욕심은 많은데 공부는 하지 않는다며, 노력하지 않고 큰 것을 얻으려는 도둑심보만 키운다고 걱정하였다. 노력하지 않고 그냥 얻은 행운은 진정한 제 것이 될 수 없다는 말이다.

"하늘을 우러러보아도 땅을 굽어보아도 부끄러움이 없다(仰不愧於天 俯不怍於人 二樂也, 맹자. 盡心 章句上 20)"를 인생삼락의 하나라고 하였다. "천하에 왕 노릇함은 여기에 들지 않는다"고 하였으니 '사사로움이 없이 당당하고 맑은 마음' 자세를 가장 바람직한 인간의 모습이라고 보았다. 세파에 물들기 쉬운 인간들이 함부로 흉내 낼 수 없는 모습이다. 짐작건대, 명경지수처럼 맑은 마음가짐을 최고의 가치인 자기확신, 즉 행복으로 여긴 것 같다. 희곡 '밤으로의 긴 여로'를 쓴 유진 오닐(E. O' Neill)은 "이상(ideal)없는 삶은 아무 의미 없다"고 강조하였다. 저마다 이상을 찾아 마음껏 달려가는 삶이야말로 가장 바람직한 모습이라고 해석하고 싶다. 자신이 가야 할 길, 자신이 가고 싶은 길이 옳다는 자기확신(self-conviction)을 가져야 진정한 행복감을 느낄 수 있다. 자신확신을 찾아가는 길은 사람마다 다르기 마련이어서 행복의 문으로 가는 길도 다를 수밖에 없다. '행복의 정복(The Conquest of Happiness)'에서 러셀(B. Russell)은 "행복이란 누가 도와주는 것이 아니라 노력하여 스스로 찾아가는 것"이라고 하였다. 남들이 평가해주는 남의 잣대가 아닌, 자신의 눈으로 세상을 바라보는 사람들이 저 자신을 찾을 수 있기에 행복해질 수 있다는 이야기다. 욕심에 둘러싸인 인간이 소유욕, 권력욕, 명예욕을 뿌리치기란 참 어려운 일이다. 그러나 그것들에 집착하다가는 자세가 흐트러져 행운이 와도 잡지 못하고 뜻밖의 불행으로 연결된다는 이치를 새겨야 한다.

니체는 인간 정신세계 발달 과정을 낙타, 사자, 어린이의 세 단계로 구분하였다. 첫째, 낙타는 남이 이끄는 대로 어떠한 생각도, 아무런 비판도 하지 않고 무거운 짐을 지고 묵묵히 걷는다. 주인이 먹이를 주면 주는 대로 받아먹으며 불평불만을 토로하지 않는다. 독재국가에서 이같은 사람들은 가장 충성스러운 신민(臣民)이 되어 표창을 받는다. 둘째, 사자는 먹이를 자기 자신의 의지로 찾아 나서야 한다. 먹이가 어디 있는가를 자신의 시각과 경험으로 찾아내야 살 수 있다. 먹고 싶은 먹이를 찾으려면 스스로 길을 찾아가는 자세가 필요하다. 자신의 길을 자유롭게 찾아갈 수 있는 대신에 자신의 삶을 스스로 책임지는 자세를 갖춰야 한다. 자유민주주의 체제에서는 국민의 생명을 국가에서 보호한다고 하지만, 잘 살고 건강하게 살고 기본적으로는 자신의 책임이다. 셋째, 어린이는 외형적 위선이나 세속적 가치를 극복(克復)한 '극복인'(Übermensch, overman)의 자세를 가진 상태라고 한다. "강물의 더러움을 받아들이면서도 스스로는 더러워지지 않는 바다와 같이 지혜로운 사람이 되어야 한다"고 하였다. "자기 극복과정이란 삶의 주인으로서 자기 자신을 귀하여 여겨 향상되어가는 자신을 늘 새롭게 창조하는 과정이다." 행복을 스스로 찾으려면 새로운 가능성을 가져야 한다는 이야기다. 어린이의 눈동자를 들여다보면 무한한 가능성이 담겨져 있음을 느낄 수 있다.

살다 보면 하는 일이 슬슬 풀릴 때도 있지만 이상하게 꼬일 때도 있다. 조급하게 서두르지 말고 의연하게 행동하면 매사가 다시 순조롭게 된다. 어쩌다 행운이 왔을 때는 더욱 겸손해져야 그 행운이 오래 머문다. 평소 성품이 괜찮아 보이던 사람들이 어쩌다 큰돈을 벌거나, 뜻밖의 자리를 차지하면 감춰졌던 '거지본성'이 들어나기 때문인지 더 큰 욕심을 향해 달리다 넘어지는 광경을 보게 된다. '노예근성'까지 드러나 주변 사람들을 까닭 없이 얕잡아 보거나 변덕을 부리며 주위를 피곤하게 만든다. 급기야 돈도 권세도 사람도 다 떠나가고 아무도 찾지 않는 단절상태에 스스로 빠져들기도 한다. 행복을 맞이할 겸허한 자세를 가져야 어쩌다 오는 행운도 잡을 수 있다.

사랑과 우정의 축복은 아무것도 바라지 않으면서 상대의 결점이나 모자람을 감싸주고 채워주려는 마음가짐에서 피어오른다. 서로를 행복하게 만들려는 자세를 가지는 한 행복은 언제나 곁에 있을 것이다. 무엇이든 마주 들어주고 한걸음씩 함께 나아가려는 자세가 바로 행복의 첩경이다. 예로부터 "건강한 정신은 건강한 신체에 깃든다"고 하였다. 역으로 마음이 청정해야 몸도 깨끗해진다. 몸과 마음이 조화를 이루어야 더 행복해질 수 있다. 지금 젊은이들은 평균수명 120세 이상 시대를 살 것이다. 오래 사는 것보다 건강하게 사는 것이 더욱 중요한

데, 노후건강은 아무래도 스스로의 의지와 노력에 달려 있다. '젊은 사자들'이 선의지를 가지고 여유롭게 살며 행복하기를 바라는 마음으로 이 글을 쓰다 보니 더불어 행복을 느낀다. 무슨 일이든 결과보다는 최선을 다하려는 과정에서 더 크게 느끼는 행복은 스스로 느껴야지 어느 누구도 대신해 줄 수 없다. 행복이란 따지거나 계산할 수 없고 마음으로 저절로 느껴야 한다. 오로지 자신을 의지 삼고 자신의 노력으로 다가가 자신의 가슴으로 느껴야 한다. 마음의 잣대는 사람마다 다 다르기에 누가 더 행복하다고 단정하지 못한다.

사랑하면
우리는 하찮은 풀도 사랑하게 된다
헛간도, 가로등도
그리고 밤새 인적 끊긴 작은 중심가도

― 사랑의 시 / 블라이(R. Bly)

솔로몬의 지혜와 영광

인류 역사상 가장 화려했었
다는 솔로몬의 영광은 지금 어느 곳에서도 자취조차 찾을 수 없지
만 솔로몬의 지혜는 사람들 가슴과 가슴으로 전해 내려오고 있다.
오랫동안 땀 흘려 쌓아올린 부귀영화도 깜빡할 사이에 한 줌 바람
에 실려 흩날려 가는 광경은 예나 지금이나 조금도 다르지 않는가
보다. 솔로몬의 영광과 지혜가 우리에게 주는 가장 큰 교훈은 무엇
일까? 인생살이에서 물질세계가 중요하지만 인간에게 행복과 불행
은 정신세계로부터 보다 큰 영향을 받는다는 점이다. 물론, 행복이
란 따지고 계산할 수 있는 것이 아니라 저마다의 가슴속으로 느끼
는 것이어서 어떻게 생겼다고 단정하지 못한다. 인간이 누리는 부
귀영화 그 자체보다 더욱 중요한 것은 그것을 추구하는 과정에서
자기도 모르는 사이에 쌓아가기 마련인 인간적 자세와 품격이다.

부귀공명, 무병장수를 추구하려는 것이 경제적 인간(homo economicus)의 어쩔 수 없는 속성이다. 조금만 멀리 생각해 보면 최선을 다한 노력 끝에 성공한 사람들은 그 결과 쌓아 올린 재물이나 명성보다는 그 과정에서 기우린 혼신의 노력을 더 소중하게 여기는 모습이 엿보인다. 재물과 명성보다는 땀방울로 적셨던 성공의 과정을 더욱 훈훈하게 가슴에 새기는 자랑스러운 기억의 주인이 되는 경우다. 반대로 무엇인가 움켜쥐고 놓치지 않으려 허둥거리며 비인간적 행동을 하였을 경우 부끄러운 가슴의 응어리는 지우려고 애써도 좀처럼 지워버리지 못하고 부끄러운 기억의 노예가 되는 셈이다. 진정한 행불행은 결과보다는 과정에 있다는 이야기다. 덧붙여 말하면, 인생은 순간순간 모두가 중요하지 특별히 중요하고 덜 중요한 때가 따로 없다.

　성공의 결과에만 지나친 미련을 가지고 집착하다 보면 무리수를 두게 되어 자랑이 아니라 오히려 부끄러운 행적을 남기기 쉽다. 잃어버린 재물이나 권력 또는 명성보다는 그것들을 놓치지 않으려고 안간힘을 다하는 과정에서 보였던 수치스러운 행실이 사람들을 더 괴롭히는 듯하다. 이런저런 간접경험을 보면 유한한 인생살이에서 편법이나 변칙으로 획득한 승리가 아니라 깨끗한 패배가 더 소중한 가치가 있다. 아마도 성공과 실패는 그때그때 엇갈려 지나가지만 페어플레이 정신은 일단 망가지면 다시 회복하기가 사실상 불가능하기 때문 아니겠는가? 사람은 본래는 맑은 마음가짐을 가지고 있지만 일단 구정물이 흘러들어가기 시작하면 전처럼 다시 맑아지기가 쉽지 않다고 한다. 그래서 어릴 때부터 선의지(善意志, guter wille)를 가르치고 심어주는 부모의 노력이 절대 필요하다.

솔로몬의 아버지, 다윗의 반지에 새겨졌다는 "이 또한 지나가리라"는 금언은 승리의 순간에는 자만심을 경계하고 패배의 순간에도 절망하지 않겠다는 뜻이라고 해석하기도 한다. 승패가 일상생활처럼 되어있는 바둑기사들 사이에는 담담한 승리에 못지않게 의연한 패배가 더욱 중요하다. 일승일패에 일희일비하며 생사를 걸다가는 바둑 고수가 되더라도 오래가지 못한다. 전문 해설자 중에는 엉뚱한 실수로 대국에서 진 선수는 집에 돌아가서 밤잠을 못 이루거나 상당기간 슬럼프에 빠질 것이라 설명하는 경우도 있다. 그러나 진정한 강자가 되려면 그실수와 억울함을 극복하려는 자세를 가져야 되지 않을까? "남을 이기는 자는 강한 자이지만 자기를 이기는 자는 더 강한 자"라는 솔로몬의 교훈은 승리뿐만 아니라 패배도 의연하게 받아들여야 진정한 승자가될 수 있다는 뜻이 내포되어 있다.

쉴 새 없이 공정과 정의를 부르짖다가 어느 순간 마각이 들어나 파렴치범이 되어서도 부끄러움을 모르는 저명인사들의 심리를 어떻게 해석하여야 할까? 이들은 아마도 일시적으로 남을 이기기는 하였어도제 자신은 이기지 못한 불행한 인간들이라고 유추할 수 있다. 자신을다스리지 못하다 보니 갖가지 욕심을 뿌리치지 못하고 이것저것 다 붙잡으려다가 일을 그르친 때문이 아니겠는가? 생각건대, 권력과 명성과 재물을 모두 다 거머쥐려는 본능을 억제할 수 있는 능력이 진정한의미에서 강자의 자세인지 모른다. 물론 어리석은 인간이 이것저것 다움켜쥐려는 욕망의 노예 상태에서 벗어나기란 어려운 일이다. 다시 말해, 욕망의 주인이 되어 욕망을 조절할 수 있는 '욕망으로부터의 자유'를 누리는 일이 아무에게나 가능한 일은 아니다.

신은 "솔로몬에게 지혜와 총명을 매우 많이 주고, 또 넓은 마음을 주어 바닷가에 모래같이 하니 솔로몬의 지혜가 동쪽 모든 사람의 지혜와 애굽의 모든 지혜보다 더 뛰어나 그의 이름이 사방 모든 나라에 들렸더라(열왕기상 4장 29~30)"고 하였다. 솔로몬의 지혜를 배우고 구하려는 사람들이 구름처럼 몰려들어 그 화려한 예루살렘 궁전 주변은 구름 같은 인파로 들끓었다고 한다. 사치의 극을 다한 탓인지 '솔로몬의 영광'은 오래 지속하지 못하고 그 아들 대에 이르러 이스라엘 왕국은 쪼개지기 시작하였다. "들에 핀 백합화가 어떻게 자라는지 생각해 보아라. 그것들은 애써 일하지도 않고 길쌈도 하지 않는다. 그러나 온갖 영화를 다 누리던 솔로몬조차 백합꽃 한 송이만큼 차려 입지 못했다(마태복음 6장 28~29)"고 하였다. 대자연에 대한 초월자의 사랑과 의지를 담아 낸 것 같은 이 대목은 모든 살아 있는 생명의 존귀함을 강조하였다고 할 수 있을까? 백합은 오늘날에도 변함없이 피어나고 있지 않는가?

감라는 일찍이 뜻을 이루고 자아는 늦었다(甘羅早達子牙遲)

늦고 올되고 곤궁과 형통은 다 때가 있으니(遲早窮通各有時)

일찍 피는 봄꽃과 늦게 피는 국화를 보아라(請看春花與秋菊)

때가 되어야 피지 함부로 피어나지 않는다(時來自發不行衒)

　　　　　　　　　　　　　　　　　　　　　　　　　　　　　　 - 東周 列國志 중에서

낙타가 바늘귀로 들어가려면

천당이나 극락 가기를 염
원하지 않는 사람이 어디에 있을까? 부처님 사촌동생을 비롯하여
어느 누구든 부자 되기 싫다는 사람은 그리 없을 것이다. 모두들 부
자도 되고 천당이나 극락에 가고 싶어 하는데, 부자가 천당 가는 길
은 낙타가 바늘귀로 들어가듯 어렵다고 하니 안타까운 일이다. 세상
이 바뀌어 같은 부자라 하더라도 그 옛날 농경사회 같은 단순재생산
사회의 부자와 오늘날 확대재생산 사회의 부자는 그 뿌리부터 다르
다. 이제는 부자들도 천당이나 극락으로 갈 수 있는 길이 환하게 열
려 있다. 부자가 되어야 할까? 천당에 가야 할까? 어떤 선택을 할
까? 고민할 필요 없는 시대로 변해 가고 있다. 마음을 가다듬고 노
력하기에 따라서는 부자도 되고 동시에 천당에도 갈 수 있는 기회가
누구에게나 열려 있다.

"낙타가 바늘귀로 나가는 것이 부자가 하나님의 나라에 들어가는 것보다 쉽다(마가복음, 10장 25)"라는 성경구절은 예나 지금이나 탐욕의 뒤 끝이 좋지 않다는 교훈을 주는 경구다. 열심히 살아야 부자가 될 수 있는데, 열심히 살면 천당에 갈 수 없을지도 모른다고 잘못 해석할 수도 있었다. 다른 한편으로는 물질적 부자와는 거리가 먼 사람들 마음속 귀퉁이에 한 가닥 위안으로 작용해 왔을지도 모르겠다. 과거, 단순재생산 시대에서는 가뭄과 홍수가 들지 않는 한, 해마다 생산량이 거의 변함이 없었다. 남달리 큰 부를 축적하는 것은 '자본주의 윤리' 잣대로 본다면 자랑이 아니라 오히려 수치였다. 연간 산출량이 일정한 농경사회에서 근검절약을 통하여 작은 부자가 될지는 몰라도, 큰 부자가 되려면 최소한 자기 몫을 더 크게 나누거나 남의 것을 가로채지 않으면 불가능하였기 때문이다. 나눌 것이 일정한 상황에서 누군가가 더 많이 가지면 다른 누군가는 덜 가져야 하는 것은 빤한 이치다. 단순재생산 사회에서 탐관오리들이 나라를 흔들리게 하다 망하게 하는 까닭은 무엇인가? 제 배를 넘치게 하다가 양민들의 배를 주리게 만들었기 때문이다.

오늘날 확대재생산 시대에는 기술혁신을 통하여 부가가치 창출에 크게 기여할수록 더 큰 부자가 될 수 있으므로 부자가 된다는 것은 그만큼 경제성장, 나아가 사회발전에 기여했다는 의미를 내포하고 있다. 인간의 삶을 풍요롭게 하는 상품을 만들어 내면서 여러 사람들에게 일자리를 제공하고, 자신도 부자가 되는 일석삼조의 좋은 일을 하는 셈이다. 정당하게 부를 일군 부자가 많아지면 새로운 생산 활동을 위한 자본이 축적되고 이를 통하여 경제의 성장과 발전이 이루어지므로 그 자체가 공동선(共同善)이며 사회정의다. 일하지 아니하고 부를 축적하는 사람들이 많아지는 사회는 갈등과 대립이 커지다가 무너질 수도 있다. 봉건사회에서 진정한 의미의 귀족이란 적의 침입으로부터 평민, 농노들을 보호하려 자신의 목숨을 건 기사들이다. 자본주의사회에서 구태여 귀족을 꼽으라면 부가가치를 창출하여 사회에 공헌하는 과정에서 많은 사람들을 고용하여 그 가족들을 먹여 살리면서, 자신도 정당하게 부를 축적하는 기업가들이다. 사람 사는 세상에서 누군가를 먹여 살리는 일보다 더 고귀한 무엇이 어디 있다는 말인가?

생각건대, "부자가 천당에 가기는 낙타가 바늘구멍으로 들어가는 것처럼 어렵다"는 금언은 그 옛날 단순재생산 사회에서는 지극히 타당한 가르침이었다. 남의 몫을 가로채거나, 일을 시키고 품삯을 떼어먹으면 지옥에 가게 된다는 경구라고 할 수 있다. 그러나 오늘날 확대재생산 사회에서는 열심히 노력하여 기술혁신을 이루고 부가가치를 창출하며 사회에 공헌하고 돈을 벌 수 있다. 덕을 많이 쌓고 이웃을 도우면 천당이나 극락을 간다고 가정할 경우, 현대사회에서는 기업가정신이 투철한 기업인에게 그 문이 열려 있는 셈이다. 생산성이 높아지는 사회에서는 낙타가 바늘구멍으로 들어갈 수 있는 영광스러운 기회가 그만큼 커졌음을 의미하고 있다.

그러나 현대사회의 부자가 모두 다 천당이나 극락에 가는 것은 절대 아니다. 정경유착과 부정부패, 담합과 부당공동행위, 자산은닉과 조세 포탈 같은 수단 방법 가리지 않고 부를 축적한 부자들에게 바늘구멍은 꽉 막혀 있다. 아무리 마술을 부린다고 해도 그 좁은 바늘구멍을 어떻게 통과할 수 있겠는가? 심지어 부자라고 돈 자랑하면서 가난한 친구나 친척, 심지어 최상의 예의를 갖춰야 할 사돈의 돈까지 가로 채려는 인간들이 가야 할 곳은 천당이나 극락의 반대편임은 새삼 말할 필요 없다. 우리는 과속성장 과정에서 공동체의 이익과 배치되더라도 사리사욕을 취하려는 천민자본주의도 함께 뿌리 내렸다. 그러다 보니 부자를 속으로 부러워하면서도 겉으로는 손가락질하는 아이러니가 생겨나기도 했다. 이제부터라도 미래를 기약하려면 구슬땀을 흘리며 남다른 상상력을 짜내어 부가가치를 창출하여 사회에 기여하면서 부를 쌓아 올린 부자를 본받으려는 젊은이들이 많아져야 한다. 부자보다도 부를 쌓아 올리는 과정에서 기울인 피나는 노력을 존경하고 또 부러워하는 풍토가 형성되어야 한다.

나는 누구를 직접 고용해 보는 영광을 가져 본 일이 없지만, 최선을 다하여 새로운 부가가치를 창출하는 과정 그 자체가 더 없는 기쁨이므로 바로 천당이나 극락세계라고 상상할 수 있다. 게다가 사람들을 고용하여 그들의 삶을 윤택하게 하는 데다 세금까지 많이 내면 더 말할 필요 없다. 너도나도 부러워해야 할 '선한 의지'를 실천한 셈이다. 시장가격기능을 보호하여 각 경제주체들이 여기저기 두리번거리지 않고 정당한 노력을 기울이도록 해야만 생산성을 향상시켜 국리민복에 기여하는 지름길이다. 자본주의 경제 체제에서 남의 귀감을 보이며 자랑스러운 부를 쌓아 올린 부자를 존경하여야 경제 성장과 발전의 틀이 흔들리지 않는다고 강조하고 싶다.

바벨탑과 금자탑 사이

부가가치를 창출하여 성장과 발전에 기여하면서 쌓아 올린 부는 자랑스럽고 빛나는 열매다. 부를 쌓아가면서 노력하는 과정 자체에 큰 보람을 느낀다면 그 결과로 얻는 부에 대해서는 미련을 덜 갖는다고 한다. 생각하기에 따라서는 재물은 일하는 기쁨과 성취감에 뒤따라오는 부산물이라고 할 수도 있다. 기부활동이 활발한 사회에서는 부의 축적이 개인의 능력보다는 오히려 사회발전의 혜택이라고 여기고 감사해 하는 부자들이 많은 까닭이다. 그 열매의 일부를 사회가 더 밝아지기를 기대하며 사용할 때, 그 기쁨과 자랑의 금자탑은 더욱 빛나게 된다. 어쩔 수 없이 욕망에 포위될 수밖에 없는 인간들이 욕망의 노예상태를 벗어나 욕망을 스스로 조절할 수 있는 '욕망으로부터의 자유'를 가질 때야 비로소 가능한 일인지 모른다.

땀 흘려 정직하게 부를 일군 부자들은 대체로 부의 대물림에 집착하지 않고 공동체로부터 받은 것을 사회에 환원해야 한다고 생각하는 경향이 있다. 이 같은 이상향은 열심히 일하면 누구나 건강하고 평화로운 생활을 누릴 수 있는 '결핍으로부터의 자유(freedom from poverty)'가 보장된 환경에서 더욱 활발해질 수 있다. 땀 흘려 일하며 부가가치를 창출하여 사회에 기여하는 그 자체가 커다란 기쁨이며 비할 수 없는 행복이다. 큰 부를 일구고 그 대부분을 사회에 기부하는 프로그램을 마련한 사람 중의 한 사람인 워런 버핏도 젊은 사람들에게 "돈을 많이 버는 일보다 하고 싶은 일을 하라"고 거듭 강조한다. 순간순간 이어지는 인생에서 최선을 다하여 일에 쏟는 열정과 기쁨이 무엇에 비할 수 없는 행복의 원천이라는 이야기다.

남모르게 자선활동을 하는 사람들의 모습이 보다 밝고 여유롭게 비치는 까닭은 무엇인가? 한계효용체감 법칙에 따라 자신이 포기한 자그마한 효용이 어려운 이에게 커다란 효용을 줄 수 있다는 기대와 확신 때문이라 짐작된다. 사실 우리가 시각을 조금만 넓게 하면 기부행위를 통하여 사회의 총효용을 확대하는 일은 생산증대와 똑같은 결과를 가져오는 부가가치 창출의 또 다른 방법이다. 조금만 더 생각해 보면, 땀 흘려 번 돈의 효용을 가능한 크게 하는 일이야말로 경제적 동물로서 참다운 경제적 행위가 아닌가? 기부 행위가 또다른 생산활동이라는 의미가 된다. 남을 도우면 스스로 마음의 위안을 받으니 결국 자신을 위한 행위이기도 하다. 시간이 흘러도 변하지 않고 가슴속에서 반짝일 금자탑(金字塔)을 쌓는 일이다.

도저히 이룰 수 없는 욕심을 끝없이 부리는 인간들에게 질린 신은 날짐승, 들짐승들과 함께 노아를 제외한 모든 살덩어리들을 멸망시키려 '대홍수(大洪水)' 벌을 내렸다. 살아남는 노아의 후손들은 그 큰 벌을 다시 받을까 두려워 바빌론에서 하늘에 이르는 바벨탑(Tower of Babel)을 쌓으려 욕심을 냈다. 인간의 힘으로는 애초부터 불가능한 일이었다. "인간의 오만함에 분노한 신은 다른 언어를 쓰게 하여 소통을 어렵게 만들어 인간들은 불신과 오해 속에 전 세계로 뿔뿔이 흩어지게 하였다"고 한다. 후진사회일수록 거부들의 기부활동이 서민이나 중산층에 비하여 절대금액에서도 부족한 까닭은 무엇일까? 정당치 못한 방법으로 부를 축적한 사람이 많다는 반증의 하나일까? 내부자거래, 탈세, 뇌물 같은 살얼음판을 건너면서 부당하게 축적한 부를 남을 위하여 사용하기가 쉽지 않기 때문이다. 그렇지 않다면 지저분한 방법으로 부를 축적하는 과정에서 손상된 체면이나 양심의 응어리 같은 것을 물질로 메꾸려는 보상심리가 작용하기 때문인가? 어쩌면 아무리 쌓고 쌓아도 허기진 욕망의 세계, 영원히 완성될 수 없는 바벨탑에 대한 그치지 않는 미련 때문인지 모른다.

한때 아껴 모은 재산을 대학에 뭉텅뭉텅 희사하는 분들이 늘어나 미래의 등불이 밝아질 것이 기대되고 있었다. 그러나 최빈곤층, 막바지에 있는 사람들에 대한 기부활동은 점점 줄어들고 있다고 한다. 빈부격차가 심화되는 가운데 자선활동에서도 빈익빈 부익부 현상이 벌어지는 셈이다. 최근에는 어려운 이웃, 사회정의를 위해서 존재한다는 시민단체들의 기부금 투명성 부족 문제가 회오리치면서 기부를 취소하려는 시민들이 늘어나고 있어 안타깝다. 만약의 경우, 기부금이 선량한 사람들의 '선한 의지' 대로 쓰이지 않고 정의를 가장한 검은 손의

검은 배를 채우는 데 몰래 쓰였다면, 그 허탈감을 필설로 다할 수 없을 것이다. 세상 어디에나 숙주를 갉아먹는 기생충은 번식하기 마련이지만 절망의 늪에 빠졌던 이들을 도우려는 '정성'이 어디론가 사라졌다고는 감히 상상할 수도 없다. 우리 사회는 누구를 믿어야 할지 모르는 막다른 골목에 이르렀다고 해야 할 것이다. 진위를 떠나서 그런 문제가 불거졌다는 사실 자체가 우리를 슬프게 하는 장면이다. 기부금에 대한 신성한 의미가 훼손되는 삭막한 그림이 그려지고 있다. 단테(A. Dante)가 환생한다면 아마도 신곡(神曲) 지옥편을 다시 고쳐 쓸 것이다.

위험과 불확실성이 사방에 어른거리는 상황에서 미래에 대한 두려움 때문에 사람들은 돈을 더 모으고 오래 지키려고 한다. 그러나 조금만 멀리 생각하면, 한 번 잘못 판단하면 누구든 낭떠러지로 떨어질 수 있는 상황에서 자선활동 생활화는 서로 도와가며 사는 결과를 가져오므로 결과적으로 너와 나를 위한 '최대 다수의 최대 행복'을 위한 지름길이라고 단언할 수 있다. 부가가치를 창출하여 사회에 공헌하며 세금까지 많이 낸 그들이야말로 진정한 국가 유공자다. 땀 흘려 번 돈을 어려운 이웃을 위하여 선뜻 기부하는 그들이 진정한 영웅이다. 그 보람과 긍지를 더 빛낼 수 있도록 세금과 기부 마일리지 도입이 필요하다. 자랑스러운 인물들이 뜻하지 않게 생활의 위협을 받을 경우, 그 동안 쌓아온 마일리지로 일정 수준 이상의 생활을 보장 받게 할 필요가 있다.

지상에서 영원히 미완성일 바벨탑과 가슴속에서 오래 반짝일 금자탑 사이에는 무엇이 있을까? 아마도 무지와 탐욕의 늪이 펼쳐져 있을

것이다. 저마다의 가슴속에서 지워지지 않을 조그만 금자탑이 탐욕의
세계에 존재하는 거대한 바벨탑과 비교할 수 없는 무한한 가치가 있음
을 깨닫기가 쉽지는 않다. '욕망으로부터의 자유'를 찾아 마음의 연금
술을 닦기만 하면 누구라도 그 늪을 풀쩍 건너뛰어 불멸의 금자탑에
안길 수 있지 않을까? 마음먹기에 따라서 쉽고도 어렵고, 어렵고도 쉬
운 일이다.

은하수처럼 이어져 반짝이며 빛나는 별들처럼
수선화는 강기슭에 끝없이 줄지어 뻗어 있었네
수많은 수선화가 무리지어 고개를 살랑대며
흥겹게 춤추는 모습을 한눈에 보았네

— '수선화(Daffodils)' 중에서 / 워즈워스(W. Wordsworth)

가장 정직한, 가장 겸손한

입신양명(立身揚名)은 원래 "실력을 닦아 세상을 위해 보람찬 일을 하여 이름을 남긴다"는 뜻이라고 한다. 이웃과 사회에 도움이 되는 일을 하면 할수록 마음의 평화, 행복의 물결이 더 멀리 퍼져 간다는 뜻으로 해석할 수도 있을까? 치열한 당파싸움이 이어지며 엉뚱한 인사들이 요직을 차지하면서부터 그저 자리만 차지하면 된다는 뜻으로 변질되었다고 한다. 높은 벼슬은 백성들을 위하여 큰일을 보람차게 하는 수단인데, 그저 벼슬만 하면 된다는 목적 그 자체로 변질된 셈이다. 개인은 물론 나라의 미래를 생각할 때, 자라나는 청소년들에게 입신 출세만이 아닌 이론과 실천, 선과 악, 정의와 불의를 헷갈리지 않도록 가르치는 일이 더욱더 중요하다.

미국 초대 대통령 워싱턴(G. Washington)을 기념하여 세워진 '워싱턴 타워' 전망대에는 워싱턴이 독립전쟁의 영웅이자, 미국을 건국한 대통령이었다는 설명이 한 줄도 없었다. 다만 "워싱턴은 가장 정직한, 가장 겸손한, 가장 친절한 젊은이였다"는 문구가 적혀 있을 뿐이었다. 그는 험난한 식민지 시대를 살아가면서도 정직하게, 겸손하게, 친절하게 살다 보니 자신도 모르는 사이에 존경받는 인물로 성장했다. "정직하고 남을 탓하지 않는 지도자가 인심을 얻어 백성들이 몰려든다"는 맹자의 말을 생각나게 하였다. 클린턴(B. Clinton)의 아칸소 주지사시절 스캔들, 즉 화이트워터(White water) 사건이 집요하게 파헤쳐지자 국론 분열과 낭비라는 일부 의견이 제기된 일이 있었다. 장기적으로는 큰 인물이 되려는 야심을 가진 청소년들에게 부도덕한 행위를 자제하게 하여 사회를 건전하게 이끄는 효과를 중시하자는 의견이 지배적이었다. 닉슨 대통령을 실각시킨 '워터게이트(Watergate)' 사건처럼 도덕성에 하자가 있다면 비록 법의 제재를 받지 않더라도 공공의 무대에서 퇴장시켜야 밝은 사회를 기대할 수 있다는 논리였다.

한때, 뛰고 날던 올림픽 영웅이었던 저명인사의 논문표절 문제가 세간에 불거지면서 지향하던 영웅 한 명을 잃어버렸다. 노년무전(老年無錢), 중년상처(中年喪妻)와 함께 소년급제(少年及第)가 인생 3대재앙이라는 허튼 소리를 새삼 생각하게 만들었던 장면이었다. 학위가 출세하려는 인사들에게 하나의 장식물이 되는 사회에서 논문 베끼기나 대필의 유혹은 누구든지 받을 수 있다는 유력인사도 생겨났다. 심지어 "옛날에는 논문 표절이 관행이었다"고 억지를 부리는 교육부 수뇌에다, 당시는 표절금지 지침이 없었다는 정의부(正義府, Ministry of Justice) 수뇌도 배출하는 지경이다. 청소년들은 부지불식간에 힘센 저명인사들을 본받고 싶어 하는데, 우리 사회가 앞으로 어디로 나아가게 될지 두려운 장면이다. 그동안 대부분 후발개도국들이 그렇듯이 앞선 나라의 제품을 가져다 분해해서 다시 설계도를 만드는 분해공학(reverse engineering)이 성장의 지렛대가 되었었다. 이처럼 선진기술 베끼기가 자랑이었던 시대적 배경에서 논문 대필이나 짜깁기 행태가 어쩔 수 없이 용인되었는지 모른다. 논문표절과 명예박사 주고받기를 좋아하는 풍토는 깊은 연관성이 있다. "인정사정 볼 것 없다"며 인색한 거부들이 이름도 들어보지 못한 대학에 거금을 던지고 사오는 명예박사를 자랑하고 다녔다.

한국경제는 선진기술을 스스로 개발해야만 국제경쟁력을 확보하고 지속적 성장이 가능한 상황, 즉 기술선진국 문턱에서 주춤거리고 있다. 이를 극복하려면 임의로 조작한 자료가 아닌 실제 근거자료를 가지고 연구하여 기존의 이론을 한발이라도 앞으로 나아가게 하거나 새로운 이론을 정립하는 논문만 가치를 인정하는 제도적 장치가 요구된다. 논문을 표절한 스승, 양심불량 스승으로부터 무엇을 배울 수 있을까? 거짓 성직자가 몽매한 신도들을 허위와 위선의 세계로 유인하다가 결국 인생을 망치고 파탄지경에 이르게 하는 것과 무엇이 다를까?

지도층 인사들의 몰염치 행각이 반복되어도 아무렇지 않게 넘어간다면, 미래를 짊어질 젊은이들이 양심을 아무 데나 내다 버리는 가공할 사태가 초래될 것이다. 조금만 크게 멀리 생각하면 나라에 큰 죄를 짓는 것과 다름없다. 생각건대, 2020년 미성년자, 사회초년병들이 저지른 '악마의 삶'에 대해 어른들의 책임 또한 크다. '유력 인사들의 뻔뻔스러운 거짓말, 위선의 끝을 모를 파렴치한 행실, 옳고 그름을 구분하지 못하게 만드는 '말장난'이 자라나는 청소년들의 정의감, 죄의식을 마비시키는 데 기여하였기 때문이다. 질서를 교란하고도 뻔뻔하고 거들먹거리기까지 하는 어른들을 보고 배우며 자란 청소년들의 가치관이 건강하게 형성될 수 있을까?

바르게 살면 출세하기 힘들다고 생각하는 나라의 미래는 어떻게 될까? 우리사회가 극복해야 할 최우선 과제인 부실교육 정상화는 논문 대필이나 표절 같은 부정직한 행위를 중대한 범죄로 다루는 기준부터 세워야 한다. 혼자 혜택을 받고 끝나는 것이 아니라 누군가를 희생시켜야 하는 비리를 더욱 엄격하게 다루어야 한다. 부정합격자 대신에 '어미아비줄'이 없어 대리 희생된 누군가의 아픔을 짐작할 수 있다면 금방 이해할 수 있는 장면이다. 가난하고 못 배운 것이 부끄러운 게 아니라 지저분한 방법으로 명성과 부와 권력을 누리는 일이 정말 창피한 일이다.

상처 받지 않은 영혼이 어디에 있으랴?
우리에게는 언제라도 어디서라도
푸른 하늘도 반짝이는 별들도
정직하게 바라볼 자유가 있지 않은가?

― 나의 꿈 / 무명씨

'칼레의 시민' 정신

어떤 때는 욕심 사납게 혼자만 생각하는 '거지행동'을 하다가도 조직과 사회가 어려울 때는 대의를 위해 온몸으로 봉사하고 서슴없이 '자기희생'을 선택하는 거룩한 존재가 인간이다. 평소에는 이런 인물들이 가려져 있다가 위기상황이 되면 앞장서서 모범과 충절을 보이고 자신을 희생하는 영웅과 위인들이 나타난다. 임진왜란과 구한말 당시 초근목피로 부모공양, 처자식을 부양하기 어려운 환경에서도 의병활동이 각처에서 활발하게 일어난 자랑스러운 역사를 우리는 가지고 있다. 솔선수범하여 질서를 지키고 나라를 지켜야 할 인사들이 소시민들의 소소한 잘못은 엄히 꾸짖으면서 자신은 뒤에서 엉뚱한 짓을 저지르면 사회의 미래가 어떻게 될까? 원리원칙이 무너져 옳고 그름을 가리지 못하는 아수라장이 된다.

2000년대 초반 덕수궁 옆 서울시립미술관에서 열렸던 로댕(A. Rodin)의 조각전 '신의 손' 전람회에 전시된 '칼레의 시민'은 세 번째 축소물이라고 했다. 작아서 그런지 아니면 전시장이 좀 어두워서 그런지 스스로 밧줄을 메고 교수대로 걸어가는 사람들의 표정을 제대로 읽기가 쉽지 않았다. 설명에 따르면, 추측했던 바와 반대로 로댕은 '칼레의 시민'들을 조각하면서 '영웅적이고 거룩하다기보다 죽음을 앞두고 절망에 빠진 인간 그대로의 모습'을 묘사하려 하였다고 한다. '칼레'는 영국과 불과 34km 떨어져 있는 도버 해협에 위치한 프랑스 항구도시다. '100년 전쟁' 당시 영국의 포위 공격을 받고 1년 가까이 버티다 결국 함락되었다. 그 끈질긴 저항에 진력이 난 점령군 왕 에드워드 3세는 전 도시를 불태우고 사람들을 학살하는 대신에 칼레가 대표 여섯 명을 뽑으면 이들을 교수형에 처하고 나머지는 살려주겠다고 했다. 시민들은 처형당할 여섯 명을 어떤 방법으로 뽑을 것인가 눈치를 살피며 공포에 떨었다. 그러자 칼레 최고의 부호 '외스타슈 생피에르(saint Pierre)'가 앞장서자 시장, 판사 같은 칼레의 지도층 인사들이 잇따랐다. 6명의 지도층 인사들이 먼저 죽겠다고 나서자 영국 왕은 임신한 왕비의 간청을 받아들여 다 살려줬다. 혼자만 살려다가는 다같이 죽는 것이 세상의 변함없는 이치다.

신라 눌지왕 때 왕의 동생 보해(寶海)와 미해(美海)가 고구려와 왜국에 볼모로 잡혀가자 김제상(삼국사기에는 박제상)이 고구려에 몰래 들어가 보해를 탈출시켰다. 그리고는 왜국에 거짓 투항하여 미해를 신라로 도망치게 하였다. 왜왕이 그 사실을 알고서 진실로 왜국의 신하가 된다면 벼슬을 주겠다고 회유했으나 김제상은 "신라의 개나 돼지가 될지언정 왜국의 신하는 될 수 없다! 계림의 형벌을 받을망정 왜국의 벼슬과 상은 받지 않겠다"며 죽음을 택했다. 제 자식도 아니고 왕의 동생을 구하고 먼저 죽음을 택하는 일이 그리 쉬울까? 더구나 벼슬자리 유혹을 뿌리치고 먼저 세상을 작별하기가 얼마나 억울하겠는가? 제상의 지어미는 바닷가 언덕에 올라 제상이 돌아오기를 기다리고 기다리다 마침내 망부석(望夫石)이 되었다.

고위관료였던 어떤 인사는 외부 초청강연에서 '금융의 세계적인 조류'를 이야기하는 중간에 이렇게 말했다. "서양의 영주 집안에는 미망인이 많다. 서양의 귀족들은 전쟁이 나면 앞장서 적진에 돌격하기 때문이다. 그래서 그들은 평소에 대우와 존경을 받는다"며 '노블리스 오블리제'를 강조하였다고 한다. 옳은 말이다. 무엇을 설명하려고 그랬는지 모르지만, 강연 중간중간 시장원리에는 예외가 없다고 강조하여 듣는 사람들을 어리둥절하게 만들었다고 한다. 낙하산을 타고 자리를 차지한 그가 시장원리가 무엇인지 알고 있었는지 의문이 가지만 아마도 누군가가 써준 것을 읽은 것으로 추정된다. 당시 국민의 정부에서 개혁의 선봉에 서 있다며 으스대다가 얼마 후에 지저분한 뇌물사건의 당사자가 되는 광경을 보고 사람들은 무슨 생각을 하였을까? 그런 인사들이 요직을 차지하는 '악화가 양화가 구축하는 사례'가 빈번하게 벌어지는 까닭은 무엇일까? '칼레의 시민' 같은 고결한 인물들이 숨어 있기만 하고 모습을 드러내지 않는 까닭은 무엇일까?

힘센 똥 묻은 개가 힘없는 겨 묻은 개를 마구 꾸짖는 환경에서 사회적 책임감이나 고결한 도덕성을 요구하는 것은 거짓의 거짓이 보태져

이와전와(以訛傳訛)로 더 큰 거짓말이 산지사방으로 퍼져나가는 결과를 초래한다. 이 비뚤어진 상황에서 양심에 호소하거나 명예를 자극하는 것은 다 부질없는 허망지설(虛妄之說)에 불과하다. 양심이란 사람들 마음속에 존재하는 것이지 말로 양심을 강조해 봤자 불신의 벽만 높아져 간다. 쓸데없는 대립과 갈등이 그치지 않고 계속되는 까닭은 오랫동안 이어져 온 '힘의 질서'가 지속되면서 사회질서를 해치고도 수치심을 느끼지 못하기 때문이다. 수치심을 모르는 사람들에게 명성이란 목욕은 하지 않고 분단장만 하다가 비만 조금 맞으면 얼룩이 흘러내리는 모습과 무엇이 다를까? 남의 잘못은 사정없이 꼬집고 할퀴고 나의 잘못은 무엇이 문제냐며 뻔뻔하게 떼를 쓰는 사회에서 어찌 미래를 기약할 수 있겠는가?

춘추시대 오나라 손무(孫武)는 무릇 상벌이 윗사람일수록 더욱 엄격해야 나라가 바로 설 수 있다며 일절 예외를 두지 않았다. 법을 '법대로' 집행한 손무의 결단으로 오나라는 숙적 초나라를 물리치는 강국이 되었다. 신상필벌 원칙이 지위의 높고 낮음을 불문하고, 내 편 네 편 가리지 말고 누구에게나 예외 없이 적용하는 장치를 만들어야 대의(大義)를 위해 소아(小我)를 희생하는 인물들이 등장한다. 지극히 당연한 이치인데, 그 실천은 갈수록 멀어져가고 있다고 생각하는 사람들이 점점 많아지는 까닭은 무엇일까?

정의란 거창하지 않다

가치관이 다원화되며 변모되어 왔지만 정의의 기본 바탕은 자유주의, 민주주의 강령이다. 남의 자유와 권리를 소중히 할 때 나의 자유와 권리도 비로소 가치가 있다. 타인의 행복을 내 것처럼 존중할 때, '최대다수의 최대행복'이 실현되고 건강한 공동체의식과 함께 정의감이 형성된다. 남의 권리를 소중히 하면서 나의 의무를 다하려는 의지와 실천의 밑바탕이 정의감이다. 잘못을 부끄럽게 여기는 수오지심(羞惡之心)과 잘잘못을 흐지부지하지 않고 가리려는 시비지심(是非之心)이 정의의 원천이다. 불의를 간과하지 않는 일은 개인만이 아니라 결국 공동체 전체를 위한 길이다. 정의란 저 높은 곳에 우뚝 솟아 있는 거창한 무엇이 아니다. 일상생활 주변에 가까이 있어야 하는 것으로 공동체의식의 바탕이 되는 역지사지로 이웃을 대하는 자세다. 화려한 구호나 슬로건은 정의를 오히려 움츠러들도록 작용하기 쉽다.

탈무드에서도 "어려운 이웃을 돌보는 일은 관용이나 자비가 아니라 공동체 구성원으로서 마땅히 지켜야 할 도리"라고 강조한다. 혼자서는 살 수 없는 공동체에서 서로를 지켜주는 일은 납세의무나 국방의무처럼 마땅히 지켜야 할 도리라는 의미다. '힘이 정의'라는 억지소리는 원칙 없는 약육강식 세계에서 살아남아야 한다는 푸념이다. '정의는 힘'이다는 정의가 이겨야 된다는 당위성에 더하여 힘이 있을수록 남들을 많이 도울 수 있다는 뜻이 내포되어 있다. 사회발전의 혜택은 특정인에게 한정되지 않고 공동체 구성원들에게 고루 돌아가야 정의롭다고 할 수 있다. 사회구성원들이 각자 자신의 위치에 합당한 사회적 도리와 책임을 지키려 최선을 다해야 정의가 마음껏 춤춘다. 정의란 이웃을 위하는 길이지만 결국 자기 자신을 위한 길이기도 하다. 자식들에게 사회적 동물로서 정직한 심성을 길러주어 사회에 피해를 끼치지 않고 이로운 행동을 하도록 가르치는 일이 가장의 정의다. 더 좋은 상품을, 더 싼 가격으로, 더 빨리 공급하여 공동체에 이바지하려는 자세가 기업가의 정의다. 구성원들의 다원적 가치관을 조화시키고 서로 애정을 가지도록 하는 노력이 지도자의 정의다.

불의를 정의로 위장하거나 이웃을 속이면 일시적으로 그냥 넘어갈지 몰라도 결국엔 자기기만(自己欺瞞, self-deception) 행위로 스스로 불행해진다. 자신의 양심을 속이는 일은 어떠한 위선자라 할지라도 회한의 응어리가 속에서 옴지락거리기 때문이다. 말로 떠들지 않고 아무도 없는 건널목에서 신호를 지키는 자세가 정의다. 뻔뻔한 거짓말이나 허위와 진실을 호도하는 궤변을 막아내는 일이 정의다. 법무부를 정의부(Justice Department)라 하는 까닭은 공동체 질서를 파괴하면 '내 편'이라도 응당한 처벌을 받고, 죄 없는 사람들은 '네 편'이라도 보호해야 정의를 지킬 수 있다는 의미다. 역지사지로 생각하면 정의가 무엇인지 단박에 알 수 있다. '이론과 실천이 분열'되고 말과 행동이 어긋나는 인사가 정의를 부르짖다 보면 조직과 사회에 피로감이 시나브로 쌓이게 된다. 궤변가들은 집단본능(herd instinct)이 강한 대중을 선동하여 네 편 내 편으로 갈라 서로 질시하고 반목하게 만들어 반사이익을 얻으려 든다. 그 부작용으로 사람들은 불의와 정의를 혼동하고 속는 사람들과 속지 않는 사람들 사이에 갈등구조가 형성된다.

제 자식을 용으로 키우는 대신 남의 자식을 가붕개로 남게 하는 죄를 저지르면 당장에는 자식들이 고마워할지 모른다. 언젠가 그 자식들에게 정의감이 움트기 시작하면 제 부모를 존경하기보다 원망하고 무시할 확률이 커진다. 그 자식이 성장하여 '도덕적 용기'를 찾아간다면 부모 때문에 수치스러운 인생을 살았음을 평생 부끄러워 한탄할 것이다. 사유하는 인간에게 진정한 행복은 무엇보다 '스스로 부끄럽지 않다는 수오지심'에서 싹트기 시작한다. 가족들이 짜고 이웃과 사회를 속이면 당장에는 얼마간 이익을 챙길 수 있을지 모르지만, 급기야는 가족들끼리 서로를 거짓말쟁이로 경계하며 살아야 하는 비극이 닥친다. 남들이 잠시 부러워할지 모르지만 허위와 위선으로 쌓여 있으니 그 인생들이 언젠가는 한숨과 후회로 얼룩질 수밖에 없다. 공짜로 누리는 부와 권력과 명성은 불행의 씨앗을 스스로 심는 것과 다르지 않다. 불의를 정의로 위장하면 사람들의 눈을 일시적으로 속일 수 있을지 모르지만 결국에는 마각이 드러난다. 중장기에 있어서는 사회를 혼란에 빠트려 제 자신이나 후손에게 해가 돌아올 수밖에 없다.

셰익스피어(W. Shakespeare)는 '로미오와 줄리엣' 5막에서 "절망에 빠진 자를 유혹하지 말라(Tempt not a desperate man)"고 했다. 어찌할 수 없는 한계상황에 다다라 절망에 이른 사람들을 이용하여 이익을 취하지 말라는 뜻이다. 단테는 배신을 죄 중에서도 가장 큰 죄로 보았다. 신곡(神曲) 34곡을 보면 예수를 팔아먹은 유다, 자신들을 믿어줬던 카이사르를 찌른 브루투스와 카시우스의 망령들은 지옥의 맨 밑바닥에서 마왕 입에 머리를 물린 채 흐느적거린다. "정의라는 가면을 쓰고 저를 믿어주는 주인을 배신하였기 때문이다." 개인 소견으로는 인류가 빚은 용서받지 못할 3대 죄악은 중세 암흑시대 마녀사냥, 제3제국의 아우슈비츠 살육, 일본군국주의의 위안부 만행이다. 부모 슬하에서 놀아야 할 어린 처자로서 남의 나라 전쟁터에 끌려가 짐승보다 못한 삶을 강요받았던 할머님들은 지옥의 맨 밑바닥을 헤맸었다. 어느 누구든 제 자식이 그런 지경을 당했다면, 그 보다 더한 지옥을 감히 상상할 수 있겠는가? '정의의 가면'을 쓰고 절망에 빠진 분들을 상대로 사익을 추구한다면 더욱 용서받지 못할 죄악이다.

사람은 누구나 혼자 살아가지 못하고 타인과의 관계 속에서 자신의 위치를 깨달으며 존재가치를 느낀다. 인간은 사회와 분리되어서는 육체적으로나 정신적으로 생존이 불가능한 유기체여서 지도층이 정의롭지 못하면 사회는 어느새 타락하고 활력을 잃기 마련이다. 우리나라 성장잠재력이 차츰 쪼그라드는 까닭의 하나는 유력인사들이 정의를 외치기는 해도 행실은 반대되는 경우가 많았기 때문이기도 하다. 말이 아니라 정의롭다는 자부심을 가져야 같이 일하는 사람끼리도 조화를 이루고 적응능력 향상으로 생산성이 향상된다. 정의감의 밑바탕이 되는 수치심과 죄의식을 상실하게 되면, 맡은 일에 대한 자부심을 갖기 어려워짐에 따라 근로의욕, 기업가정신이 훼손된다. 제 할 일보다는 저만 살려는 꼼수를 찾아 두리번거리고 힐끔거리게 된다. '거짓신념' '거짓정의'가 판치게 되면 불필요한 갈등과 대립으로 사회의 위기대응능력도 어쩔 수 없이 떨어지기 마련이다.

거대 유조선 침몰로 바다가 오염되어 어민들이 생활터전을 빼앗겼을 때, 자원봉사자들이 태안 앞바다로 구름같이 몰려들어 바위에 들러붙은 기름 한 방울까지 닦아 냈던 자랑스러운 기억을 간직하고 있다. 한국인들 가슴속에 정의감의 바탕이 되는 공동체의식이 뿌리깊이 박혀 있음을 엿볼 수 있었다. 조선시대 이후 고질병이 되어온 '편 가르기' 경쟁으로 한국인들의 가슴속은 피폐되었어도 내면에는 정의감이 깊게 뿌리박혀 있음을 짐작할 수 있는 장면이다. 정의롭지 못했던 환경에서 정의를 실천하지 못했더라도 정의에 대한 내면의 욕구는 저마다 가슴속에 자리 잡고 있다. 계기가 주어지고 안개가 걷히기만 하면 우리 미래는 밝아지리라. 우리 모두 정의로운 사회에서 살고 있다는 자부심을 느끼면 그 얼마나 가슴 벅찬 일인가?

사람에게 충성하다가

사람이 지켜야 할 도리는 크게 공동체를 위한 대의와 사인간의 소의로 나뉘지만, 세상살이가 간단치 않아 대의와 소의가 엇갈려 똑같이 도리를 다하기 어려울 경우가 있다. 개인에게 도리를 다하다 보면 자기도 모르게 대의를 저버려야 하는 경우가 생기고, 대의에 충실하다 보면 어쩔 수 없이 개인의 도리를 소홀히 해야만 할 때가 있다. 사인과 공인으로서 가치관의 충돌이 일어날 수 있는 까닭이다. 툭하면 "아무개에게 충성한다"고 외치는 인사들일수록 상황이 바뀌면 충성 대상을 순간에 바꾼다. 권력이나 금력에 길들여지기 쉬운 인간이 겉으로는 멸사봉공을 외치면서 실제로는 사적이해에 매몰되는 때문이다. 평소 '의리'를 자주 되내는 인사들일수록 올곧게 살기보다는 두리번거리며 요리조리 힐끔거리는 모양새를 자주 보인다.

세상인심은 변해 가기 마련이어서 사람에게 충성하다 보면, 시류에 따라 갈팡질팡하다가 충성과 배신의 늪을 오가기 쉽다. 조선조 대표적 간신이라 일컫는 임사홍은 '생모 트라우마'에 빠져 포악해진 연산군을 부추겨 무오사화, 갑자사화를 연출하여 피바람을 일으키며 자신은 남다른 권세를 누렸다. 백성들의 신음과 통곡은 아랑곳하지 않고 오로지 높은 감투를 씌워 준 임금을 향한 맹목적 충견(忠犬) 노릇에 물불을 가리지 않았다. 세상이 변하여 연산이 실각하자 임사홍은 신처럼 모시던 그 지엄한 임금님 얼굴에 맨 먼저 침을 뱉고 욕을 퍼부었다. 정반대의 경우를 보자. '조선상고사'를 집필하며 민족혼을 일깨우는데 진력한 단재 신채호는 어린 시절 벽촌에서 끼니를 거르며 궁핍하게 지냈다. 그의 재능을 알아본 지방유지 신기선은 어린 단재에게 책을 읽게 하고 성균관에 입문시켜 학문의 길을 가도록 인도했다. 그 은인이 친일파로 돌아서자 단재는 편하게 앉아서 호의호식하는 길을 가지 않고 맨발로 가시밭길을 걸어갔다. 소의를 버리고 대의를 택했다.

야사에 따르면 '임사홍 사건' 이후 유교국가인 근세조선에서는 '개새끼!'가 가장 치욕적인 욕이 되었다고 한다. 개는 당장 먹이를 주는 주인에게 충성하지만 주인이 바뀌어 먹이를 주는 새 주인이 전 주인을 물라고 시키면 물기 때문에 변절의 상징으로 여겼다. 물불 가리지 않고 충성하는 인사들이야말로 세상이 바뀌면 모시던 주인을 '개처럼' 배신할 수 있으니까 조심하여야 한다는 교훈을 후세에 남겼다. 선악을 가리지 못하고 힘센 자를 무조건 추종하거나, 조직의 비리를 덮어 놓고 감싸는 사실상 범죄행위를 '의리'라고 착각하는 인간들이 상당하다. 이 비뚤어진 의리는 일제가 조선을 침략하면서 더불어 데리고 온

폭력배들이 조선주먹들에게 퍼트린 기리(ぎり)가 '깡패의리'로 변형되어 퍼지게 되었다. 일본에서 기리는 "마음에 내키지 않아도 겉으로 의리를 지키자고 외치는 것"이다. 예컨대, 남남끼리 억지로 의형제나 부모자식 관계를 맺어야 할 때, 우러나오지 않는 형식상 의리를 마지못해 지키는 일이다('국화와 칼', R. Benedict). 우리의 전통적 의(義) 개념은 기리와 달리 '공동체에 대한 신뢰로 불의에 대한 저항정신을 내포'하고 있었다. 부모가 자식에게 공동체에 대한 올바른 도리를 지키도록 바르게 인도하는 자세가 의다. 세상 모든 것을 마음대로 하려는 탐욕을 감추지 못하여 옳고 그름을 판단하지 못하다 보니, 자식에게 불의를 저지르게 하고도 부끄러움을 모르는 안타까운 광경들이 언뜻언뜻 보인다.

만약 단재가 사람에게 충성하며 개인의 정에 연연하여 신기선의 길을 따랐다면 후세에 변치 않고 이어질 '절의(節義)의 표상(表象)'이 되지 못했을 터이다. 단재가 신기선을 떠나며 '마음의 빚'을 지고 멈칫 거렸는지는 알려진 바가 없지만 대의의 길을 가려고 이를 악물었을 터이다. 단재는 일제에 체포되어 여순 감옥에서 옥살이를 하다가 건강이 악화되어 사경을 헤매게 되었다. 친일인사가 신변보증을 하고 가출옥 시키겠다고 하자 단호히 물리치고 옥사하였다. 목숨이 경각에 달린 극한 상황에서도 변치 않는 절의를 보였다. 단재 자신은 남의 나라 흙에 묻히더라도 삼천리금수강산은 지켜야 한다는 거부할 수 없는 의지가 아니겠는가? 어쩌면 단재의 절의를 찢어서, 그때까지만 해도 조선에 희미하게 남아 있던, 선비정신을 파괴하려는 일제의 음모를 알아차렸다고 판단된다. 사람이 아니라 나라에 충성하기 위하여 목숨을 바친 것이다.

　세파에 물들 수밖에 없는 인간으로서 영향력을 가진 인사들과 이리
저리 커넥션을 맺어 충성하고 싶은 유혹을 뿌리치기 쉽지 않다. 끼리
끼리 사익을 추구하려드는 천민자본주의가 발호하는 어지러운 세상에
서 영향력 있는 인사에게 줄을 대고 싶어 하는 것이 인지상정이다. '비
선조직(secret line)' 일원이 되어 복심으로 뛸수록 출셋길이 열리기 때
문 아니겠는가? 사회와 국가가 아닌 사람에게 충성하는 작태가 심해
지다 보면 '악화가 양화를 구축하는 사태'가 벌어져 숙주인 공동체를
갉아먹는 기생충이 창궐한다. 자기 몸은 닦지 않는 인사들이 억지 논
리로 '충성경쟁'을 벌이며 권력에 집착하다 보면 세상사에 원칙이 없
어진다. 원칙이 흐려지면 무엇이 옳은지 그른지를 무시하고 자신과 패
거리를 위한 억지논리를 개발한다. 귀걸이를 코에 낀 모습을 보고 창
의적이라고 감탄하거나, 코걸이를 귀에 끼면 예술 감각이 뛰어나다고
찬양하는 묘기가 횡행하는 까닭이다.

　기생충들은 어떤 원칙도 없이 그때그때 임기응변과 교언영색을 무
기로 사람들의 판단력을 흐리게 만들려고 기를 쓴다. 웃음거리가 되어
도 위나 아래나 모두 창피함을 느끼지 못하는 막가는 사회로 변한다.
결국 자신과 끄나풀들은 물론 그 주변을 에워싸는 추종자들의 판단력
까지 흐리게 만드는 카오스 상태로 몰아가기도 한다. 기원전 약 500년
간 춘추전국시대 5패 7웅 제후국가의 흥망성쇠를 묘사한 열국지(列國
志)를 끝까지 읽고 나서 염선이 그 소감을 다음과 같이 썼다. "자고로
흥하고 망한 나라들을 보아라. 모든 원인은 어진 신하를 등용했느냐

아니면 간신을 등용했느냐에 따라 판가름이 났다(總觀千古興亡國 盡在朝中用俊賢, 열국지10권, 김구용 옮김)." 선공후사(先公後私)를 입으로 외치기는 쉬워도 실천하기 어려운 까닭은 인간이 크든 작든 개인 욕망을 뿌리치기 어렵기 때문이다. 원칙이 흔들리지 않아야 두리번거리지 않고 열심히 자기 길을 걸어가야 공정하고 정의로운 사회가 되어 선진국 문턱을 넘어 갈 수 있다. 어떻게 생각하면, 배운 것도 없고 네트워크도 없어 바르게 살 수밖에 없는 먹물들이 참 행복을 누리는지도 모른다. 눈치를 살필 재간도 없고 재주 부릴 능력도 없으니 '까마귀 싸우는 골에서 창파에 씻은 몸을 더럽힐' 까닭이 없지 않은가?

동방은 하늘도 다 끝나고

비 한 방울 내리잖는 그때에도

오히려 꽃은 빨갛게 피지 않는가

내 목숨을 꾸며 쉼없는 날이여

북쪽 툰드라에도 찬 새벽은

눈 속 깊이 꽃맹아리가 옴작거려

제비떼 까맣게 날아오길 기다리나니

마침내 저버리지 못한 약속이여

― '꽃' 중에서 / 이육사

그들은 왜 자랑스러운가?

잘 알려지지 않았지만 우리 사회에는 어른이나 청소년들이 본받아야 할 한국인들이 많다. 자랑스러운 그분들의 훈훈한 일화가 널리 소개되어 사람들의 가슴을 따뜻하게 덮어 줘야 희망찬 나라가 될 수 있다. 현실은 부끄러움을 모르는 인사들의 추하고 그악스런 모습들이 날마다 언론에 등장하여 살기는 고달프고, 멍든 시민들의 마음을 더욱 힘들게 하고 있다. 그들 대신에 따뜻한 한국인, 의지의 한국인들이 자주자주 나타나 너나없이 그들을 귀감으로 삼고 따라 배워야 밝은 미래를 기약할 수 있다. 사람들 마음이 그늘 없고 밝아져야 자연스럽게 일의 능률도 오르고 상상력도 커져 한국경제의 성장잠재력을 확장해 나갈 수 있다. 여기 소개하는 몇 분, 자랑스러운 한국인들을 언젠가는 만나 손을 잡아 보고 감사한 마음을 전하고 싶다.

아무 조건 없이 서울 남산 면적의 2배나 되는 땅을 국가에 기증한 이가 있다. 경기도 용인 미리내 성지 옆 시궁산 일대 임야를 숲으로 보전하기 위한 용기다. 기증자는 "오랫동안 가꿔 온 숲을 개발하자는 끈질긴 압력과 유혹을 뿌리치기 위하여 나라에 기증하기로 결단을 내렸다"고 한다. 산림청은 그 숲의 이름을 기증자 선친의 호를 따 '석포(石圃)숲'으로 부르기로 했다. 그 바로 얼마 전, 도심지역에 남아 있는 자투리땅마다 고층건물 건축 허가를 내준다는 우울한 뉴스가 가슴을 답답하게 할 때였다. 숨 막히게 늘어선 빌딩 숲에 조그만 쌈지공원이라도 조성하여 숨 쉴 완충지대라도 만들어야 하는데, 무책임하고 탐욕에 넘친 행동이라고 우려하던 참이었다. 눈앞의 작은 이익에 눈이 어두워 환경을 오염시키는 인사들을 생각할수록 석포숲 기증자의 용기는 빛나고 빛난다. 어느 누구도 천당이나 극락으로 재물을 가져갈 수 없기에 그 땅은 우리들의 자손 대대로 그 자리에 그대로 남아 있을 것이다. 투기 대상이 되어 찢겨지고 파헤쳐져 오염되는 대신에 신선한 공기를 오래도록 뿜어낼 수 있게 되었다. 기증자 손창근 선생의 큰 뜻이 사람들을 포근하게 감싸는 휴식공간으로 오래 오래 남아 있는 희망을 가지게 만들었다. 2020년 8월에는 국보 180호인 추사의 '세한도'를 국립박물관에 기증했다는 보도도 있었다.

　　2009년 바둑기사가 군 제대 직후 국수전 우승컵을 거머쥐자 상금 전액을 그가 근무하던 최전방 수색부대와 유니세프에 희사하였다. 세계를 제패하는 바둑 기사들 대부분이 10대나 20대 초반임을 생각할 때, 두뇌활동이 가장 왕성할 시기에 입대한다는 것은 큰 짐일 수밖에 없다. 조한승 기사는 군에 입대하면서 "군대에서 보내는 시간이 나를 더욱 강하게 만들어 줄 것 같다"고 말했다. 제대 직후 영광스러운 국수 타이틀을 획득함으로써 떳떳하게 의무를 다하면서 강인하고 성숙해지는 계기가 될 수 있음을 증명해 보였다. 마침 그때는 "비상 국무회의에 참석한 국무위원 16명 중에 국방부 장관을 제외하고는 모두가 병역 미필자 또는 기피자다"라는 전직 고위관료의 칼럼을 읽고 씁쓸할 때였다. 글에는 상류사회에서 병역기피는 하나의 장식이고 탈법과 변칙 같은 지저분한 일로 얼룩졌음을 개탄하고 있었다. 의무를 다하고, 깨끗하게 살면 출세하기 어렵다는 자괴감이 배어 있었다. 조한승은 2008년에도 중국리그 소속팀의 우승 보너스 상금을 모두 쓰촨성 지진 피해자들에게 전하고, 2012년에는 중국리그 보너스 전액을 그 지역 가난한 주민에게 기부하였다. 그 후 국수 타이틀을 3연속 제패하였다. 마음을 크게 가지니 세상 돌아가는 이치와 같다는 바둑 수도 잘 보인 것일까? 2018년에도 바둑 최고수들이 겨루는 입신최강전에서 우승하였다. '바둑의 품격'이라는 별명을 가진 그는 묘수나 독수보다 바둑의 기본 이치와 흐름을 존중하는 것 같다.

'도마의 신'이 하늘로 솟구쳐 허공에서 몇 바퀴 돌다가 흐트러짐 없이 착지하자 메달 색깔을 다투는 외국 선수들까지 감탄하며 손뼉을 쳤던 런던올림픽 체조경기 장면은 아직도 눈에 선하다. 누구도 시도해 본 적이 없는 고난도 체조 기술을 선뵈어 국제체조협회에 '양학선기술'로 등록되는 쾌거를 이뤘다. 그날이 있기까지 그의 자질을 일찌감치 알아보고 도마 선수로 이끈 중학교 은사 오상봉 선생의 변함없는 애정과 노력이 밑바탕이 되었다고 한다. 어려운 환경을 극복하고 자랑스러운 한국인으로 우뚝 선 것은 '스승의 사랑과 제자의 존경심'이 어우러졌기에 가능했다고 짐작한다. 오늘날 학원에는 스승은 어디로 가고 제자도 없는 그저 '만인에 의한 만인의 투쟁' 장소로 변해가고 있음을 가끔 느끼게 된다. 학생들은 수업시간에 졸거나 딴청을 부리기도 하고, 교사가 학생을 한낱 고객으로 여기는 사태도 발생한다. 학부모가 자신의 자식을 가르치는 교사를 구타하는 비극이 벌어지는 질곡의 시대 상황에서 스승과 제자의 아름다운 인연이 더욱 빛난다. 양학선 선수가 힘찬 날개를 펼치는 모습을 다시 볼 수 있었으면 좋겠다.

코로나19 때문에 고통 받는 어려운 사람들을 위해 써달라고 약 7억 상당 땅을 기부한 부부천사가 사람들의 '마음을 광나게' 만들었다. 김병록, 권점득 부부는 뙤약볕 내려 쬐는 무더위, 살을 에는 엄동설한에 길가 노점에서 구두를 닦고 수선하는 일을 수십 년 동안 계속하였다. 남이 신던 구두를 닦고, 꿰매는 일을 좋아서 할 사람이 어디 있겠는가? 노후를 위하여 그 고생 끝에 마련했다는 임야를 어려운 이웃을 위하여 쓰라고 선뜻 내놓았다. 그들 부부는 "저도 넉넉한 형편은 아니지만 국가적인 경제위기를 극복하는 데 작은 힘이나마 보태고 싶어 선택한 결정입니다. 기부 릴레이가 이어진다면 실의에 빠진 분들이 조금이나마 용기를 낼 수 있을 것으로 기대합니다"라고 기부하는 마음을 전했다고 한다. "이발, 미용 기술을 배워 월 4~5회 노인정, 양로원을 찾아 봉사 활동을 한다"는 자랑스러운 부부에게 환한 미래가 기다리고 있을 것이다. 돈마다 다 같은 돈이 아니다. 똑같은 금액이라도 생존을 위하여 더위와 추위를 무릅쓰고 평생 동안 한푼 두푼 저축한 돈일수록 가치가 커진다. 어쩌면 '천사부부'가 고심하며 내놓은 7억 원은 기부황제 빌 게이츠가 코로나 퇴치기금으로 내놓은 1억 달러보다 더 가치 있다.

세상에는 이분들 외에도 자랑스럽고 본받을 인물들이 여기저기 많이 있다. 오염된 인사들의 뻔뻔스러운 행각에 지친 시민들을 위로하기 위하여도 자랑스러운 분들의 숨어 있는 일화가 끊임없이 발굴되는 장면을 보면서 박수치고 싶다. 인간이란 박수 받을 때도 행복하지만 마음을 다하여 박수치는 순간에도 위안을 받고 똑같이 힘이 난다. 힘차게 박수치는 소리를 라디오에서 들어도 기분이 좋아진다. 미래를 짊어질 청소년들이 자랑스러운 그들을 본받아 동량으로 커가기를 바라는 마음이다. 나라의 미래가 밝아지고 굳건해짐에 따라 그 기대효과로 우리는 더 행복해지리라.

이승에서도 저승에서도 기뻐한다(今歡後歡)

선을 행한 사람은 두 곳에서 기뻐한다(爲善兩歡)

선을 행한 자체로 스스로 기뻐하고(厥爲自祐)

복을 받아 더더욱 기뻐한다(受福悅豫)

— 法句經, 제1 쌍서품 18

지도자와 우두머리

지도자는 거시적 동기에서 전체의 이익을 먼저 생각하지만, 우두머리는 자신과 패거리의 미시적 이해관계에 얽매인다. 지도자는 먼저 공동체 전체의 비용과 편익을 비교하여 우선순위를 판단한다. 우두머리는 자신과 패거리의 편익을 위하여 조직이나 사회에 커다란 비용을 지불하도록 강요한다. 지도자와 우두머리의 차이는 한마디로 말해 의(義)와 이(利)의 차이와 같다. 처음에는 누구나 자랑스러운 지도자가 되겠다고 다짐하지만, 막상 힘을 얻으면 처음의 마음가짐을 어느 순간에 저버리기 쉽다. 조지 오웰이 '동물농장'에서 묘사하듯이 크고 작은 권력을 처음 잡았을 때는 누구나 지도자(leader)가 되려고 애쓴다. 점차 충신들을 물리치고 충견(忠犬)들과 속닥거리다 어느새 욕심 많은 우두머리(boss)로 변신하여 자신도 조직도 다 망치기 쉽다.

고대 로마 황제 마르쿠스 아우렐리우스(Marcus Aurelius)는 '명상록(瞑想錄)'에서 지도자가 갖춰야 할 조건으로 판단력, 강인함, 절제력, 그리고 정의감을 꼽았다. 그중에서 가장 핵심이 되는 덕목은 선과 악, 옳고 그름을 가리는 정의감이라고 강조하였다. 정의감 없이 꾀만 넘치는 인사들은 상황이 바뀌면 조직과 사회를 팔아넘기는 일을 대수롭지 않게 여긴다. 동서고금을 둘러봐도 탐관오리나 간신들은 대체로 잔꾀에 밝은 자들이다. 영리한 우두머리가 정의감 없이 강하기만 하면 조직과 사회를 불안에 떨게 하고 오랫동안 절대 권력을 잡으면 나라 전체를 거대한 철창으로 만들기도 한다. 탐욕의 굴레에서 벗어나기 위한 절제력의 바탕이 정의감이라는 사실을 생각할 때, 큰 조직의 지도자에게 정의감은 한층 더 요구된다. 조직이나 사회가 위험에 처할수록 지도자를 의지하고 따라야 위기를 극복할 수 있는데 평소에는 몰라도 위기상황에서 누가 정의롭지 못한 지도자를 믿고 따르겠는가? 쉬운 예로, 임진왜란, 병자호란과 6.25전쟁 당시 절체절명의 위기에서 백성들의 생명과 재산을 보호하여야 할 책임을 가진 지도자들의 행동거지는 어떠했는가?

욕심 많은 왕초는 속임수로 다스리고 힘으로 복종시키려고 한다. 권위주의에 사로잡힌 우두머리는 때로는 양같이 순한 모습을 하며 악어의 눈물을 흘리다가도 돌변하여 하이에나처럼 사정없이 물어뜯는다. 사탕발림으로 인기몰이를 하다가도 돌연 공포분위기를 조성하여 으스스한 분위기를 조성한다. 자발적 복종을 유도하는 과정에서 제 스스로 길들여져 광분하는 열광적 지지자들이 생기고 나아가 자기가축화(自己家畜化, self-domestication) 현상이 벌어진다. 야생과 달리 가축화된 동물은 스스로 선택하는 능력이 없어져 우두머리가 이끄는 대로 집단행동에 빠져든다. 아무 판단능력 없이 무조건 열광하는 무뇌충(無腦蟲) 집단이 생성되는 까닭이다. 열혈지지자들의 막무가내 배타적 사고와 극단적 집단행동은 사회를 어지럽힌다. 우두머리들은 아랫것들에게 대체로 멸사봉공을 입버릇처럼 되뇌지만 실제로는 사리사욕에 사로잡혀 있다. 예컨대, 깡패 두목은 "같이 살고 같이 죽자"며 입버릇처럼 의리를 말하지만 그들 주변에는 음모와 배신의 그림자가 어른거리기 일쑤다. 신의 이름을 쉬지 않고 부르는 사이비 종교 왕초의 진짜 모습이 드러나면 대부분 황금과 음욕의 늪에 빠져 있음을 볼 수 있다. 재스민 혁명에서 보듯 우두머리 독재자들은 한결같이 "민족의 제단에 몸과 마음을 받친 지 오래다"며 만천하에 소리 높여 애국을 외치지만 끝없는 욕심 때문에 결국 비참한 최후를 맞이하고 오명을 후세에 남긴다.

원리원칙이 없는 인사가 우두머리가 되면 신뢰의 바탕이 무너져 상하관계가 거래관계로 변질되기 쉽다. 힘을 가진 자가 올바르지 못하면 그를 따르는 무리들도 더불어 오염되는 것은 순식간이다. 우두머리는 뺏거나 훔친 떡을 저들끼리 나누려 귓속말을 한다. 일부러 편 가르기를 유도하고 쓸데없이 반목하고 질시하게 만든다. 과거 오랫동안 정당성 없는 정권에서 (고위)관료가 물러나면 상상하기 어려울 정도로 큰 뭉칫돈을 주었다는 것은 누구나 다 아는 비밀 아닌 비밀이었다. 그 큰돈이 우두머리가 조상으로부터 물려받은 논밭을 판돈이 아니라 강제로 거둬들인 검은돈이라는 사실을 외면하고 그저 황공해한다. 한때, 부패왕국으로 묘사되기도 하였던 동남아의 군부독재자는 그 나라에서 가장 큰 이권인 삼림관할권을 쪼개 주어 수하 장군들의 반란을 막았다. 병든 지도자가 썩은 부하들에게 뿌리칠 수 없는 물질적 혜택을 베풀고 뒤돌아서서 침을 뱉지 못하도록 하려는 수작이다.

지도자는 먼저 어려운 일부터 해결하려 하니 허물이 있으면 이를 주저없이 고치지만, 우두머리는 먼저 얻으려고만 하니 제가 저지른 잘못을 깨닫지도 못하고 허물을 알고도 아집에 빠져 고치기를 꺼려한다. 더군다나 아부하는 무리들이 주변을 둘러싸면 '뭣이 중한지' 깨달을 시기를 놓치기 마련이다. 허물을 고치는 데 인색하면 덕을 쌓지 못하게 되니 현인들이 충언을 하지 않고 간신들이 원하는 속임수 또는 '쇼'를 선호하다가 끝내 공과 사를 다 망쳐버리기 쉽다. 크고 작은 지도자들이 어느새 우두머리로 타락하는 까닭은 소리 높여 충성을 외치는 주구(running dog)들이 들끓어 판단력을 흐리게 하기 때문이다. 그래서 크고 작은 지도자를 뽑을 때는 그의 능력도 중요하지만 그가 과거에 어떤 무리들과 어떻게 어울렸는가를 살피는 일도 중요하다. 선비는 선비대로, 소인배는 소인배대로 끼리끼리 모이는 것은 예나 지금이나 다르지 않다. 우두머리는 책임을 망각하고 자신과 추종자들의 이해득실만 챙기려다 결국에는 자신도 망치고 조직과 사회도 다같이 망친다.

현대사회는 다양한 가치관으로 엇갈리고 각 경제주체들 사이의 이해관계가 배치될 수 있어 복잡한 세상의 일들을 가르마 가르듯 구분 짓기 어렵다. 게다가 쏠림현상을 나타내며 변덕스러운 대중은 갈채의 대상을 쉽게 바꾸기에 대중의 염원과 시대가 추구하여야 할 가치가 다른 경우가 자주 나타난다. 순수한 열정을 가진 프로정신으로 조직과 사회를 먼저 생각하는 지도자는 자신도 모르는 사이에 조직이나 사회를 발전시키는 업적을 남기게 된다. 진정한 지도자는 복잡한 이해관계를 추종자들의 입장이 아니라 대승적 차원에서 풀려고 고뇌한다. 지지자들만이 아니라 적대자의 (이성적) 비판은 물론 때로는 (감성적) 비난까지도 귀를 기울여야 하는 까닭이다. 그래서 지도자는 서시(西施)와 추녀(醜女), 충신(忠臣)과 충견(忠犬), 봄과 가을을 구분할 안목을 갖춰야 한다. 봄이 지나면 더위가 오지만 가을이 지나면 추위가 닥친다. 세상을 자주 멀리 보려는 습성이 지도자의 길이다.

임금이 총애하니 아양 더욱 부리고(君寵益嬌態)
임금이 예뻐하니 옳고 그름 모르고(君憐無是非)
이웃 사는 여자들에게 부탁하노라(持謝隣家子)
어찌 찡그림을 본 받으려 하는가(效顰安可希)

— '西施泳(서시를 노래함)' 중에서 / 王維

나라는 중산층이 지켜야

중산층의 도리와 책임은 동양에서는 선비정신이 뿌리로 신의를 지키는 데서 비롯된다. 서양에서는 기사도에 입각한 페어플레이 정신을 바탕으로 부정과 불의에 대한 저항이 기본덕목이다. 동서를 막론하고 세상사에서 신의를 저버리면 인간관계가 흔들려 질서가 흐트러진다. 동서양 공통으로 사회적 약자를 배려하고 불의에 저항하는 정신을 가꾸는 일이 중산층의 기본 책무다. 냉정하게 생각할 때 나라를 지키는 일은 상류층도 아니고 빈곤층도 아니고 중산층의 책무다. 역사의 경험을 보면, 상당수 지도층은 나라의 먼 미래를 생각하기보다 권력투쟁에 힘을 기울이거나 눈앞의 이해관계에 골몰하는 모습을 보이기도 한다. 극빈층 또한 부모공양과 자식 부양에 힘이 부치다 보니 먼 시각으로 나라 걱정할 겨를이 부족하다.

중산층을 소득기준으로 '중위 소득의 50%에서 150%' 사이의 가구로 구분하면, 2020년 현재 우리나라에서 중위소득의 50%는 4인 가구 기준 월 240만 원 정도다. 빈부격차가 커지면서 사회의 기둥이 되는 중산층을 소득수준으로 분류하는 것은 의미가 이미 퇴색된 셈이다. 사회를 지탱하는 버팀목인 중산층이 되려면 경제적 완충능력과 사회에 대한 책임감 두 가지를 갖춰야 한다.

　먼저, 경제적으로는 충격을 받고도 다시 일어날 수 있는 완충능력이 중산층의 필요조건이다. 불확실성이 확산되어 가는 세상에서 누구나 뜻하지 않는 충격을 받고 넘어질 수 있는데, 일어나 툴툴 털고 제 길을 다시 갈 수 있는 의지와 능력이 있어야 건강하다고 할 수 있다. 글자 그대로 허리가 강하여 웬만한 타격이 가해져도 버틸 수 있어야 한다. 집착과 욕심이 지나치지 않아야 중산층이 되기 위한 자세를 갖췄다고 할 수 있다. 그래야 불확실성이 넘치는 세상에서 예기치 못한 충격을 받더라도 휘청거리지 않고 뚜벅뚜벅 걸어갈 수 있다. 많은 재물과 높은 지위보다 근검절약과 자기관리에 충실한 이들이 오히려 중산층에 속한다고 할 수 있다. 자신의 위치와 소득 수준에 맞는 합리적 경제행위와 미래를 대비하는 위험관리 능력이 바로 중산층의 조건이다.

　다음, 사회적 책임감 내지 자부심이다. 인간은 공동체와 함께 살아야 하는 사회적 동물이다. 사회적 책임이란 개인의 사적이익 추구가 결과적으로 공공의 이익과 연결되도록 하는 일이다. 동물의 세계와 달리 사람 사는 세상에서는 지켜야 할 무엇인가 가치 있는 일이 있다. 불완전한 인간에게 독야청청, 거창한 무엇을 기대하기 어렵지만 무질서,

부패, 탈세 같은 불의에 저항하는 자세를 가지다 보면 바르게 살려는 의지가 자신도 모르게 길러지다가 나중에는 본능이 되어 간다. 중산층이 간직해야 할 자부심 같은 것을 뿌리친다면, 배부른 돼지가 거들먹거리는 짓거리와 다를 바 없다. 프랑스 대혁명의 발단이 된 부르봉왕조 멸망은 상류사회와 하류계층의 이원화 구조로 중산층 허리가 끊어지면서 기존 체제가 뿌리째 흔들렸기 때문이다. 볼셰비키 혁명을 유발한 제정 러시아의 붕괴도 극심한 빈부격차로 중산층이 무너졌기 때문이다. 스스로 일제 식민지로 전락한 것이나 다름없는 근세조선도 중산층이 소멸되면서 나라를 지탱하는 구심력이 없어져 장마철 토담처럼 맥없이 무너졌다.

재물이 넉넉하더라도 낭비벽이 있고, 남의 빚보증을 서는 사람도 그렇지만 반대로 지나치게 인색한 사람도 언제 어디서 불의의 충격을 받을지 모른다. 그리고 어쩌다 높은 자리에 올랐다 하더라도 그 지위를 남용하는 사람 또한 절벽으로 떨어질 위험이 커서 중산층이라고 정의하기 어렵다. 공들이지 않고 얼기설기 쌓아올린 탑은 쉽게 무너지기 마련이다. 미국의 중산층은 자신의 주장에 떳떳하고 사회적 약자를 지원하며 부정과 불법에 저항할 수 있어야 한다고 한다. 영국에서는 사회적 약자를 지원하며 불의에 항거하고 불평등을 바로 잡고, 불법에 저항하는 자세를 가져야 비로소 중산층이 될 수 있다고 한다.

많이 배웠다는 먹물 지도층 인사들 중에는 배운 것도 없고 줄도 없는 까막눈들은 엄두도 내지 못할 짓거리를 스스럼없이 저지르고도 수치를 모른다. 수오지심(羞惡之心)과 시비지심(是非之心)이란 자신의 그릇됨을 부끄러워하고, 남의 옳지 못함에 미워하고 저항하는 자세를 말한다. 공동체가 건강해지기 위한 필요조건이다. 부끄러움을 모르는 인사가 중책을 맡으면 나라의 장래를 생각하기보다 조그만 일 생색내기와 자기변호에 집착하다 일을 그르치기 쉽다. 식자 중의 혹자는 도덕성보다 능력이 중요하다고 강변하지만, 위기에 조직과 사회를 외면하고 제 배만 불리려는 인사들 대부분은 꾀는 많지만 양심은 어딘가에 팔아먹는 기생충들이 대부분이다. 조금만 생각해 보면 개인의 특출한 지혜와 실천도 사회발전이 뒷받침되어야 빛날 수 있다.

우리나라뿐만 아니라 많은 국가에서 사회적 불안이나 갈등을 누그러뜨리는 기능을 하는 중간 허리가 점차 약해지고 있다. 빈부격차가 심화되면서 사회의 버팀목인 경제적 중산층이 엷어져 가는 가운데, 정신적 중산층도 점점 엷어지고 있다는 느낌이 든다. 사회 지도층 인사들 중에서 상당수는 나라의 앞날을 걱정하기보다는 이해득실에 골몰하여 편 가르기를 조장하면서 '자화자찬 아니면 그저 네 탓이다' 밖에 모른다. 그들이 수시로 외치는 '국민여러분!'은 아마도 지구가 아닌 달나라 토끼들인지 아니면 알렉산더의 원숭이들인지 혼란스럽기도 하다. 사회에 대한 책임을 외면하고 이룩한 부와 지위는 비가 와도 걱정, 비가 안 와도 걱정되는 모래밭 강과 같다. 모래밭은 비가 조금만 와도 금방 범람하다가도 비가 그치면 곧바로 메마르게 된다. 정당성 없는 지위와 부는 그 자체로 근심거리가 되기도 하지만 자칫하면 돌이키지 못할 재앙으로 돌변하는 것은 동서를 막론하고 수 없이 반복되면서도 잊기 쉬운 교훈이다.

그 어떤 누구도 사회발전과 발맞추어 성장하는 것이지 저 혼자서 남다른 부와 지위를 누리는 것이 아니다. 사회에 대한 책임의식을 가져야 비로소 중산층이 될 수 있다는 이야기다. 실제로 공든 탑을 쌓아 올린 부자들은 주변 사람들이 무슨 고통을 당하고 있는지, 사회가 어떻게 일그러졌는지 살피고 이를 바로잡으려 애쓰는 모습들이 보인다. 건강한 사회가 되려면 최소한의 의식주 걱정 없는 중산층이 두터워져야 한다. 중산층이 공동체를 위한 책무를 다하여 정의감 넘치는 사회가 되어야 비로소 후손들에게 떳떳할 수 있다. 절대빈곤을 벗어나기 시작하면 얼마를 버는가 보다는 어떻게 벌어야 하는가를 생각하며 가치 있게 살아야 하는지에 더 큰 무게를 두어야 한다. 사회적 동물로서 공동체에 대한 책무를 다하여야 한다는 이야기다. 조금 멀리 생각하면 너와 나를 동시에 위하는 행동으로 경제적 너무나 경제적 모습이다.

노오란 해바라기는 늘 태양같이, 태양같이 하던
화려한 나의 사랑이라고 생각하라
푸른 보리밭 사이로 하늘을 쏘는 노고지리가 있거든
아직도 날아오르는 나의 사랑이라고 생각하라

– '해바라기의 비명' 중에서 / 함형수

다시 타오를 삶의 불꽃

앞을 내다보기 어려운 불확실성 시대에도 변화하는 지구촌 모습 몇 가지는 어렵지 않게 가늠해 볼 수 있다. 첫째, 온난화로 툰드라 지역이 머지않아 곡창 지대로 바뀔 것이다. 그린란드, 북극해, 알라스카 얼음이 녹아 새로운 자원 지도가 형성된다. 둘째, 건축기술과 에너지 혁명 가속화로 수백층 건물에서 농사를 짓는 공장제 농업(factory farm)이 번성하고 땅에 대한 관념도 급격하게 바뀐다. 셋째, 변종 바이러스와 전쟁에서 인류가 이긴다면 현재 청년들의 평균수명은 120세 이상으로 예상되어 미증유의 '후기청춘' 시대가 새롭게 물결칠 것이다. 긍정적 자세로 자신을 개척하고 나아가는 사람에게 "삶은 타오르는 불꽃과 같다"고 하였다. 삶의 불꽃을 더 오래, 더 밝게 타오르게 하는 각오는 각자 스스로 다짐하고 노력하여야 한다.

기대수명 120세 시대에 사람들 모습은 어떻게 변화할까?

첫째, '노인시대'가 길어지고 새로운 '후기청춘' 시대가 열린다. 60~70세는 황혼기가 아니라 제2의 청춘이 시작하는 시기다. 수명이 늘어남에 따라 생명의 불꽃이 타오르는 기간이 길어지기에 중장기로 그리고 긍정적으로 삶에 대비하는 자세가 필요하다. 시간과 생활에 쫓겨 미처 깨닫지 못했던 자신 속에 숨어 있는 의지와 이상, 취미와 재능을 찾아내려는 자세가 중요하다. 적어도 소홀했던 취미생활에 재미를 붙여 인생에 활력을 불어넣어야 한다. 나름대로 의식주가 해결되기만 하면 삶의 가치, 행복과 불행이 마음먹기에 따라 전혀 딴판으로 바뀌어 간다. 사람은 누구나 남다른 재능을 가지고 있는데 자신의 소질이나 특기가 무엇인지 모르고 지나치기 쉽다. 우리나라처럼 틀에 박힌 교육제도 아래에서는 저마다 숨겨져 있는 창조적 자질을 찾아내기가 사실상 불가능하다. 부모가 각별한 노력을 기울여야 하는데, 삶의 여유가 없거나 그냥 지나치다 보니 어린이들의 재능이 파묻히기 쉬웠다. 우리나라가 제4차 산업혁명 시대에 성장잠재력이 시나브로 저하되는 까닭이다. 누구에게나 다가올 '후기청춘'을 맞이하여 자신 속에 숨어 있던 이상과 재능과 취미를 개발할 권리가 있다. 저마다 삶의 불꽃을 밝게 타오르게 할 의무가 있다.

둘째, '노인시대'는 '일자리 불균형'을 해소하는 축복으로 전화위복 계기가 될 수 있다. 후기 산업사회 이후 획기적 생산성 향상으로 공급은 늘어나는데 소비가 따라가지 못하는 과잉생산능력이 도리어 문제가 되었다. 장수시대가 펼쳐지면서 소비인구는 그대로인 반면 생산인구는 줄어들게 되어 일자리 불균형을 시장이 스스로 해결할 가능성이 커진다. 일하는 세대와 일하지 않는 세대 사이에 갈등을 어떻게 해소하느냐가 관건이다. 물론 긴 시각으로 긴밀한 국제공조가 전제되어야 한다. 지금처럼 새로운 중상주의 태풍이 계속 거세지면 불가능한 일이다. 기술혁신은 더욱 가속화될 것이기 때문에 생산과 분배 구조 혁신 방향에 따라 인류의 미래가 달려 있다. 자칫하다 '오늘만 있고 내일을 바라볼 수 없는 포퓰리즘 악령'이 덮칠 가능성도 크다. 그러나 세상은 지금까지 그래 왔듯 결국에는 발전한다. 진통이 심할수록 더 큰 발전이 기다리는 것도 역사의 경험이다.

셋째, 가족과 건강의 개념도 달라진다. 저출산, 장수시대가 진행될수록 인구구조 변화로 노후생활은 누구에게 의지하는 게 아니라 스스로 책임져야 한다. 지금까지는 대체로 부부가 자식, 부모, 때로는 조부모까지 3~4대가 살아가는 피라미드 구조다. 앞으로는 부부와 자식, 친가 · 처가 증조부모까지 4~5대가 각자 살아가는 단선 구조로 변해 갈 것이다. 부모가 어른이 된 자식을, 자식이 부모를 부양하는 가정의 모습은 바뀔 것이다. 인간수명이 30~50세일 때는 기골이 장대한 우량아를 건강하다고 하였다. 노인시대에는 비록 허약하게 보일지라도 혈관질환으로부터 자유로워야 건강한 삶을 누릴 수 있다. 수명이 길어지는 장수시대를 맞이하여 연명치료 받으며 누리는 부와 지위와 명예가 무슨 소용인가?

넷째, 소비와 저축의 패턴도 변화하고, 이에 따라 금융시장 모습도 지금과 사뭇 다른 대변혁이 예고되어 있다. 사람들이 70대 초반까지 일한다고 가정해도 무려 40~50년간 근로소득 없이 살아야 한다. 목숨은 늘어나는데 황혼기에 의지할 곳도, 가진 것도 없는 인생이 어떻게 될까? 근로기간과 은퇴 후 생존기간이 엇비슷해짐을 감안할 때, 소득이 많든 적든 일정 비율을 꾸준히 저축하여 노후를 대비하는 노력은 선택이 아니라 필수다. 큰돈 만들기보다 소득의 일부분을 꾸준히 장기 저축하는 자세를 가져야 '후기청춘' 시대를 여유롭게 보낼 수 있다. 평생 동안 꾸준히 저축하여 노후에 일정액씩 나누어 쓴다는 자세가 큰 재산을 모아 이리저리 고민하며 압박감을 받는 것보다 안정된 노후를 누릴 수 있다. 각자도생 정신으로 꾸준히 준비해야 미래를 걱정 없이 맞이할 수 있다. 국내 금융산업 경쟁력 취약으로 금융기관 위탁자산 수익률이 대부분 적정금리 수준에 미달하는 편이다. 저축자들은 고객 중심으로 자산을 운용하려는 자세를 가진 금융회사를 선택해야 한다. 펀드매니저의 성향을 살피는 일도 절대 필요하다. 은퇴 후 소비만 하는 기간이 길어질수록 열심히 일하는 것 못지않게 금융시장 변동 이치를 파악하는 안목이 필요하다 수명이 늘어날수록 금리·주가·환율의 결정과 변동 과정에 대한 기본지식을 스스로 습득해야 자산관리 방향을 제대로 선택할 수 있다.

미래에 대한 불안이나 공포 없이 살 수 있어야 개인은 중산층으로서 삶을 향유하고, 국가는 선진국이 되기 위한 필요조건을 갖췄다고 할 수 있다. 준비하는 사람만이 노인시대 불안과 위험을 극복하고 자신의 취미와 특기를 살려 '후기청춘' 시대를 활기차게 살 수 있다. 건강관리, 꾸준한 저축과 효율적 관리, 가족에 대한 고정관념 탈피가 후기청춘시대를 축복으로 맞이할 수 있다. 에너지 혁명, 지구 온난화 문제는 개인보다는 국제기구, 국가 그리고 헌신적 과학자들의 노력에 크게 달려 있다. 그러나 '후기청춘' 시대를 위한 대책은 스스로 미리부터 세워야 축복이 된다. 누구에게나 다가올 후기청춘을 후회 없이 맞이하려면 무엇보다 검소하게 여유롭게 살아가는 지혜가 필요하다. 재물이든 권력이든 명예든 분에 넘치게 억지로 가지려들지 말고 '욕망으로부터의 자유'를 누릴 줄 알아야 한다. 길고도 짧은 인생을 생각한다면 어렵고도 쉽다. 자신을 존중하고 개척하는 긍정적 자세를 가지면 가질수록 생명의 불꽃은 더 오래 더 빛나며 타오를 것이다.

청춘! 이는 듣기만 하여도 가슴이 설레는 말이다.
청춘! 너의 두 손을 가슴에 대고
물방아 같은 심장의 고동을 들어보라.
"이성은 투명하되 얼음과 같으며
지혜는 날카로우나 갑 속에 든 칼이다.
이상! 이것이야말로 무한한 가치를 가진 것이다.

— '청춘예찬' 중에서 / 민태원

소소한 기쁨, 잔잔한 감동

아침마다 상쾌한 마음으

로 잠에서 깨어나 하루를 감사하게 맞이한다. 작더라도 무엇인가 보람찬 일을 한 다음날 아침에는 한층 맑고 힘찬 기분으로 일어난 다. 자리에 눕자마자 곧바로 잠이 들다 보니 하루를 반성할 겨를이 없어, 이튿날 아침에야 비로소 지난 하루를 뒤돌아본다. 흐뭇해 하기도 하고 부끄러워하기도 하며 나 자신을 생각하는 시간을 잠시 갖는다. 누운 채로 간단한 체조를 하고 일어나 물을 마신 후에 마음을 편하게 해주는 관현악을 들으며 신문을 펼친다. 날마다 찾아가는 아늑한 숲은 언제라도 마음대로 갈 수 있으니 개인 정원이나 마찬가지여서 남다른 부자라고 생각하며 흐뭇해 하며 걷는다. 만약 이 숲이 내 개인 재산이라면 감당하지 못할 관리비에다 누군가 틈새를 노릴지도 모르는데, 그 얼마나 다행인가?

집을 나서자마자 반갑게 맞이해 주는 여름 숲으로 들어서면 초록빛 향연이 펼쳐지며 얼마 지나지 않아 눈의 피로가 말끔하게 씻긴다. 도시의 야산이어서 공기가 얼마나 맑겠냐마는 심리적 안정감을 주는 때문인지 걷다 보면 나도 모르는 사이에 '행복합니다! 고맙습니다!' 라고 중얼거릴 때도 있다. 내가 이 숲의 일부분인지 숲의 주인인지 헷갈릴 때가 가끔 있어, 내가 숲을 사랑하는지 숲이 나를 사랑하는지 모른다. "하늘과 땅은 나와 아울러 함께 생겨나고, 만물은 나와 함께 하나가 된다(天地與我倂生 而萬物與我爲)"는 장자의 말뜻을 아주 조금이나마 느끼는 사치스러움에 빠져들기도 한다. 어쩌다 별모양을 한 패랭이꽃을 만나면 이른 봄 초저녁 샛별을 보는 듯 반갑다. 낙엽이 물들면 "가장 아름다운 열매를 위하여 이 비옥한 시간을 채우게 하소서" 하며 '가을의 기도'를 외운다. '돌과 이끼와 오솔길을 덮고 있는 낙엽 밟는 발자국 소리'를 들으며 걷는다. 눈발이 흩날릴 때는 "사람이 사는 곳, 가장 낮은 곳으로 따뜻한 함박눈 되어 내리자"고 읊조리면서 땅속 깊이 옴지락거릴 새싹들의 모습을 그려본다. 나뭇가지에 움이 틀 때는 봄의 교향악을 들으며 나도 모르게 들뜬 소년이 되어 과거로 미래로 왔다 갔다 한다. 사계절이 모두 경이롭다 보니 '욕망으로부터의 자유'를 찾아가는 길이 조금씩 보이기도 한다.

언덕이나 계단을 빨리 오르다 보면 숨이 차기도 하지만 몸도 마음도 금방 가뿐해진다. 도로변에서는 금방 피로한데 숲길을 걸으면 걸을수록 보폭을 넓게 빠르게 하는 까닭은 무엇일까? 처음에는 1시간 정도 걸으려다가도 2시간, 3시간을 걷기도 한다. 걷는 그 기쁨, 그 행복에게 시간을 빼앗기다 보면 오늘 할 일을 내일로 미루는 경우도 종종 있다.

숲들을 쓰다듬으며 지나가는 바람소리는 몸과 마음의 찌꺼기들을 모두 닦아주는 듯하다. 속 깊은 곳까지 스며드는 그 청량감을 어떻게 표현할 수 있을까? 그보다 더 상쾌한 소리를 아직까지는 듣지 못했다. 오대산 적멸보궁 뒤에서 비로봉으로 오르는 깊은 계곡 등성이를 지나가는 바람소리는 "도대체 이 사바세계에 무슨 근심과 걱정이 있느냐?"며 죄다 바람에 담아 가는 듯하다. 오래전에 어린 아들에게 그 바람소리를 들려주고 싶어 그곳에 데려 갔었는데 기억할지 모르겠다. 여름철 소나기가 지나간 뒤의 한낮 숲속에서는 온갖 생명들이 피어나는 대자연의 합창이 울려 퍼진다. 풀벌레들도 분주히 움직이며 노래하고 이름 모를 온갖 새들은 신바람이 나서 속삭이다 쏜살 같이 내닫는다. 어쩌다 휘파람새라도 만나면 그 청아한 울음소리가 멀어져 갈까 두려워 살살 걷거나 걸음을 멈추기도 한다. 가끔 뻐꾸기 소리도 반갑다. 울창한 나뭇잎 틈새로 비치는 쪼그만 조각하늘을 보면서 전체 하늘의 몇 경경 분의 일일까? 상상할 수 없는, 상상을 해보기도 한다.

음악은 나의 영혼의 날개를 펴주는 듯하다. 동요합창곡을 들으면서 그리움과 행복이 있는 세계로 시간여행을 한다. 어떤 때는 오래전 어린 시절로 돌아갈 때도 있고, 또 어떤 때는 머나 먼 미지의 세계로 초대받기도 한다. 꽃피는 산골을 지나 섬마을로 달려가 초록바다에서 들려오는 파도소리를 듣다가 반짝이는 별들에 묻혀 은하수를 건너가기도 한다. '하늘 향해 두 팔 벌린 나무들 같이' 동요의 세계는 한 점 티끌도 섞이지 않은 모습으로 다가온다. 그 빛나는 동심의 세계로 너무 자주 가면 덜 행복해질까 봐 가끔 들으려 한다. 음에 대한 감수성이 낮아서 음악회에 가서 연주를 듣거나 간단한 오디오로 듣거나 큰 차이를 느끼지 못한다. 그러니 좋은 음악을 듣겠다고 연주회에 갈 시간과 돈을 자주 쓸 까닭도 없다. 간단한 '사운드링크'로 거장들의 음악을 아무 때나 듣는 기쁨을 누릴 수 있다. 하이든을 고용한 오스트리아 에스테르하지 후작처럼 악단을 하계휴양지까지 데리고 다니며 단원들에게 가족과 헤어지는 괴로움을 줄 필요도 없다. 노래하는 모습도 동시에 볼 수 있으니 'When 1 dream'을 듣기 위해 캐롤 키드(C. Kidd)를 찾아 스코틀랜드로 긴 여행을 떠나지 않아도 된다. 사실 음치에다가 단조와 장조도 구분하지 못하므로 특별한 음악을 감상하기보다 그냥 내 마음을 편안하게 해주는 음악을 찾다 보니 어떤 곡은 거의 매일 듣는다.

격의 없는 친구를 만나 마시는 한잔의 시원한 막걸리는 마음의 때를 벗겨주는 듯하다. 찬 음식은 피하지만 막걸리만은 시원하게 마신다. 가끔 마시다 보니 나에게 묶은 때는 없을 것이라고 착각할 때도 있다. 식복이 있어서인지 식감이 풍부하여 모든 음식을 맛있게 먹는 행복을 매일매일 누린다. 가난한 어린 시절 우거지를 많이 먹고 자란 탓인지 시래기에 콩나물을 섞은 국과 나물은 나도 모르게 군침이 돌게 한다. 음식을 먹을 때는 어떤 음식을 먹느냐 보다 누구와 함께 얼마나 즐겁게 먹느냐가 중요하다. 간혹 실수를 하더라도 푸른 하늘에 흰 구름 한 조각 지나간다고 여기며 서로 웃고 넘어가는 친구와 마시면 더욱 시원한 맛을 느낀다. 마음을 서로 이해해 주는 이들과 정갈한 음식을 먹는 즐거움을 어디다 비할까?

행복은 '산 너머' 찾아가지 않아도 바로 우리 곁에서 우리를 기다리고 있는 것 같다. 이것저것 손에 움켜쥐고서 힘들게 쫓아가지 않아도 된다. 남녀노소, 부자와 빈자, 먹물과 까막눈이 가리지 않고 행복해지고 싶은 사람은 누구든지 품어 줄 준비를 갖추고 있다. 지나친 욕심과 부질없는 자만심이 행복으로 다가가는 길을 막고 있을 뿐이다. "우리 인간이 불행한 이유는 스스로 행복하다는 사실을 깨닫지 못하는 까닭 하나뿐"이라고 토스토예프스키는 강조하고 있다. 우리가 조금씩 마음을 비우면 스스로 행복하겠다고 다짐하기 시작하면 자신도 모르는 사이에 행복이 우리를 에워싸기 시작한다. 어려운 것 같지만 쉬운 일이다. 행복은 '욕망으로부터 자유'를 찾아가는 사람들에게 금방 전염된다. 내가 행복해지면 주변사람들도 행복해진다. 행복은 누구에게나 소중한 권리이면서 지켜야 할 의무다.

자유와 사랑
나에게 이 두 가지는 꼭 필요하다
사랑을 위해 내 삶을 바치고
자유를 위해 내 사랑도 바치리라
          – '자유와 사랑' 중에서 / 산도르 페퇴피(헝가리)

Dante and Beatrice with the Blessed Souls.
Woodcut from Comedia dell'Inferno, del Purgatorio, & del Paradiso, Canto 27 of
Paradiso, by Dante Alighieri. Venice: Published by Giovambattista and Melchiorre Sessa
et Fratelli, 1578.